21世纪
海上丝绸之路研究

RESEARCH ON 21ST CENTURY MARITIME SILK ROAD

（2017年第一辑）

贾益民　主　编
许培源　副主编

本辑执行主编： 周兴泰　何光强

社会科学文献出版社
SOCIAL SCIENCES ACADEMIC PRESS (CHINA)

《21世纪海上丝绸之路研究》编委会

主　　编　贾益民

副 主 编　许培源

编委会成员（按姓氏笔画顺序排列）

　　　　　　王逸舟　刘文波　刘　宏　许永权　许培源
　　　　　　李向阳　李鸿阶　时殷弘　何亚非　张文木
　　　　　　张建平　张蕴岭　林宏宇　周方银　赵可金
　　　　　　赵　磊　贾益民　倪世雄　傅崐成　翟　崑
　　　　　　薛　力

创刊辞

2013年秋，习近平主席在访问中亚和东南亚期间，提出愿以创新的合作模式，以点带面，从线到片，与广大古代陆上和海上丝绸之路沿线国家共建新时期的"丝绸之路经济带"和"21世纪海上丝绸之路"，简称"一带一路"。4年来，"一带一路"建设逐渐从理念转化为行动，从愿景转变为现实，建设成果丰硕。2017年5月，首届"一带一路"国际合作高峰论坛在北京举行，习近平主席在回顾4年来成就的基础上，进一步提出，"中国人说，'万事开头难'。'一带一路'建设已经迈出坚实步伐。我们要乘势而上、顺势而为，推动'一带一路'建设行稳致远，迈向更加美好的未来"。

2017年10月，中国共产党第十九次全国代表大会在北京召开，有关"一带一路"建设的内容写入大会报告和党章。同时，习近平总书记在大会所作的报告中还指出，当前，国内外形势正在发生深刻复杂变化，我国发展仍处于重要战略机遇期，前景十分光明，挑战也十分严峻，我们一定要登高望远、居安思危，勇于变革、勇于创新，奋力夺取新时代中国特色社会主义伟大胜利。这是站在新的历史起点上，党向我们发出的新的伟大历史号召。使命呼唤担当，使命引领未来。

学理层面，自"一带一路"倡议提出以来，国内外学界尤其是国内，有关"一带一路"建设的学术机构和研究成果也如雨后春笋般竞相涌现，"一带一路"研究的学术圈越做越大。与此同时，如何避免"一带一路"研究的过度泛化，推动"一带一路"研究的专业化、集成化和科学化发展，让真正有价值的"一带一路"研究成果特别是研究精品实现有效传播与运用，也成为摆在各"一带一路"专业研究机构面前的一项重要而现实的问题。

国内目前关于"一带一路"研究的成果主要零散分布于各不同专业的期刊、书籍和报告之中，虽然其中不乏一些专门性的相关研究书籍，但仍然缺乏能有效反映"一带一路"，尤其是"21世纪海上丝绸之路"研究动态的期刊。而往往一本专业性研究杂志将能够极大地带动本专业方向学术研究的发展,促进针对该方向研究议题的深入探讨与交流,并促进相关科研成果的现实转化。鉴于此,我们决定创办《21世纪海上丝绸之路研究》辑刊,瞄准"一带一路"特别是"21世纪海上丝绸之路"建设的实际进展及重大理论与现实问题,开展富有学理性和前沿性的理论与实证研究,为国内外"一带一路"研究界提供一个良好的专业性学术交流和争鸣平台,促进相关优秀研究成果的专业性集成,并以此鼓励更多的学者参与到"一带一路"建设研究中来。同时,发挥华侨大学面向"一带一路"办学、国际化程度高、海外华人华侨资源丰富的优势,汇集国内外"一带一路"研究成果,将《21世纪海上丝绸之路研究》打造成国内外专家学者展示成果、发表观点、建言献策的重要平台和窗口。

基于这一思路及"一带一路"建设涉及的学科、领域和议题,本刊将设有国际经济、国际政治、丝路文化、"五通"建设、海洋与安全、华侨华人等栏目,并将从即日起面向海内外广大学界同仁和朋友们公开征稿。我们将在此基础上逐步确立规范化的匿名评审与编校流程,并力争逐步积累、逐步积淀,以抓铁有痕、踏石留印精神把《21世纪海上丝绸之路研究》办出特色、办出水平,以为广大学界朋友们再提供一个战略研讨和凝聚共识的高端平台,并为新时代的中国特色社会主义建设作出新的、应有的贡献。

作为创刊号,本刊将从梳理自"一带一路"建设构想提出以来涉及"21世纪海上丝绸之路"建设的最新专题文献做起,第一辑将聚焦于"华侨华人与21世纪海上丝绸之路建设"。本辑所选十四篇文章皆出自相关研究领域知名专家学者或著名期刊,既聚焦于历史以求会古通今,也关照于现实以求内外统筹、丝路对接,兼而关注于安全风险以求趋利避害,未雨绸缪。总之乃是希望为国家"一带一路"倡议的深入推进、"海丝"沿线各国的共商共建共享以及利益、责任和命运共同体的打造,提供强有力的智力支撑与学理研讨,进而做出学界、智库在"一带一路"建设中应有的贡献。竭诚欢迎各位专家学者的支持与帮助。

是为序。

贾益民

2017年11月1日于华园

会古通今

关于古代"海上丝绸之路"的几个问题 ………………………… 龚缨晏 / 3

海上丝绸之路与华侨 ………………………………………………… 廖大珂 / 13

丝路对接

华侨华人相关概念的界定与辨析 …………………………………… 张秀明 / 43

"一带一路"倡议与华侨华人的逻辑连接 ………………………… 王子昌 / 58

华侨华人：建设21世纪海上丝绸之路的独特力量 ……………… 赵　健 / 70

发挥华人华侨在"一带一路"中的作用 …………………………… 窦　勇 / 79

海外华侨华人经济与"一带一路"倡议的互动机制 ……………… 邓江年 / 90

华商研究

东南亚华商资产的初步估算 ……………………… 庄国土　王望波 / 103

东南亚跨界华商组织与"一带一路"倡议的建构和

　　实施 ……………………………… 刘　宏　张慧梅　范　昕 / 132

区域聚焦（东盟国家）

发挥东盟国家华侨华人在"一带一路"中的桥梁
  作用 ………………………………………… 盛　毅　任振宇 / 151

内外统筹（中国梦与"一带一路"）

中国梦视域中的"一带一路"建设与华侨华人的
  海外发展 ……………………………………………… 戴雪梅 / 161

安全研究

海外华侨华人的安全研究
  ——基于族群安全和个体安全的视角 ……………… 王九龙 / 175
"21世纪海上丝绸之路"背景下的海外华商风险管理研究
  ——基于印度尼西亚华商的分析 ………… 卢文刚　黎舒茜 / 198
根治民粹土壤　建设海上丝绸之路
  ——兼论排华与民粹主义的关系 …………………… 刘益梅 / 214

《21世纪海上丝绸之路研究》辑刊征稿启事 ………………………… 225

会古通今

关于古代"海上丝绸之路"的几个问题[*]

龚缨晏[**]

摘　要　陆上丝绸之路大约出现于公元前13世纪，海上丝绸之路则是在公元前200年左右开始出现的。1840年爆发的鸦片战争，标志着古代海上丝绸之路的结束。陆上丝绸之路与海上丝绸之路是古代中国连接外部世界的两大动脉，但两者在分布方式、运输方式、对科学技术的依赖程度、外来民族移居方式等方面都有许多不同。古代海上丝绸之路与"21世纪海上丝绸之路"在内涵上有很大的不同，不能把两者等同起来。不过，古代海上丝绸之路与"21世纪海上丝绸之路"在精神层面及内在性质上有着共同的特点。

关键词　陆上丝绸之路　海上丝绸之路　21世纪海上丝绸之路

"丝绸之路"最初是由德国地质学家李希霍芬（F. von Richthofen）于1877年提出的，原指古代中国通向中亚的陆上交通路线，后来内涵不断扩大，用来泛指古代中国通向外部世界的交通路线。目前学术界普遍认为，丝绸之路实际上可以分为以下几条道路：①"绿洲之路"或"沙漠之路"，指的是由中原地区出河西走廊通往中亚及更远地区的交通路线；②"草原之路"，指的是经蒙古高原通向西方的交通线路；③"西南丝绸之路"或"南方丝绸之路"，指的是从中国西南至印度及中亚的交通路线；④"海上丝绸之路"，指的是中国通向世界其他地区的海上航线。前三条道路，虽然行经的区域不同，但都是在陆地上穿越的，所以我们可以统称其为陆上丝绸之路。海上丝绸之路则是跨越大海的海上航线，它由两大干线组成，一

---

[*]　本文为2014年8月"人海相依：中国人的海洋世界"国际学术研讨会参会论文，后载《海交史研究》2014年第2期，第1~8页。

[**]　龚缨晏，中国海外交通史研究会副会长，宁波大学教授。

是由中国通往朝鲜半岛及日本列岛的东海航线，二是由中国通往东南亚及印度洋地区的南海航线。

近年来，丝绸之路研究受到了越来越多的重视，并且取得了日益丰硕的成果，但有些基本问题依然没有得到足够的讨论。本文就以下几个问题谈一点自己的看法，以求证于方家。

一 关于丝绸之路形成的时间问题

中外学术界公认，中国与西方通过陆地而进行的文化交往，远远早于公元前138年张骞奉命出使西域。近来有学者认为，在中国的旧石器文化中，就已经出现了大量的"西方元素"。[①] 有学者甚至写道："从旧石器时代早期开始经过中期一直到晚期，在已知'丝绸之路'的北部，在广大的中亚和东亚的北部地区东方与西方的人群之间的流动以及文化的交流一直存在，它实际上造就了一条史前文化的传播之路，在人类早期文化的发展融合中起到了非常重要的作用，建议将这条在史前时期曾经长长地将东西方连接到一起的路称为'石器之路'（Lithic Road）。"[②] 另有学者指出，东西方的最初接触肇始于公元前3000年的新石器时代晚期，如驯化小麦、权杖、冶铜术等就是由西方陆续传播到中国的。[③] 那么，我们能否说陆上丝绸之路开始出现于旧石器时代或新石器时代晚期呢？答案是否定的，因为，作为一条交通道路，陆上丝绸之路不仅应当是相对固定的，而且还应当有一定规模的、比较频繁的双向货物往来。而在旧石器及新石器时代，东西方之间并不存在这样的陆上通道。当时的文化交流，或者是毗邻部落相互学习新技术的结果，或者是由于某些部落的长途迁徙，其过程非常缓慢，充满着盲目性与偶然性。从目前的考古资料来看，大概是在公元前13世纪，出现

---

① 黄慰文等：《中国旧石器文化的"西方元素"与早期人类进化格局》，《人类学学报》2009年第1期，第16~25页。
② 侯亚梅：《水洞沟：东西方文化交流的风向标？——兼论华北小石器文化和"石器之路"的假说》，《第四纪研究》2005年第6期，第750~761页。
③ 李水城：《西北与中原早期冶铜业的区域特征及交互作用》，《考古学报》2005年第3期，第239~277页。

了从中原地区出河西走廊进入西域的交通路线,①这就意味着,陆上丝绸之路东段路线开始形成。我们可以将这个时间视为陆上丝绸之路最初出现的时间。此后,这条道路不断向西方延伸。张骞成功出使西域,标志着陆上丝绸之路的"全线贯通"。②

陆上丝绸之路应当是相对固定的陆上交通线,同样,海上丝绸之路也应当是相对固定的远洋航线,并且为当时的人们所熟悉;航线上应当有一定规模的、比较频繁的、双向往来的船只。根据这个定义,本文赞同如下观点:海上丝绸之路南海航线形成于秦汉之际,即公元前200年前后。③岭南地区所发现的南越国(前203年~前111年)时期的象牙、香料等舶来品就是明证。海上丝绸之路东海航线出现的时间大体上与此相同,而此前中国与日本之间的海上联系即使存在的话,也是自中国至日本"单方向的","无组织的",而且"航海的性质大多为自然漂航",④根本不存在相对固定的海上航线,更没有被人们所自觉地认识到。

目前许多人认为,海上丝绸之路是陆上丝绸之路的延伸。在笔者看来,这个观点并不正确。海上丝绸之路的出现,是沿海地区航海活动发展的产物,而不是陆上丝绸之路发展的结果,陆上丝绸之路不可能扩展或演变为海上丝绸之路。陆、海丝绸之路是在不同的时代、不同的地理条件及历史背景下独立形成的。

二 关于海上丝绸之路的下限问题

多数学者认为,1840年爆发的鸦片战争标志着古代海上丝绸之路的终结。⑤但也有学者认为,鸦片战争之后连接中外的海上交通线依然可以称为"海上丝绸之路"。⑥本文认为,古代海上丝绸之路的下限,应是1840年爆

---

① 林梅村:《丝绸之路考古十五讲》,北京大学出版社,2006,第58页;王炳华:《丝绸之路考古研究》,新疆人民出版社,1993,第2~3页,第167~168页。
② 杨巨平:《亚历山大东征与丝绸之路开通》,《历史研究》2007年第4期,第150~161页。
③ 李庆新:《濒海之地:南海贸易与中外关系史研究》,中华书局,2010,第6页。
④ 孙光圻:《中国古代航海史》(修订本),海洋出版社,2005,第112页。
⑤ 冯定雄:《新世纪以来我国海上丝绸之路研究的热点问题述略》,《中国史研究动态》2012年第4期,第61~67页。
⑥ 施存龙:《"海上丝绸之路"理论界定若干重要问题探讨》,载林立群主编《跨越海洋——"海上丝绸之路与世界文明进程"国际学术论坛文选》,浙江大学出版社,2012,第18~32页。

发的鸦片战争。理由如下。

第一，早在汉朝，中国的帆船就已经进入印度洋地区。唐朝时，中国船只已经到达阿拉伯半岛沿海。明代的郑和下西洋，最远到达非洲东海岸。郑和下西洋之后，中国帆船逐渐从印度洋退出。与此同时，葡萄牙人、荷兰人、英国人先后绕过好望角不断东进，并在非洲沿海、阿拉伯半岛、波斯湾地区及东南亚建立起殖民地，这样，印度洋地区就成了欧洲人的势力范围，中国帆船则被逐渐排挤出来。"到十五世纪末期，苏门答腊岛以西，已经没有中国船舶的活动。进入十六世纪以后，仍与中国有联系的海外国家，仅限于日本和菲律宾群岛、中南半岛、印度尼西亚群岛上的一些国家。而且，由于其中一部分国家已经为殖民者控制，因而彼此交往的内容也有所变化。"① 不过，17、18 世纪，"即使在封建势力严厉的束缚下，中国帆船仍得到迅速的发展，在东南亚航运和商业上占有重要的地位"。② 鸦片战争之后，中国逐渐丧失主权，一步步沦为半封建半殖民地国家。西方列强根据他们强加给清政府的一系列不平等条约，以坚船利炮为后盾，借助于先进的科学技术，劫夺了中国的海关管理权，攫取了在中国的航海权，垄断了远洋航运。中国帆船一方面受到西方的严峻挑战，另一方面又得不到清政府的保护，很快消失在远洋航线上，并且最终从远洋贸易中被排挤出局。③ 也就是说，海上丝绸之路是中国人长期主导的远洋航线，而鸦片战争后的远洋航线则是西方所主导的。

第二，在1840年之前的漫长历史中，往来于海上航线的主要是属于中国人、阿拉伯人、东南亚居民等众多民族的商船，而且很少发生大规模武装冲突，海上丝绸之路基本上是一条和平的商贸之路。自鸦片战争开始，行驶在海上航线上的不仅是商船，还有西方列强一支又一支的舰队。这些舰队来到中国沿海后，发动了一次又一次的侵略战争。一部中国近代史，可以说也是一部列强舰队的侵华史。从1894年起，日本舰队也加入了瓜分中国的不义之战中。这样，海上航线的性质自鸦片战争起就发生了重大变化，成为西方列强远侵中国的炮舰之路。

第三，鸦片战争之前，航行在大海中的船舶虽然式样各异，种类繁多，

---

① 陈高华、陈尚胜：《中国海外交通史》，文津出版社，1997，第225页。
② 田汝康：《中国帆船贸易与对外关系史论集》，浙江人民出版社，1987，第34页。
③ 陈希育：《中国帆船与海外贸易》，厦门大学出版社，1991，第387~391页。

但都是木帆船。1840年之后,英国侵略军的火轮船越来越频繁地出入中国沿海,预示着蒸汽轮船时代的到来。鸦片战争结束后,来到中国的外国蒸汽轮船更是与日俱增,逐渐成为远洋航运的主要船型,并且最终完全取代了木帆船。因此,海上丝绸之路是木帆船时代的航线,而鸦片战争后的远洋航线则是蒸汽轮船的航线。

第四,1840年之前,从海外输入中国的货物主要是各式香料、奇珍异宝、名贵药材等。这些昂贵的奢侈品,基本上是供上层社会享用的,与普通民众的日常生活关系不大。鸦片战争后,罪恶的鸦片成了输入中国的最重要商品,进口量快速上升,10余年间几乎翻了一番。1847年,仅上海进口的鸦片就"比二十年前输入全中国的数字还要多"。[①] 鸦片的大量输入,不仅严重毒害了中国人民,而且还产生了一系列社会问题。更加重要的是,鸦片战争后,西方的工业制品大规模输入中国,并且深刻地改变了中国人的日常生活。从此,火柴取代了火石火镰,煤油取代了古老的灯油,窗玻璃取代了传统的窗纸,机制缝衣针成为家庭日常用品,钟表成为最普通的计时器……此外,西方的机器设备、科学技术、文化知识等主要也是通过海上航线传入中国的,不仅导致了中国近代工业的产生,而且还影响了中国人的精神世界。

第五,鸦片战争之前,中国沿海民众陆续向外移民,特别是移居到东南亚地区。这些中国移民的主体是各类商人。长期以来,他们是以海上丝绸之路主人的姿态主动地走向海外的,并且在海外享有很高的地位和应有的尊严。鸦片战争后,更多的中国人扩散到更加广阔的海外各地。但其中的绝大多数人不是作为主人,而是作为苦力,像奴隶那样被贩卖到美洲、大洋洲及其他地区。据估计,鸦片战争结束后的10余年间,出国华工在15万人以上;19世纪上半期,出国华工约为32万人;1850年以后的25年间,高达128万人。[②] 他们被称为"猪仔",他们乘坐的船只被称为"浮动地狱",[③] 他们在途中随时可能死亡。例如,去古巴的华工平均死亡率为15.20%,去秘鲁的为30%,个别地方甚至高达45%。[④] 所以,鸦片战争后

---

① 〔美〕马士:《中华帝国对外关系史》,张汇文等译,上海书店出版社,2000,第613页。
② 萧致治:《鸦片战争史》下册,福建人民出版社,1996,第671页。
③ 严中平:《严中平集》,中国社会科学出版社,2011,第121~132页。
④ 陈翰笙:《华工出国史料汇编》第一辑,中华书局,1985,第13页。

的远洋航线，也可以说是中国劳工的死亡之路。同样是海上航线，鸦片战争之前和之后的差异却是如此巨大，因此不能把它们混为一谈。海上丝绸之路是古代中国通向外部世界的远洋航线，它的历程随着鸦片战争的爆发而结束了。鸦片战争之后，中国远洋航线被迫转型为近代国际航线。

三 关于海、陆丝绸之路的特点问题

陆上与海上丝绸之路虽然都是连接中国与世界的大动脉，但差异很大，各有特点。海、陆丝绸之路的区别，主要表现在以下几个方面。

第一，产生的时间及后续的影响都不相同。如前文所述，陆上丝绸之路大约出现于公元前13世纪，而海上丝绸之路则是在公元前200年左右开始出现的。陆上丝绸之路出现的时间，比海上丝绸之路早了约一千年。而且，在海上丝绸之路形成之后的近千年中，古代中国主要还是通过陆上丝绸之路与外部世界进行交往的，海上丝绸之路则处于相对次要的地位。直到唐朝灭亡之后，随着中国经济文化中心的南移，以及亚洲内陆地区政治局势的持续动荡，海上丝绸之路的地位才不断凸显，最终取代了陆上丝绸之路而成为连接中国与世界的主要纽带。特别是16世纪之后，欧洲人既找到了绕过非洲进入印度洋的航线，又发现了绕过南美洲进入太平洋的航线，从而使海上丝绸之路扩展为环绕地球的航线，成为全球化的坚实基础，并且在世界历史中发挥越来越重要的作用。鸦片战争之后，海上丝绸之路又转型成为近代国际航线。海上丝绸之路对近代世界产生了直接的、巨大的影响。相反，陆上丝绸之路自唐代之后则一蹶不振，日益衰落，不再是中国通往外部世界的主要通道。所以，我们可以说，陆上丝绸之路是早期中国对外交往的主要桥梁，海上丝绸之路则具有后发优势。

第二，分布的方式各有特点。陆上丝绸之路就像是一条延绵的线条，蜿蜒曲折地穿越崇山峻岭、戈壁沙漠、乡村城镇。如果这一线条的某一部位出现了断裂，整个交通路线也就不再畅通了。这样，陆上丝绸之路的繁荣，主要取决于沿途国家政治局势的稳定和各国之间相互关系的和谐。不幸的是，在漫长的历史上，众多民族争相登上亚洲内陆这个辽阔的舞台，并且上演了国家兴亡、王朝更替、民族迁徙、暴力征战等一出出大戏，致使陆上丝绸之路经常中断。此外，自然因素导致的地形、地貌的重大变化，也会使陆上丝绸之路受阻或改变路线。海上丝绸之路则是由多条航线构成的网络，分布在浩瀚的大海上，四通八达。在木帆船时代，无论哪个群体、政权，都无法完全垄断这些航线，更没有力量去改变或阻断这些航线。而且，随着造船技术、航海技术的发展，随着人类对海洋认识的不断加深，新的航线还会得到拓展和延长，从而使这个网络变得越来越宽广，越来越细密。海上丝绸之路这一交通网络的枢纽，就是大陆沿海的各个港口，它们将不同的航线连接起来，将海洋与内陆连接起来。一个港口可能会由于自然的原因而淤塞，但不可能由于人为的原因而长期完全关闭。例如，明清时代的统治者曾经实行过严厉的海禁政策，但也阻止不了民间私人海外贸易的兴起。由于海上航线及沿海港口具有这些特点，所以，海上丝绸之路不仅没有由于世界历史的剧烈动荡而中断过，而且还获得了日益蓬勃的生机。

第三，运输方式的差异。陆上丝绸之路主要依靠被誉为"沙漠之舟"的骆驼来运输货物。骆驼分为单峰驼与双峰驼两种，行走在陆上丝绸之路上的是双峰驼。唐代诗人就用"无数铃声遥过碛，应驮白练到安西"①的诗句来描述陆上丝绸之路。古代艺术家也曾形象生动地表现过骆驼。② 一头成年雄性骆驼，可以驮运 115～295 公斤的货物。③ 一支驼队，少则由几十头骆驼组成，多则几百头或上千头。例如，公元 4 世纪后期，吕光受苻坚的派遣征讨西域获胜后，"以驼二千余头"运载着大批珍宝凯旋。④ 19 世纪前期，法国入华遣使会会士古伯察（Régis‑Evariste Huc）在从北京前往拉萨的途中，甚至见到过一支由 1 万多头骆驼组成的驼队。⑤ 不过，如此庞大的驼队显然是罕见的，一般的驼队不可能有如此大的规模。海上丝绸之路则要借助于帆船来进行运输。1974 年在泉州发现了一条宋代沉船，载重量为 200 余吨。1846 年，英国商人购买了一艘建造于广东的帆船"耆英号"，其载重量约为 350 吨，"这是清代有记录的最大商船"。⑥ 此外，清代从上海开

---

① 《全唐诗》卷 27，张籍：《凉州词》。
② 齐东方：《丝绸之路的象征符号——骆驼》，《故宫博物院院刊》2004 年第 6 期。
③ J. B. Friedman and K. M. Figg, ed., *Trade, Travel, and Exploration in the Middle Ages*, New York & London, Garland Publishing, Inc., 2000, p. 95.
④ 魏收：《魏书》卷 95，中华书局点校本，2017，第 2085 页。
⑤ 〔法〕古伯察：《鞑靼西藏旅行记》，耿昇译，中国藏学出版社，1991，第 165 页。
⑥ 杨槱：《帆船史》，上海交通大学出版社，2005，第 61 页，第 69 页。

往日本的商船,"大者载货50万—60万斤,中者20万—30万斤,小者万斤左右"①。如果按照每头骆驼平均载重量150公斤来计算,② 即使是载重量1万斤左右的小型帆船,也相当于一支由30多头骆驼组成的驼队,更遑论中型与大型的帆船。因此,海上丝绸之路的运输能力要大大超过陆上丝绸之路。此外,由于海陆运输方式的不同,像瓷器这样的易碎品就不可能成为陆上丝绸之路的主要商品,而只能成为海上丝绸之路的大宗货物。

第四,对科学技术依赖程度的不同。在陆上长途行走固然需要一定的科学知识,例如利用星辰来辨别方向,但相比之下,海上丝绸之路对科学技术的依赖程度更高。海上航行,不仅需要发达的造船技术,还需要丰富的航海气象知识、航海水文知识、地文航路知识、天文导航知识,以及熟练的航海技术。只有当人类的科学技术积累到一定水平时,远洋航行才能成为可能。这也是海上丝绸之路的出现时间要大大晚于陆上丝绸之路的一个重要原因。同样,随着科学技术的逐渐发展,海上丝绸之路也就越来越繁荣了。

第五,外来民族移居方式的不同。历史上,陆上丝绸之路不仅是商贸线路,而且还是许多民族进行大规模迁徙的通道,例如秦汉时期的各种"胡人",唐宋时代的突厥人、回鹘人,元代的波斯人等。这样,陆上丝绸之路就成了众多民族交融的大熔炉,并且形成了色彩斑斓的民族文化。相比之下,海上丝绸之路只能借助于船只,而船只的运输能力又是有限的,更不可能将整个民族运送到大海的彼岸,所以,海上丝绸之路上没有发生过大规模的民族迁徙。只有在海上丝绸之路的主要港口城市中,才出现过一些以外国商人为主体的聚居区。不过,这些外国侨民在整个城市总人口中所占的比例是不高的,而且,随着时代的变迁,大多被当地居民所同化。

四 关于古代海上丝绸之路与"21世纪海上丝绸之路"

2013年,面对着复杂多变的国际形势,中国党和国家领导人高瞻远瞩,以宽阔的全球视野,提出了建设"丝绸之路经济带"和"21世纪海上丝绸

---

① 辛元欧:《上海沙船》,上海书店出版社,2004,第72页。
② 张军华:《奇台驼运业与近代丝绸之路》,《新疆地方志》2010年第2期。

之路"的倡议,从而赋予古老的海上丝绸之路以新的意义与生命,并为更加全面深入地研究海上丝绸之路提供了强劲的动力。那么,古代海上丝绸之路与"21世纪海上丝绸之路"是什么关系呢?这个问题从来没有人讨论过,下面略陈管见。

笔者认为,古代海上丝绸之路指的是1840年之前中国与海外国家之间的政治、经济、文化交往,而"21世纪海上丝绸之路",就目前而言,则是指21世纪中国与东盟国家之间的合作,所以两者之间差异很大,不能完全等同起来。例如,就国际政治而言,古代中国是在朝贡体制下与海外国家发生联系的,中国被认为是世界文明的唯一中心,海外国家则被认为是落后的"蛮夷",应向中国称臣纳贡;而现代中国与其他国家的关系,是建立在互相尊重领土主权、互不侵犯、互不干涉内政、平等互利、和平共处五项原则之上的平等关系。就技术而言,古代海上丝绸之路是木帆船时代中国与外国之间的海上交往;"21世纪海上丝绸之路"则是建立在先进的现代科技之上的,中国与外国的联系是立体的,不仅有发达的海上航运,而且还有航空运输,以及无形的电子通信。就合作领域而言,古代中国与外国之间的合作主要是官方外交、商品贸易、文化交流;而在今天,中国与东盟国家之间的合作领域大大扩展,除了政治外交、商品贸易、文化交流外,有许多领域是古代根本没有的,例如共同打击跨国犯罪、共同维护网络安全、共同防范金融风险、共同保护海洋环境,等等。所以,有学者说,"21世纪海上丝路"只是借用了海上丝绸之路这个"富有诗意的名词"来描述中国与东盟国家之间的合作。①

但是,另外,古代海上丝绸之路与"21世纪海上丝绸之路"之间又存在着非常密切的联系。例如,"21世纪海上丝绸之路"所连接的国家及地区,正是古代海上丝绸之路所途经的,两者在地理范围上高度重合。再如,今天,虽然有发达的航空及现代通信,但海上航线依然是中国与这些国家之间相互往来的最主要通道,海上航运依然是中国与这些国家进行货物贸易的主要形式。更加重要的是,古代海上丝绸之路与"21世纪海上丝绸之路"在精神层面及内在性质上有着共通性。在两千多年的岁月中,中国与海外国家的交往一直是以和平的方式进行的,而不是借助于征服、杀戮之

---

① 何必成:《2013:中国的周边外交》,《新民周刊》2013年10月28日。

类的暴力方式。所以，中国与海外国家之间的古代海上丝绸之路，始终是和平之路、合作之路、友谊之路，完全不同于1500年之后欧洲人的海外扩张。地理大发现时代开始的欧洲海外扩张，一直是通过征服、霸占、殖民来实现的。今天，中国政府提出的"21世纪海上丝绸之路"，同样是和平之路、合作之路、友谊之路。因此，古代海上丝绸之路与"21世纪海上丝绸之路"在精神层面及内在性质上有着共同的特点。也正因为如此，所以，当中国提出建设"21世纪海上丝绸之路"的倡议后，迅速得到了东盟及其他国家的响应与好评。这样，研究古代海上丝绸之路，有助于进一步发掘中国与东盟及其他海外国家的历史联系，深化中国与这些国家之间的传统友谊，总结历史经验与教训，推动"21世纪海上丝绸之路"的建设，开启中国与东盟及其他海外国家合作的新纪元。陆、海两条丝绸之路各有特点，它们共同构成了古代中国连接外部世界的大动脉，从而促进了中外文化的交流，增进了中外人民的友谊，丰富了中国文化的内涵，推动了世界文明的进步，在人类历史上留下了永不磨灭的印记。进一步研究古代海上丝绸之路，不仅是海洋强国建设的内容之一，而且还将以特有的方式助力"21世纪海上丝绸之路"的建设。

On the Maritime Silk Road

Gong Yingyan

Abstract: The Land Silk Road which passed through Central Asia began around the 13th century BC while the Maritime Silk Road began around 200 BC and ended in 1840. Ancient China was connected to the world through these routes, although there were many differences between them. The ancient Maritime Silk Road and "the 21st Century Maritime Silk Road" proposed by the Chinese leaders recently are very different in content, although they share some common spirit and characteristics.

Keywords: the Land Silk Road; the Maritime Silk Road; the 21st Century Maritime Silk Road

海上丝绸之路与华侨[*]

廖大珂[**]

摘　要　海上丝绸之路形成、发展的历史不仅是一部中国对外经济交流史，也是华侨华人移居海外的历史，它反映了中华民族从陆地走向海洋、从内陆走向世界，从而逐步实现全球化的历史进程。海上丝绸之路的形成和发展离不开贸易与移民活动，尤其是华侨的经济活动。华侨是沟通中国与海外各国经贸往来的桥梁，同时也是维系这一经贸关系发展的纽带，对海上丝绸之路的发展做出了杰出的贡献。

关键词　海上丝绸之路　贸易　华侨社会

所谓"海上丝绸之路"是相对陆上丝绸之路而言的，指的是中国通过海上交往，与世界各国和地区发生的经济贸易关系。在早期中国与海外国家和地区的经济交流中，中国丝绸与丝织品是最著名的输出商品，故这种经济往来被称为"海上丝绸之路"。后来，中国陶瓷、茶叶、西方与中东的金银货币，也是中外贸易的重要商品和流通货币，所以，又有学者将海上丝绸之路称为"陶瓷之路""茶叶之路""白银之路"。中国通过海上丝绸之路与世界其他地区的密切交往，逐步融入世界体系之中。与此同时，也源源不断地向世界输出和弘扬中华文化，对世界各国产生了深远的影响，对人类进步和世界文明的形成和发展都做出了巨大贡献。

海上丝绸之路的形成和发展离不开贸易与移民活动，主要是华侨的经济活动。华侨是沟通中国与海外各国经贸往来的桥梁，同时也是维系这一经贸关系发展的纽带。本文拟就海上丝绸之路与华侨发展的互动关系作一

---

[*]　本文原载《海交史研究》2015年第1期，第88~108页。
[**]　廖大珂，中国南海研究协同创新中心研究员，中国海外交通史研究会副会长。

简略探讨。

一 秦汉时期：海上丝绸之路的形成

秦朝统一中国，为大规模的海外探索提供了条件，海外交通进一步发展。秦始皇二十八年（公元前219年），秦始皇东巡至琅琊（今山东胶南市南境），"齐人徐市等上书，言海中有三神山，名曰蓬莱、方丈、瀛洲，仙人居之。请得斋戒，与童男女求之，于是遣徐市发童男女数千人，入海求仙人"。① 除了官方组织的航海活动，民间的航海也开始发展，促进了中国人移居国外。《后汉书》记载："又有夷洲及澶（又作'亶'）洲（今菲律宾）。传言秦始皇遣方士徐福将童男女数千人入海，求蓬莱神仙不得，徐福畏诛不敢还，遂止此洲，世世相承，有数万家。人民时至会稽市（布）。会稽东冶县（今福州）人有入海行遭风，流移至澶洲者。所在绝远，不可往来。"② 可见，当时东南沿海人民赴海外经商已是相当频繁，有的还因此移居到菲律宾群岛。然而，受历史条件限制，当时海外交通所涉及的主要是周边的国家和地区，华侨也主要移居到这些国家和地区。

元鼎六年（公元前111年），汉武帝平定南越后，致力于开拓与海外国家的贸易联系。他派遣使臣前往海外，开辟了与东南亚、印度洋诸国的海上交通航线。《汉书·地理志》载："自日南障塞、徐闻、合浦船行可五月，有都元国；又船行四月，有邑卢没国；又船行可二十余日，有谌离国；步行可十余日，有夫甘都卢国。自夫甘都卢国船行可二月余，有黄支国，民俗略与珠崖相类。其州广大，户口多，多异物，自武帝以来皆献见。有译长，属黄门，与应募者俱入海市明珠、璧流离、奇石异物，赍黄金、杂缯而往。所至国皆禀食为耦，蛮夷贾船，转送致之。亦利交易，剽杀人。又苦逢风波溺死，不者数年来还。大珠至围二寸以下。平帝元始中（公元1~5年），王莽辅政，欲耀威德，厚遗黄支王，令遣使献生犀牛。自黄支船行可八月，到皮宗；船行可二月，到日南、象林界云。黄支之南，有已程不国，汉之译使自此还矣。"③

---

① 《史记》卷6，《秦始皇本纪》，文学古籍出版社，1955，第116页。
② 《后汉书》卷85，《东夷列传》，中华书局，1965，第2822页。
③ 《汉书》卷28下，《地理志》，中华书局，1975，第1671页。

上述航线上的各地名，虽然史家仍有歧见，但一致的看法是，这是一条从雷州半岛起航，沿中南半岛、暹罗湾至印度东南海岸建志补罗、斯里兰卡；返航从印度东海岸，横渡印度洋至苏门答腊，再穿越南海至越南中部海岸的海上贸易航线。在这条贸易航线上，中国的丝绸是主要的商品。换言之，一条将中国同东南亚、印度洋各国连接起来的海上丝绸之路已经初步形成。从以上的记载又可见，当时航海贸易周期相当长，通常需要数年，中国商人在数年中，足迹遍及沿线各国，辗转贩易货物，他们就是早期的华侨。中印之间海上航线开通之后，中国丝绸源源不断地运往印度，在那里同来自地中海的罗马商人进行交换。然而，当时的中国与罗马的海上交通还是间接的，中国丝绸贸易掌控在波斯人之手，因此"罗马王安敦时代（161~180年），须经辽远而迂回之路程，方能运抵罗马之丝，其价值高于黄金"。① 为了减少安息商人的中间盘剥，中国与罗马都曾试图开辟直接通商的丝路，但都由于安息从中作梗而未能实现。

一直到公元162~165年，罗马王安敦征服安息，控制了波斯湾，中国与罗马的直接通商的海上丝绸之路终于开通。《后汉书》记曰："其王常欲通使于汉，而安息欲以汉缯彩与之交市，故遮阂不得自达。至桓帝延熹九年（166年），大秦王安敦遣使自日南徼外献象牙、犀角、毒瑁，始乃一能焉。"② 中国与罗马直接航线打通之后，罗马商人频频通过这条丝路来到中国。《梁书》记载："其国人行贾，往往至扶南、日南、交趾，其南徼诸国人少有到大秦者。孙权黄武五年（226年），有大秦贾人字秦论来到交趾，交趾太守吴邈送诣权，权问方土谣俗，论俱以事对。时诸葛恪讨丹阳，获黝、歙短人。论见之日：'大秦希见此人。'权以男女各十人，差吏会稽刘咸送论。咸于道物故，乃迳还本国也。"③ 至此，东起中国，连接东南亚、印度，迄至波斯湾，连接罗马的东西方海上丝绸之路终于形成。

二 晋至唐代：海上丝绸之路的发展

东西方之间的海上丝绸之路开通之后，中国、罗马和印度三大势力在

---

① 方豪：《中西交通史》，中国文化大学出版社，1983，第165页。
② 《后汉书》卷88，《西域传》，中华书局，1964，第2919页。
③ 《梁书》卷54，《诸夷传》，中华书局，1973，第798页。

印度洋的汇合，使东西方海上交通和贸易空前繁忙起来，"若夫大秦、天竺（印度），迥出西溟，二汉衔役，特艰斯路……故舟船继路，商使交属"。① 东西方先进文化也渗入东南亚，促进了东南亚社会经济的发展和国家的形成。公元1世纪，中南半岛南部兴起了强盛的扶南王国。扶南地处东西方海上交通之要冲，因此迅速崛起，成为东西方海上贸易的中心，东同中国，西与印度、罗马诸国，都有繁盛的贸易往来。扶南南部的属土顿逊由于其"东界通交州，其西界接天竺、安息徼外诸国"，正处东西交接处，"往还交市，所以然者"，成为东南亚最大的国际贸易都会。据说"其市，东西交会，日有万余人，珍物宝货，无所不有"，② 极其繁盛。为了扩大与南海诸国的贸易，黄武五年（226年），吴国交州刺史吕岱派中郎将康泰和宣化从事朱应出使扶南。当时扶南国王范旃派遣苏物出使天竺，返国时天竺王差遣陈宋等二人到扶南，康泰、朱应会见了陈宋等人，并向他们了解印度的风俗民情。③ 据记载，康泰、朱应"其所经及传闻，则有百数十国，因立记传"。④

南北朝时，随着南海贸易的扩大，与中国通商的海外国家和地区也大量增加。"海南诸国，大抵在交州南及西南大海洲上，相去近者三五千里，远者二三万里，其西与西域诸国接。……晋代通中国者盖鲜，故不载史官。及宋、齐，至者有十余国，始为之传。自梁革运，其奉正朔，修贡职，航海岁至，逾于前代矣。"⑤ 仅据《梁书·海南诸国传》记载的海外国家就有：林邑国、扶南国、顿逊国、昆骞国、诸薄国、马五洲、盘盘国、丹丹国、干陀利国、狼牙修国、婆利国、中天竺国、师子国、高句丽、百济、新罗、倭、侏儒国、黑齿国、裸国、文身国、扶桑、波斯等20余国，其中绝大多数与中国都有通商通贡关系，其他重要的国家还有诃罗驼国、呵罗单国、媻皇国、媻达国、阇婆婆达国等，⑥ 涵盖了东北亚、东南亚、印度洋、波斯湾地区。

---

① 《宋书》卷97，《蛮夷传》，中华书局，1974，第2399页。
② 《梁书》卷54，《扶南传》，中华书局，1973，第787页。
③ 《梁书》卷54，《扶南传》，中华书局，1973，第789页。
④ 《梁书》卷54，《海南诸国传》，中华书局，1973，第783页。
⑤ 《梁书》卷54，《海南诸国传》，中华书局，1973，第783页。
⑥ 《宋书》卷97，《夷蛮传》，中华书局，1974，第2377~2399页。

隋朝统一之后，重视经略海外。除了攻林邑、征琉球外，对其他海外国家则采取怀柔政策，派遣使者出使百济、倭国、赤土国（马来半岛南部），致力于同它们建立密切的友好关系。其中最为人称道的是隋炀帝派遣常骏、王君政出使赤土国（马来半岛南部）。《隋书》对此事有如下记载："炀帝即位，募能通绝域者。大业三年（607年），屯田主事常骏、虞部主事王君政等请使赤土。帝大悦，赐骏等帛各百匹、时服一袭而遣，赍物五千段，以赐赤土王。其年十月，骏等自南海郡（今广州）乘舟，昼夜二旬，每值便风，至焦石山而过，东南泊陵伽钵拔多洲，西与林邑相对，上有神祠焉。又南行，至师子石，自是岛屿连接，又行二三日，西望见狼牙须国之山，于是南达鸡笼岛，至于赤土之界。其王遣婆罗门鸠摩罗以舶三十艘来迎，吹蠡击鼓，以乐隋使，进金锁以缆骏船。月余，至其都，王遣其子那邪迦请与骏等礼见。……至王宫。骏等奉诏书上阁，王以下皆坐。宣诏讫，引骏等坐，奏天竺乐。……寻遣那邪迦随骏贡方物，并献金芙蓉冠、龙脑香。以铸金为多罗叶，隐起成文以为表，金函封之，令婆罗门以香花奏蠡鼓而送之。既入海，见绿鱼群飞水上。浮海十余日，至林邑东南，并山而行。其海水阔千余步，色黄气腥，舟行一日不绝，云是大鱼粪也。循海北岸，达于交阯。骏以六年春与那邪迦于弘农谒帝，大悦，赐骏等物二百段，俱授秉义尉，那邪迦等官赏各有差。"① 常骏出使赤土国乃中外关系史上一大盛事，中国同赤土建立友好邦交关系推动了中国的对外经贸交流。

唐朝建立之后，中国社会经济高度繁荣，国力强盛，威名远播于海外，② 吸引了大量的海外商人。几乎与此同时，强大的阿拉伯帝国在西亚崛起，积极开拓对东方的贸易。东西两大帝国的兴起促成了东西方海上丝绸之路的迅速发展，中外交流盛况空前。

随着东西方海上贸易的繁荣，中国东南沿海兴起了一系列对外贸易大港。9世纪阿拉伯地理学家伊本·胡尔达兹比赫在他的著作《道里邦国志》中列举唐朝的四大贸易港：鲁金（Luqin）、汉府（Khanfu）、汉久（Khanju）、刚突（Qantu）。③ 史家已考订，鲁金即龙编，今越南河内一带；汉府即

---

① 《隋书》卷82，《赤土传》，中华书局，1982，第1834~1835页。
② 朱彧：《萍洲可谈》卷2，"汉威令行于西北，故呼中国为汉；唐威令行于东南，故蛮夷呼中国为唐"，中华书局，1985，第25页。
③ 伊本·胡尔达兹比赫：《道里邦国志》，宋岘译注，中华书局，1991，第71~72页。

广州;汉久即福州,一说泉州;刚突即扬州。当时最大的对外贸易港是广州,广州"自唐始通大舶,蛮人云集,商贾辐辏"。① 其中不少外国商人由于各种原因留居于此,因此"土人与蛮僚杂居",② 成为具有异国情调的国际都市。鉴真和尚在广州时,见到"江中有婆罗门、波斯、昆仑等舶,不知其数;并载香药、珍宝,积载如山。其舶深六、七丈。师子国、大石国、骨唐国、白蛮、赤蛮等往来居[住],种类极多",③ 从而形成外国侨民聚居的街区——蕃坊。

关于当时的海上丝绸之路,唐朝宰相、著名的地理学家贾耽记述了从广州经东南亚、印度,通往阿拉伯的航线:"广州东南海行,二百里至屯门山,乃帆风西行,二日至九州石。又南二日至象石。又西南三日行,至占不劳山,山在环王国东二百里海中。又南二日行至陵山。又一日行,至门毒国。又一日行,至古笪国。又半日行,至奔陀浪洲。又两日行,到军突弄山。又五日行至海硖,蕃人谓之质,南北百里,北岸则罗越国,南岸则佛逝国,佛逝国东水行四五日,至诃陵国,南中洲之最大者。又西出硖,三日至葛葛僧祇国,在佛逝西北隅之别岛,国人多钞暴,乘舶者畏惮之。其北岸则箇罗国。箇罗西则哥谷罗国。又从葛葛僧祇四五日行,至胜邓洲。又西五日行,至婆露国。又六日行,至婆国伽蓝洲。又北四日行,至师子国,其北海岸距南天竺大岸百里。又西四日行,经没来国,南天竺之最南境。又西北经十余小国,至婆罗门西境。又西北二日行,至拔国。又十日行,经天竺西境小国五,至提国,其国有弥兰太河,一曰新头河,自北渤昆国来,西流至提国北,入于海。又自提国西二十日行,经小国二十余,至提罗卢和国,一曰罗和异国,国人于海中立华表,夜则置炬其上,使舶人夜行不迷。又西一日行,至乌剌国,乃大食国之弗利剌河,南入于海。小舟泝流,二日至末罗国,大食重镇也。又西北陆行千里,至茂门王所都缚达城。自婆罗门南境,从没来国至乌剌国,皆缘海东岸行;其西岸之西,皆大食,其西最南谓之三兰国。自三兰国正北二十日行,经小国十余,至设国。又十日行,经小国六七,至萨伊尔瞿和竭国,当海西岸。又西六

---

① 《永乐大典》卷11907,引《番禺续志》,中华书局,1960,第6页。
② 《旧唐书》卷117,《卢钧传》,第20页,文渊阁《四库全书·史部》(原文电子版),武汉大学出版社,1997。
③ 〔日〕真人元开:《唐大和上东征传》,中华书局,1979,第74页。

七日行,经小国六七,至没巽国。又西北十日行,经小国十余,至拔离诃磨难国。又一日行,至乌剌国,与东岸路合。"①

从贾耽的记述来看,当时商船从广州起航,沿中南半岛航行,先到越南南部的昆仑岛(军突弄山),穿越南海,至苏门答腊东南的室利佛逝(佛逝国)。从室利佛逝往东航行,可以到达爪哇(诃陵国);往西则穿过马六甲海峡,进入印度洋,横穿孟加拉湾,至斯里兰卡(师子国)。再绕过南印度,沿西印度海岸航行,抵达波斯湾头,阿拉伯河河口的乌巴剌(乌剌国,Oballa)。然后换乘小船,溯阿拉伯河而上,抵达巴士拉(末罗国)。从乌巴剌亦可沿阿拉伯半岛海岸南行,抵达东非的索马里(三兰国)。可见,唐代连接东西方的海上丝绸之路畅通,所联系的地区也空前扩大,尤其是东非地区开始被纳入东西方海上商业贸易网络之中。

唐朝政府对外实行开放,鼓励外商来华贸易,实行保护外商合法权益的政策。太和八年(834年)唐文宗下诏:"南海蕃舶,本以慕化而来,固在接以恩仁,使其感悦。如闻比年长吏,多务征求,嗟怨之声,达于殊俗,况朕方宝勤俭,岂爱遐琛,深虑远人未安,率税犹重,思有矜恤,以示绥怀。其岭南、福建及扬州蕃客,宜委节度观察使常加存问,除舶脚收市进奉外,任其来往通流,自为交易,不得重加率税。"② 为了管理日益扩大的海外贸易,唐朝政府还设立专门管理海外贸易的机构——市舶使。这些措施不仅吸引了大量外商来华贸易,也刺激了中国人走向海洋,中国的海船不仅远航东南亚、印度半岛,甚至直航波斯湾。如,"唐王榭,金陵人,家巨富,祖以航海为业。一日,榭具大舶,欲之大食国。行逾月,海风大作,惊涛际天",因舟破风涛而漂入乌衣国。"王榭为诗曰:'基业祖来兴大舶,万里梯航惯为客……'。"③ 在与阿拉伯海上贸易发达的同时,与东亚日本的海上贸易也获得迅速发展。宣宗大中六年(852年),唐朝商人钦良晖的商舶自日本肥前国值嘉岛扬帆归国,在海上航行6天,于闽江口的福州连江县登陆,随船而至的还有日本僧人圆珍、丰智、闲静等人;④ 圆珍等人在福州居留达6年之久,于大中十二年(858年)才搭乘唐商李延孝的船返回日

---

① 《新唐书》卷43下,《地理志·广州通海夷道》,中华书局,1975,第1153~1154页。
② 《太和八年疾愈德音》,载《全唐文》卷75,上海古籍出版社,1990,第342页。
③ 刘斧:《青琐高议》别集卷4,《王榭》,上海古籍出版社,1983,第127~128页。
④ 〔日〕木宫泰彦:《日中文化交流史》,胡锡年译,商务印书馆,1980,第111页。

本。懿宗咸通六年（865年），"（李）延孝舶，自大唐福州得顺风五日四夜，着值嘉岛。"① 从上可见，当时我国东南沿海人民不仅频频驾驶大船，活跃于西太平洋和印度洋的辽阔海域，已经习以为常，而且还出现了以航海为业的航海世家。唐末闽人黄滔亦有诗赞曰："大舟有深利，沧海无浅波。利深波也深，君意竟如何？鲸鲵齿上路，何如少经过！"② 海外贸易的发展，严重冲击着传统的封建自然经济，极大地改变了沿海地区的社会风气，商贾驾驶大船，出没大洋，随波逐利，已蔚然成风。

这一时期海上丝绸之路的发展不仅表现在海外交通的地区增多和南海贸易的扩大，而且促进了中外宗教文化交流，其中以中外僧侣往来最为频繁。早在东晋时期，著名僧人法显于隆安三年（399年）由长安取道西域到印度，又从印度到达锡兰，看到商人以一把中国产的白绢扇供奉在玉佛像之前，不禁勾起他的思乡之情，"凄然泪下满目"。后来他从锡兰搭乘可载200余人的商人大船回国，经90多天的航行，到达苏门答腊岛。然后又从苏门答腊岛乘其他商船前往广州，途中听商人们说，在正常情况下，航行50天便可到广州。但他们却遇上暴风雨，飘到山东半岛登陆。③

到了唐代，中国僧侣通过海上丝绸之路前往海外取经求学更多，仅据义净《大唐西域求法高僧传》记载，在57名前往印度和东南亚各国访问的僧人中就有常愍禅师、明远法师、义朗律师、会宁律师等37人是取道海路。他们大多在东南亚和印度侨居数年、数十年，甚至未返中土，终老国外。至于义净本人，咸亨三年（672年）十一月间，从广州搭乘波斯商船泛海南行前往印度访学，经历30余国，留居海外总计25年，他和其他求法高僧可谓"海归"之先驱了。

晋至唐代海上丝绸之路的拓展和中外经济文化交流的扩大推动了华人出国侨居。除了上述的僧侣，还有不少人因贸易关系或其他原因而侨居海外。北魏时，"范文，本扬州人，少被掠为奴，卖堕交州。年十五六，遇罪

---

① 《续群书类丛》卷193，《入唐五家传·头陀亲王入唐略记》，东京：续群书类丛完成会，昭和九年，第105~106页。
② 黄滔：《黄御史集》卷2《贾客》，台湾商务印书馆景印文渊阁四库全书全本，1986，第1084册，第105页。
③ 〔日〕足立喜六：《法显传考证》，何健民、张小柳合译，国立编译馆出版、商务印书馆印行，1937，第255页，第273~292页。

当得杖,畏怖因逃,随林邑贾人渡海远去,没入于王,大被幸爱"。10多年后,范文"自立为王,威加诸国"。① 梁时,"有晋安人渡海",为风所漂,抵达日本。② 王僧孺"出为南海太守。郡常有高凉生口及海舶每岁数至,外国贾人以通货易。旧时州郡以半价就市,又买而即卖,其利数倍,历政以为常"。③ 另据清代蔡永蒹记载:"唐开元八年(720年),(晋江)东石林知祥之子林銮,字安车。曾祖曰林智慧航海群蛮海路。林銮试舟到渤泥(今文莱),往来有利,沿海畲家人俱从之往,引来番舟。蛮人喜彩绣,武陵多女红,故以香料易彩衣。晋海舟人竞相率航海。""林銮引蛮舶泊东石,沿海航舟遂相率至蛮。"又载:"涂公文轩与东石林銮航海至渤泥……涯之北,有陈厝、戴厝,俱从涂之操舟人。"④ 另据西人坎贝尔记载,后唐同光三年(925年),"闽王王延翰(王审知子)立,有中国大沙船一艘,在爪哇三宝垄附近沉没,船货漂流至岸,其管舱者献宝物于直葛(Tegal)王,得王之允许,招集余众,定居其地,受优良之待遇,是为中国人民定居爪哇之始。"⑤ 然而,尽管当时出国的华人不断增加,但尚未形成较大的规模,在海外居住尚停留在"流寓"的方式,未形成华侨聚居区,因此未能形成华侨社会。

三 宋元时期:海上丝绸之路的繁荣

宋元时期海上丝绸之路出现空前的繁荣,海外交通和贸易是我国封建社会的黄金时代,主要表现在以下方面。

(一) 海外联系的地区扩展

宋元时期海上丝绸之路所联系的海外地区东起日本、高丽,南至马来半岛,西迄波斯湾、东非和地中海沿岸,地域之广、海上联系之频繁是前

---

① 郦道元:《水经注》卷36,引《江东旧事》,岳麓书社,1995,第250页。
② 《梁书》卷54,《扶桑传》,中华书局,1983,第808页。
③ 《梁书》卷33,《王僧孺传》,中华书局,1983,第470页。
④ 引自吴凤斌主编《东南亚华侨通史》,福建人民出版社,1993,第11页。
⑤ 坎贝尔(Campbell):《爪哇的过去和现在》(Java: Past and Present),转引自李长傅《南洋华侨史》,上海暨南大学海外事业文化部,1929,第50页。

所未有的。宋代仅据《岭外代答》《云麓漫钞》《诸蕃志》的记载，与中国有着海上交往的国家和地区超过了60个；元代《岛夷志略》所记载的国家和地区则达200多个。其中很多是新开辟的通商国家，如泰国境内的罗斛、暹国、真里富。以华富里为中心的罗斛于北宋崇宁二年（1103年）首次派出使者到中国，与宋朝建立了友好关系。政和五年（1115年），宋政府在泉州兴复市舶司，特派刘著等人"前去罗斛、占城国说谕诏纳，许令将宝货前来投进"。① 暹国是泰族人建立的国家，建都于湄南河上游的速古台。13世纪中叶，国势渐盛，积极与元朝发展友好关系，多次遣使朝贡。真里富位于泰国尖竹汶一带，南宋时与中国建立了密切的关系，频频经由明州向宋朝进贡，但它的商船也经常到泉州贸易。②

菲律宾群岛的麻逸国（民都洛岛）、三屿（指加麻延、巴姥酉、巴吉弄诸岛，元代称为三岛）、蒲哩噜（吕宋东部，元代称为麻里鲁）、毗舍耶（米沙鄢人）、苏禄（菲律宾南部）。赵汝适生动地描写中国商人在菲律宾的贸易，麻逸国，"至其境，商舶入港，驻于官场前。官场者，其国阛阓之所也，登舟与之杂处。酋长日用白伞，故商人必赍以为贶。交易之例，蛮贾（指当地商人）丛至，随篱搬取物货而去，初若不可晓，徐辨认搬货之人，亦无遗失。蛮贾迺以其货转入他岛屿贸易，率至八九月始归，以其所得准偿舶商"。③ 蒲哩噜，"番商（指中国商人）每抵一聚落，未敢登岸，先驻舟中流，鸣鼓以招之，蛮贾（指当地商人）争棹小舟，持吉贝、黄蜡、番布、椰子簟等至与贸易。如议之价未决，必贾豪自至说谕，馈以绢伞瓷器藤笼，仍留一二辈为质，然后登岸互市，交易毕，则返其质，停舟不过三四日，又转而之他。"④

马来群岛的渤泥（文莱）、假里马答（加里曼丹西南的卡里马塔群岛）、文老古（马鲁古群岛）、文诞（班达群岛）、古里地闷（帝汶岛）。宋代之前，中国与马来群岛的通商主要集中在爪哇以西的诸岛，现在则扩大到整个群岛，群岛东部也加入了与中国的交流，双方的联系更加密切。如渤泥

---

① 《宋会要辑稿》职官四四之一〇，中华书局，1957，第3368页。
② 赵彦卫：《云麓漫钞》卷5，《福建市舶司常到诸国舶船》，辽宁教育出版社，1998，第20页。
③ 赵汝适：《诸蕃志》卷上，《麻逸国》，中华书局，1996，第141页。
④ 赵汝适：《诸蕃志》卷上，《三屿·蒲哩噜》，中华书局，1996，第144页。

"俗重商贾",每当宋船抵渤泥港口,"其王与眷属率大人到船问劳",船人用锦藉跳板迎接,并献以酒醴器皿。过了一段时间,宋商"方请其王与大人论定物价。价定,然后鸣鼓以召远近之人,听其贸易"。① 文老古则"地每岁望唐舶贩其地"。②

西亚和东非的麻嘉国(麦加)、弼琶罗(柏培拉)、层拔(索马里以南东非沿海地区)、昆仑层期国(马达加斯加及其附近的非洲沿岸)、马兰丹(马林迪)、那旺(帕特岛)、马来忽(马尔代夫)、阿思里(埃塞俄比亚)、层摇罗(坦桑尼亚)等。宋代之前,海上丝绸之路所通东非地区局限于索马里以北,现在索马里以南广大东非海岸都卷入了东西方交流。如宋代层拔,"每岁胡茶辣国及大食边海等处发船贩易,以白布、瓷器、赤铜、红吉贝为货",③ 元代泉州的商船直航层摇罗,"每货贩于其地者,若有谷米与之交易,其利甚溥"。④

地中海沿岸的勿斯里国(埃及)、陁盘地国(埃及达米塔港)、遏根陀国(埃及亚历山大港)、茶弼沙国(指欧洲)、斯加里野国(西西里岛)、芦眉国(罗马)、默伽猎(摩洛哥)、木兰皮国(11世纪柏柏尔人在非洲西北部和欧洲西班牙南部地区建立的阿尔摩拉维王朝)。其中木兰皮为海上丝绸之路报通最西的国家。《岭外代答》称:"木兰皮国为极西诸国之都会",并记其海上商业活动,"大食国西有巨海。海之西,有国不可胜计,大食巨舰所可至者,木兰皮国尔。盖自大食之陁盘地国发舟,正西涉海一百日而至之。一舟容数千人,舟中有酒食肆、机杼之属。言舟之大者,莫木兰若也,今人谓木兰舟,得非言其莫大者乎?"⑤

(二)中国对外贸易港口的增多和发展

宋代之前,中国对外贸易港口局限于广州、交州等少数港口。进入宋元时期,随着中国经济重心加速南移,东南沿海地区成为全国经济的先进

---

① 赵汝适:《诸蕃志》卷上,《渤泥国》,中华书局,1996,第136页。
② 汪大渊:《岛夷志略·文老古》,中华书局,1981,第205页。
③ 赵汝适:《诸蕃志》卷上,《层拔国》,中华书局,1996,第100页。
④ 汪大渊:《岛夷志略·层摇罗》,中华书局,1981,第358页。
⑤ 周去非:《岭外代答》卷2,《外国门上·海外诸蕃国》,中华书局,1985,第20页;卷3,《外国门下·木兰皮国》,第27页。

区域，对外经济交流日益扩大，许多新兴的对外贸易港有如雨后春笋般地涌现出来，共有广州、海南、钦州、潮州、泉州、福州、漳州、同安、杭州、明州、澉浦、华亭、温州、江阴、镇江、平江、台州、上海、太仓、松江、登州、密州等 20 余处。其中最重要的是广州，在整个北宋时期，广州都是最大的对外贸易港。朱彧曾说，"福建路泉州，两浙路明州、杭州，皆傍海，亦有市舶司"，但"三方唯广最盛"。① 进入南宋之后，广州在海外贸易中虽仍居于领先地位，但由于泉州港的迅速崛起，广州港独占鳌头的局面被打破，往往是"闽广市舶"并称，同为最大对外贸易港。由于来广州侨居的外商众多，广州还形成了外国侨民聚居区——蕃坊，宋政府设蕃长司，管理外国侨民事务。

元代广州为"蕃舶凑集之所，宝货丛聚"。《大德南海志》列举广州从海外进口商品达 71 种，有通商关系的国家和地区"视昔有加焉"，达 143 个，② 其繁荣程度又超过了宋代。

泉州在南朝时就已开辟成为一个对外贸易港。五代时，闽国统治者致力发展海外贸易，泉州港开始崛起。北宋初年泉州已是一个重要的港口。当时"福建一路，多以海商为业"，③ 泉州是中国商人进出大洋的重要基地，"每岁造舟通异域"，④ 海外贸易非常活跃。宋政府认识到泉州港的重要地位，于元祐二年（1087 年）在泉州设立市舶司，开放泉州港。自此之后，泉州港更加蒸蒸日上。

迄至南宋，泉州的海外贸易开始赶上广州。据南宋人赵彦卫记载，在宋宁宗开禧（1205～1207 年）之前，大食（阿拉伯）、波斯、三佛齐、占城、高丽等 30 多个国家和地区的商船，都常到泉州贸易。⑤ 到嘉定（1208～1224 年）后期，与泉州发生贸易关系的国家和地区又增加到 50 多个。⑥ 当时人们称赞泉州海外贸易之盛，"泉南地大民众，为七闽一都会，加以蛮夷慕义

---

① 朱彧：《萍洲可谈》卷 2，中华书局，1985，第 17 页。
② 《永乐大典》卷 11907，引《大德南海志》，第 92～95 页。
③ 苏轼：《东坡全集》卷 56，《论高丽进奉状》，第 10 页，文渊阁《四库全书》（原文电子版），武汉大学出版社，1997。
④ 王象之：《舆地纪胜》卷 130，引谢履《泉南歌》，中华书局，1992，第 3753 页。
⑤ 赵彦卫：《云麓漫抄》卷 5，《福建市舶司常到诸国舶船》，第 19～20 页，文渊阁《四库全书》（原文电子版），武汉大学出版社，1997。
⑥ 赵汝适：《诸蕃志》卷上，中华书局，1996。

航海日至，富商大贾宝货聚焉"；① "涨海声中万国商"。② 在此定居的海外商客比北宋时更多，其中大多数为阿拉伯人，如南宋末年"擅蕃舶利者三十年"的蒲寿庚即是阿拉伯人后裔，但是也有不少是来自东南亚的商人。③ 由于外商在此侨居甚多，形成外国侨民聚居的街区，谓之"蕃人巷"。④

入元之后，泉州一跃成为国内首屈一指的大港，并且是当时世界上最大的国际贸易港。据汪大渊记载，泉州与亚非90多个国家和地区有通商关系，以"刺桐城"扬名于世，故吸引来自世界各国商人、学者、传教士到此经商、旅游和居住。意大利旅行家马可·波罗称赞泉州"是世界上两大港之一"；⑤ 摩洛哥旅行家伊本·白图泰亦称"该城的港口是世界大港之一，甚至是最大的港口。我看到港内停有大艟克约百艘，小船多得无数"。⑥

杭州对外贸易的主要对象是日本和高丽，双方之间有着大宗的贸易。但从事南海贸易的海船也往往从广泉二州转海到杭州贸易。然而自南宋杭州成为"行在"之后，为了防范金兵从海上直捣"行在"，南宋政府限制杭州的对外贸易，把两浙市舶司迁往秀州华亭县，只在杭州设临安府市舶务，⑦ 杭州作为对外贸易港开始走向式微。

元朝建立之后，杭州对外贸易又开始兴盛。元人记曰"舟航水塞，车马陆填，百货之委，商贾贸迁，珠玉象犀，南金大贝，侏任雕题，诸蕃毕萃"，⑧ 说明杭州是一座繁华的对外贸易城市。

明州早在唐代就是与新罗、日本交通的口岸。入宋之后，由于两浙的经济繁荣，需要扩大与海外的经济交流，明州成为繁忙的海港，是同高丽、日本往来的主要口岸。高丽、日本的贡使多由明州登陆，但民间商人的泛

---

① 周必大：《文忠集》卷109，《赐敷文阁直学士中大夫陈弥作辞免差遣知泉州恩命不允诏》，台湾商务印书馆影印文渊阁四库全书本，第1148册，1983，第190页。
② 李文敏：《清源集》，引自《舆地纪胜》卷130，《福建路·泉州》，中华书局，1992，第3753页。
③ 林之奇：《拙斋文集》卷15，《泉州东坂葬蕃商记》，第12页，文渊阁《四库全书》（原文电子版），武汉大学出版社，1997。
④ 祝穆：《方舆胜览》卷12，《福建路·泉州》，台湾商务印书馆影印文渊阁四库全书本，第471册，1983，第665页。
⑤ 《马哥孛罗游记》，张星烺译，商务印书馆，1936，第337页。
⑥ 《伊本·白图泰游记》，马金鹏译，宁夏人民出版社，1985，第551页。
⑦ 《宋会要辑稿》职官四四之一四，中华书局，1957，第3370页。
⑧ 贡师泰：《玩斋集》卷9，《杭州新城碑》，台湾商务印书馆影印文渊阁四库全书本，第1215册，第674页。

海贸易也很活跃，当地人不少"以泛海贸迁为业，往来高丽、日本"。① 广东、福建商人赴高丽、日本贸易，也大多取道两浙，以明州为出发港。如泉州大商柳悦、黄师舜"世从本州给凭，贾贩高丽";② 泉州商人李充在明州申请公凭，前往日本买卖。③

元代明州称庆元，是元代三大贸易港之一。它"南通闽广，东接日本，北距高丽，商舶往来，物货丰溢",④ 日本商人常来庆元，有时一次就来了2000多人,⑤ 贸易规模之大可想而知。庆元与东南亚也有贸易往来。泰定二年（1325年），舶商沈荣等"原经庆元市舶司请给验籍，起发船只，往罗斛番经纪"。⑥ 诗人曾赋诗形容庆元南洋贸易的繁荣："是邦控岛夷，走集聚商舸，珠香杂犀象，税入何其多。"⑦

（三）海外贸易管理制度的完善

市舶司是古代海外贸易的管理机构，唐代仅在广州一处设立了市舶使，仅是管理海外贸易的官员。而到了宋代，随着海外贸易的扩大，设立专门的海外贸易机构成为必要。宋代设置市舶司或市舶务的，有广州、泉州、杭州、明州（今宁波）、温州、秀州（今松江）、江阴、密州（板桥镇），共8处，若包括设置市舶场的澉浦（今浙江海盐）在内，实际上共有9处。元代则在广州、泉州、庆元、杭州、上海、澉浦、温州设立市舶司，加上"海北海南市舶提举司"（管理海南岛和广西沿海对外贸易），共8处。市舶司的主要职能是：征收税款，处置舶货，办理舶船出港和回航手续以及招徕和保护外商等。

除了设立市舶司之外，宋代之前，历代对海外贸易管理无一定成法。但随着海外贸易的发展，管理事务日益繁杂，这种状况已不能适应管理对

---

① 郭象:《睦车志》卷3，上海进步书局，1919，第4页。
② 《历代名臣奏议》卷348，《夷狄》，台湾学生书局，1985，第4534页。
③ 《公凭》，引自吴泰、陈高华《宋元时期的海外贸易》，天津人民出版社，1980，第75页。
④ 王元恭:《至正四明续志》卷1，《土风》，《续修四库全书》第705册，上海古籍出版社，1995，第492页。
⑤ 《元史》卷132，《哈剌传》，中华书局，1976，第3217页。
⑥ 沈仲纬:《刑统赋疏》，载《中国律学文编》第1辑，第1册，黑龙江人民出版社，2004，第305页。
⑦ 孙原理辑:《元音》卷9，引张翥《送黄中玉之庆元市舶》，第1页，武进董氏诵芬室重刻本，1919。

外贸的需要。元丰三年（1080年），宋朝廷制定了《市舶法》，在广东、广西、两浙、福建推行，① 实际上就是在全国推行。它是我国历史上第一部关于海外贸易的法典，改变了以往海外贸易管理无法可依的局面，对日后海外贸易和市舶制度都产生深远的影响，意义重大。元代则以宋代《市舶法》为基础，于至元三十年（1293年）制定了《市舶则法》二十二条，予以颁布施行。②

市舶司的设置和《市舶法》的制定标志着海外贸易管理制度已趋于完善，也反映了海外贸易的发展。

（四）航海造船技术的突破

在海上丝绸之路的长期航海实践中，我国人民在总结经验的基础上不断创新，宋元时期出现了航海造船技术的重大突破。航海技术方面，我国古代航海，很早就知道观看天体来辨明方向，但北宋以前，航海中还是"夜间看星星，白天看太阳"。到了北宋，当时海船已使用指南针，"阴晦观指南针"，③ "唯视星斗前迈，若晦则用指南浮针以揆南北"。④ 指南针用于航海导航，是航海技术上的历史性突破，也是我国人民对世界文明的伟大贡献。南宋时，指南针成为海船在大海中航行的主要导航方法。据赵汝适的记载，大海"渺茫无际，天水一色，舟舶来往，惟以指南针为则，昼夜守视唯谨，毫厘之差，生死系焉。"⑤ 南宋人吴自牧也说，从泉州出洋，泛往外国买卖的海船，"全凭南针，或有少差，即葬鱼腹"。⑥ 宋末元初，还出现了"针路"，即海船用指南针导航，一条航线由许多指南针的针位点连接起来，叫做"针路"。"针路"在航海上的应用不仅使远洋航行更加安全可靠，而且使人们对海上航线和海外国家的地理分布有了更为清楚的认识。

宋元时期航海技术的另一重要成就是天文定位技术——"牵星术"的发明，即通过用观测星体的高度来确定海船所在的地理纬度，以掌握航线。

---

① 《宋会要辑稿》职官四四之六，中华书局，1957，第3366页。
② 《元典章》卷22，《户部八·市舶》，第71~72页，光绪三十四年杭州丁氏刻本。
③ 朱彧：《萍州可谈》卷2，中华书局，1985，第18页。
④ 徐兢：《宣和奉使高丽图经》卷34，《客舟》，台湾商务印书馆影印文渊阁四库全书本，第593册，第891页。
⑤ 赵汝适：《诸蕃志》卷下，《海南》，中华书局，1996，第216页。
⑥ 吴自牧：《梦粱录》卷12，《江海船舰》，中国商业出版社，1982，第102页。

元代马可·波罗从泉州前往波斯所乘坐的中国海船就是通过观测北极星的高度变化来帮助确定航线。① 在泉州出土的宋船中发现一件"量天尺",据考证即用来观测恒星出水高度,以定船舶所在纬度,② 证明当时中国海船已广泛应用天文定位技术。

宋元时期在远洋海船制造技术方面取得惊人的成就。首先,海船规模大。北宋时,福建的中等客舟,"其长十余丈,深三丈,阔二丈五尺,可载二千斛粟","每舟篙师、水手可六十人"。至于更大的海船之"长阔、高大、什物、器用、人数,皆三倍于客舟也"。③ 南宋时,海船更大,吴自牧描述说:"海商之舰,大小不等。大者五千料,可载五、六百人。中等二千料至一千料,亦可载二、三百人。余者谓之钻风,大小八橹或六橹,每船可载百余人。"④ 元代,"每一大船役使千人,其中海员六百,战士四百,包括弓箭射手和持盾战士以及发射石油弹战士,随从每一大船有小船三艘",⑤ 其载重量又超过了宋代。其次,结构先进,抗风浪性能提高。船体使用水密隔舱结构,每一船分成十余舱,每舱彼此密隔,这样即使有一、二舱渗漏,也不至于全船沉没。⑥ 最后,设备精良,海船的风帆设施比起前代大有改进。中型海船"大樯高十丈,头樯高八丈,风正则张布帆五十幅。稍偏则用利篷,左右翼张,以便风势。大樯之巅,更加小帆十幅,谓之野狐帆,风息则用之"。使用不同形式的风帆可以充分利用风力,航行时"风有八面,唯当头不可行"。⑦ 大型海船则有更多的帆,"有十帆,至少是三帆,帆系用藤篾编织,其状如席,常挂不落,顺风调帆"。⑧ 当时中国的造船技术居于世界最先进之列,受到中外人士的交口称赞。

---

① 《马哥孛罗游记》,张星烺译,商务印书馆,1937,第361、364、421、424、426、429页。
② 韩振华:《中国航海用的量天尺》,载福建省泉州海外交通史博物馆编《泉州湾宋代海船发掘与研究》,海洋出版社,1987,第112页。
③ 徐兢:《宣和奉使高丽图经》卷34《客舟》,台湾商务印书馆影印文渊阁四库全书本,第593册,第891~892页。
④ 吴自牧:《梦粱录》卷12《江海船舰》,第102页。
⑤ 《伊本·白图泰游记》,马金鹏译,宁夏人民出版社,1985,第490页。
⑥ 《马哥孛罗游记》,张星烺译,商务印书馆,1937,第341~342页。
⑦ 徐兢:《宣和奉使高丽图经》卷34,《客舟》,台湾商务印书馆影印文渊阁四库全书本,第593册,第891页。
⑧ 《伊本·白图泰游记》,马金鹏译,宁夏人民出版社,1985,第490页。

（五）中国海商的兴起

宋元时期海外交通中最为引人注目的一个现象，是中国海商作为东西方海上贸易的一支新兴力量而登上历史舞台，当时中国东南沿海社会各阶层人士无不卷入海外贸易，不仅有职业海商，而且上自皇室贵族，下自细民百姓，甚至僧侣、道士，都热衷经营海外贸易。

早在北宋初期，东南沿海人民就已竞相造船，请集水手，满载着财货，扬帆域外，"贩易外国物"。[1] 有的地区人民出海经商已经蔚然成为社会风气，如"泉州人稠山谷瘠，虽欲就耕无地辟；州南有海浩无穷，每岁造舟通异域"。[2] 到了南宋，沿海地区从事海外贸易更是普遍现象，"海商入蕃，以兴贩为招致，侥幸者甚众"，像这样的"泛海之商"，"江淮闽浙，处处有之"。[3] 元代，尽管"凡东西诸夷去中国亡虑数十万里"，然而中国海商竟"至彼者，如东西家然"。[4] 中国海商已经成为海上丝绸之路上的主要力量。

当时中国海商不仅人数众多，而且经营规模庞大，资金雄厚。有时一次贩运的货物价值几十万缗之巨，[5] 甚者达百万缗以上。随着海商的资本不断扩大，出现资产的海上商业巨头。如宋代的蒲寿庚，元代的朱清、张瑄都是富甲天下、称雄一方的著名大海商。

（六）海外华人社会的出现

海上丝绸之路的繁荣，海外交通和贸易的发达，为华人大规模出国提供了条件，留居海外不归者越来越多，在国外的侨居状况也从"流寓"发展为定居。交趾因厚遇中国商人，故吸引了大批的福建商人到此经商，甚至定居。据说安南李朝的创立者李公蕴就是福建人。[6] 另外，"交趾公卿贵

---

[1] 《宋史》卷268，《张逊传》，中华书局，1977，第9222页。
[2] 谢履：《泉南歌》，引自王象之《舆地纪胜》卷130，中华书局，1992，第3753页。
[3] 包恢：《敝帚稿略》卷1，《禁铜钱申省状》，台湾商务印书馆影印文渊阁四库全书本，第1178册，第714页。
[4] 王彝：《王常宗集》续补遗，《泉州两义士传》，第5页，文渊阁《四库全书》（原文电子版），武汉大学出版社，1997。
[5] 洪迈：《夷坚丁志》卷6，《泉州杨客》，中华书局，1981，第588~589页。
[6] 沈括：《梦溪笔谈》卷25，《杂志》，第13页，文渊阁《四库全书》（原文电子版），武汉大学出版社，1997。

人多闽人也",① 这些人多"因商贾至交趾"。② 南宋时,"漳州百姓黄琼商贩南蕃,其父客死异乡"。③ 元代华人定居海外更盛,如"昔泉之吴宅,发舶梢众百有余人",到古里地闷贸易,④ 其中不少人因各种原因留居海外不归。⑤ 尤其是许多处于社会下层的劳动者为寻求较好的生活环境往往逗留海外不归。在真腊,"唐人之为水手者,利其国中不著衣裳,且米粮易求,妇女易得,屋室易办,器用易足,买卖易为,往往皆逃逸于彼"。⑥ 缅甸,泉州商人商于乌爹(今缅甸沿海),因获巨利,"故贩其地者,十去九不还也"。⑦ 当时海外华人不仅有住蕃经商的商人、水手,而且包括了由于其他各种原因而到海外经商寻求发展的社会各阶层人士。

随着定居海外的华人的增多,在一些东西方通商口岸已形成颇具规模的华侨聚居的社区。北宋时,高丽的王城(开城)"有华人数百,多闽人因贾舶至者,密试其所能,诱以禄仕,或强留之终身"。⑧ 明初爪哇的新村、杜板、泗水等地,以及苏门答腊的旧港的华人聚居区达千余家至数千家,⑨ 估计人口当在5000至20000人之间。为了保护自身的生存和利益,有的海外华人团结起来,建立华人自治组织,如旧港的梁道明、陈祖义者。据说在明朝初年,占城、旧港、思吉港、新村、杜板和岸佩尔等地的华人聚居区都委任了华人首领,"他们具有双重身份,既是这个国家的统治官员,又是华人的父母官",⑩ 不但有权管理华人内部事务,而且可以处理本社区的对外事务。这些东南亚较具规模的华人聚居区显然形成于元代。

海外华人聚居区的出现,尽管它仅出现于少数的通商口岸,却意味着华侨在海外获得较稳定的,赖以生息、繁衍的立足之地,使之有可能长期

---

① 司马光:《涑水纪闻》卷13,中华书局,1989,第248页。
② 《续资治通鉴长编》卷273,熙宁九年二月壬申,上海古籍出版社,1986,第2577页。
③ 《宋会要辑稿》职官二〇之三〇,中华书局,1957,第2835页。
④ 汪大渊:《岛夷志略·古里地闷》,中华书局,1981,第209页。
⑤ 刘仁本:《羽庭集》卷4,《闽中女四首》第34~35页,文渊阁《四库全书》(原文电子版),武汉大学出版社,1997;高启:《高太史大全集》卷8,《温陵节妇行》,第20页,文渊阁《四库全书》(原文电子版),武汉大学出版社,1997。
⑥ 周达观:《真腊风土记·流寓》,中华书局,1981,第180页。
⑦ 汪大渊:《岛夷志略·乌爹》,第376页。
⑧ 《宋史》卷487,《高丽传》,第14053页。
⑨ 马欢:《瀛涯胜览校注·爪哇》,冯承钧校注,中华书局,1955,第7~9页。
⑩ Slametmuljana, *A Story of Majapahit*, Singapore, 1976, p.193.

保持和发扬中华的文化传统,抵制当地民族的同化,并由此而蕴育、发展自身的经济。具有共同的地域、经济和民族心理状态,这是海外华人社会赖以生存的必要条件。华人聚居区的出现标志着海外华人社会的初步形成,海上丝绸之路对海外华人社会的产生和发展起了关键的作用。

四 明至鸦片战争前:海上丝绸之路的变化

明清时期是海上丝绸之路发生重大变化的时期。在这个时期,海上丝绸之路虽有某些新的发展,但是这些发展是局部的,且持续的时间并不很长,其总的趋势是逐渐走向衰落。造成海上丝绸之路衰落的主要原因是:①明清统治者对海外贸易采取消极保守的政策,在很长时期内实行海禁,甚至实行闭关锁国政策,这些政策阻碍着海上丝绸之路的发展;②16世纪后,西方殖民者东来,开辟了全球性海洋贸易新时代,尤其是"大帆船贸易"航线使海上丝绸之路延伸到全世界,但是他们在东南亚侵占殖民地,实行控制航运和垄断贸易的政策,并且在我国沿海一带进行劫掠、骚扰活动,最终严重地破坏了海上丝绸之路的正常发展。鸦片战争之后,中国沦为半封建、半殖民地社会,海上丝绸之路虽然继续存在,但其性质和内容都发生了根本的变化,即从独立自立的经济文化交流沦为西方资本主义的附庸。以上这些变化都对华侨出国和海外华人社会的发展产生了深远的影响。

(一) 明代海上丝绸之路的变化

1. 海禁的实施

明王朝建立之初,国内的反明势力不断发动叛乱和纠引倭寇入侵,洪武十四年(1381年),明太祖下令"禁濒海民私通海外诸国"。① 洪武二十三年(1390年),再次"申严交通外蕃之禁"。② 洪武二十七年(1394年),

---

① 《明太祖实录》卷139,洪武十四年十月己巳,上海古籍书店1983年影印本,第2197页。
② 《明太祖实录》卷205,洪武二十三年二月乙酉,上海古籍书店1983年影印本,第3067页。

为彻底取缔民间海外贸易，又一律禁止民间使用及买卖舶来的番香、番货等①，以取缔海外商品的国内市场。如此一来，"使臣客旅阻绝，诸国王之意遂尔不通"，②连与明朝素好的东南亚各国也不能来华进行正常的贸易和交流了，只能以朝贡的名义进行有限的官方交流。

明初实行海禁与朝贡贸易同时并举的政策，郑和下西洋实际上是这一政策的继续和发展。明成祖朱棣即位后，派遣郑和"总率巨舵百艘"，"将士卒二万七千八百余人"，"浮历数万里，往复几三十年"，③遍历海外诸国，招其遣使入明朝贡。从明永乐三年（1405年）至明宣德八年（1433年），郑和七下西洋，远达东非海岸，访问了30多个在西太平洋和印度洋的国家和地区，加深了中国同东南亚、东非的友好关系，它是人类空前壮举，在世界航海史上谱写了光辉的一页，标志了海上丝绸之路的鼎盛时期。

在明代之前，中国封建政府对于海外贸易一般是采取开放和鼓励的政策，而明初实施海禁则扭转了这一历史传统，开了闭关锁国之先河，并为以后的明清统治者所沿袭，不仅造成海上丝绸之路终于走向衰落，而且也使中国逐渐落后于西方，陷于落后挨打的局面。

2. 西方殖民者东来

明中叶以后，西方殖民者陆续来到远东，远东局势发生了重大变化。1511年葡萄牙人占领马六甲之后，继续北上来到中国沿海，企图叩开古老中国的大门。1553年，葡萄牙人占据了澳门，"这些强悍的路西塔尼亚人很快就几乎是排他性地利用起连接印度、马来群岛、中国和日本的海上航线"，④把澳门建成"由印度前往中国与日本及东方其他各地的货物以及由这些地方运往印度所必需的中转站。"⑤澳门作为欧亚海上贸易的一个中心迅速兴起。

继葡萄牙人而来的是西班牙人。1565年西班牙人在菲律宾建立殖民统

---

① 《明太祖实录》卷231，洪武二十七年正月甲寅，上海古籍书店1983年影印本，第3374页。
② 《明太祖实录》卷254，洪武三十年八月甲午，1930年据江苏国学图书馆传钞本影印，第32册，第7页。
③ 《明史》卷304，《郑和传》，中华书局，1974，第7767～7768页；黄省曾：《西洋朝贡典录》，《自序》，中华书局，1982，第7页。
④ 张天泽：《中葡早期通商史》，姚楠、钱江译，中华书局香港分局，1988，第110页。
⑤ 佚名：《市堡书（手稿）》，《文化杂志》1997年第31期，第94页。

治后,积极招徕中国商人到菲贸易,并开辟了月港－马尼拉－阿卡普尔科的"大帆船贸易"航线。同时,隆庆元年(1567年)明政府在漳州月港开放海禁,进一步刺激了中国商人前往菲律宾贸易。从漳州月港起航开往马尼拉的中国商船满载着生丝、丝织品、棉布、瓷器和各种中国商品,①供给当地人民和西班牙殖民者的各种需求,并且由大帆船经马尼拉—阿卡普尔科这条新的海上通道,把大量中国生产的丝绸、瓷器、茶叶、农产品、工艺品、金属品和珠宝饰物等载运到墨西哥,其中不少货物又转运到南美各地和西班牙,然后运回墨西哥银元购买中国商品,从而使墨西哥银元大量流入中国。同时,经由这条航道,美洲的重要农作物如番薯、玉米、烟草、马铃薯、花生(美洲品种)等也经菲律宾传入中国。大帆船贸易是海上丝绸之路发展新的里程碑,使中国与拉丁美洲建立起前所未有的经济文化交流关系。

接踵而来的是荷兰人。16世纪末,荷兰脱离了西班牙的统治,即步葡、西的后尘,踏上通往东方之路。1601年,一支荷兰船队到达澳门,要求与中国通市,未能如愿。②1619年荷兰人占据了巴达维亚,把它作为东印度公司远东贸易的总部,设法吸引中国商人和中国帆船来此贸易,以获得大量的中国丝绸、瓷器和茶叶等,并把这些商品运往欧洲市场发售,以获取丰厚利润。

西方殖民者的入侵极大地刺激了海上丝绸之路的发展。一方面,由于新航道的开辟,欧洲人直接参与东南亚的贸易,以东南亚为中转站,中国与欧洲的贸易日益增多,中国海外贸易的主要对象逐渐发生了变化,即由东南亚各国逐渐变为与欧洲殖民国家的贸易。中国通过马尼拉与美洲以及通过马六甲或巴达维亚与欧洲的贸易,中国商人把本国的丝、瓷等运到东南亚,再由西方商人转运到有较高消费能力的欧洲和美洲,使海上丝绸之路延伸到全世界。另一方面,由于西方殖民者东来,传统的官方朝贡贸易受到前所未有的冲击,一蹶不振,使民间贸易一度有了更大的发展空间,与西方殖民者的贸易也极大地刺激了华侨移居海外和他们商业的扩展。

3. 私人海外贸易的兴起

明代海上丝绸之路的第三个重大变化是私人海外贸易的兴起。明代之

---

① *The Philippine Island*, Vol. 16, pp. 178 – 180.
② 张燮:《东西洋考》卷6《红毛番》,引《广东通志》,中华书局,1981,第127页。

前，海外贸易形式主要是官方主导的朝贡贸易和市舶贸易。明代在严厉海禁的政策下，民间私人海外贸易被视为非法行径，被迫走上畸形发展的道路，即被迫转入走私和武装走私，并出现了一些大的海上武装走私集团。明王朝对这些武装走私集团进行军事打击，走私集团则团结起来并联合利用日本倭寇进行对抗，从而造成嘉靖 40 多年间旷日持久的所谓"嘉靖倭患"。倭寇之乱实际上是严禁民间海外贸易政策的必然结果，具有反海禁斗争的性质。

鉴于沿海人民对海禁的反抗，隆庆元年（1567 年），明政府被迫在漳州月港部分开放海禁，"准贩东西二洋"。① 从此，"市通则寇转而为商"，② 私人海外贸易迅猛发展。御史周起元描述当时的情况时说："我穆庙时除贩夷之律，于是五方之贾，熙熙水国，刳艅艎，分市东西路。其捆载珍奇，故异物不足述，而所贸金钱，岁无虑数十万，公私并赖，其殆天子之南库也。"私人海外贸易进入了全盛阶段，取代朝贡贸易，成为中国对外经贸交流的主要形式。根据《东西洋考》的记载，开放海禁后，月港与海外通商国家西洋方面有交趾（安南）、占城、暹罗等 20 多个国家和地区，东洋方面有日本、吕宋、文莱等 10 多个国家和地区，成为中外海商进出海洋的基地和进出口商品的集散地。

（二）清代海上丝绸之路的变化

1. 海禁的强化

清初，为了切断台湾郑氏与内地的联系，扼杀郑氏的贸易活动，以削弱郑氏的力量，清政府于顺治十三年（1656 年）下令实行禁海，"凡片板不得入海"。③ 顺治十七年（1660 年），又进而实行严酷的迁海政策，将东南沿海居民，"尽令迁移内地"，④ 企图使郑氏势力"无所掠食，势将自困"⑤。直到康熙二十年（1681 年）三藩之乱平定，康熙二十二年（1683 年）台湾

---

① 张燮：《东西洋考》卷 7《饷税考》，第 131 页。
② 胡宗宪：《筹海图编》卷 11，《经略一·叙寇原》，台湾商务印书馆影印文渊阁四库全书本，第 584 册，第 278 页。
③ 郁永河：《郑氏逸事》，载《台湾文献史料丛刊》第 7 辑，第 123 册，第 48 页。
④ 《清圣祖实录》卷 4，顺治十八年闰七月己未，中华书局，1985，第 4 册，第 84 页。
⑤ 姜宸英：《海防总论》，载《学海类编》，第 1 页。

告平，清廷方开海禁。但是，仅仅过了30多年，全面开海的政策就开始收缩。面对日益严重的"海寇"活动和西方殖民主义的威胁，康熙五十六年（1717年）再次实行禁海，这就是南洋禁海令。南洋禁海虽然并非全面禁海，但对于正在不断发展的中国民间对外贸易力量无疑是严重的打击。雍正期间，虽曾废除南洋禁海令，但到乾隆二十二年（1757年），清高宗下令关闭江海关、浙海关、闽海关，指定外国商船只能在粤海关——广州一口通商，并对丝绸、茶叶等传统商品的出口量严加限制，对中国商船的出洋贸易，也规定了许多禁令，这就是人们通常所说的闭关政策。此后闭关政策更加严厉，直到鸦片战争的爆发。

总的来看，清朝政府实施的海禁及对航海贸易的限制比起明代是有过之而无不及，禁止与限制海外贸易成为清朝坚持的一项基本政策，这严重抑制了中国人走向海洋，妨碍了海外市场的扩展，使中国与世隔绝，没能及时与西方进行科学知识和生产技术的交流，逐渐落后于世界潮流。

2. 东南亚的殖民化

东南亚地区是中国传统的友好邻邦，也是中国海外通商的主要地区。但西方殖民者的入侵中断了双方友好关系的正常发展。不过在西方殖民者入侵之初，其活动是以商业资本为基础的，奉行重商主义，在沿海地区建立商馆和堡垒，除西班牙人之外，并未深入东南亚腹地。他们同中国的贸易也主要以获得中国的丝绸、瓷器和茶叶等商品，然后转贩欧洲和美洲，获得高额商业利润为目的，因此一般推行招徕华商的政策，在一定程度上促进了中国与东南亚海上贸易的发展。

18世纪末19世纪初，欧洲工业资产阶级兴起，取代了商业资产阶级，殖民活动主要是通过倾销商品、掠夺原料，把东南亚国家变为它们的商品市场、原料产地和投资场所。因此从19世纪开始，西方国家不断发动殖民战争，进行领土扩张，把东南亚国家相继变为它们的殖民地。这就严重地破坏了中国同东南亚传统的友好关系，中国与东南亚的传统贸易也逐渐演变为与西方殖民地宗主国的贸易，海上丝绸之路开始在性质上发生了根本的变化。

与此同时，西方国家大举在远东进行商业扩张，它们的商船凭借其强大的资本实力和先进的航运技术，纷纷来到东南亚各国和中国，对原先占优势的中国远洋帆船构成强大的竞争，并通过垄断、控制当地物产等措施，达到切断中国帆船贸易的目的。① 据统计，18世纪20年代，每年进入广州的外国商船平均为87.6艘，中国商船为234艘，其中90艘是小型的海南船。② 到鸦片战争前的道光十七年（1837年），外国商船更增至213艘。尽管中国商船在数量上仍稍占优势，但中国商船所载货物多属粗货，"价值无几"，③ 而外国商船都是大型商船，"一夷舶之利，足抵十（中国）商船"。④ 从贸易额来看，外国商船已远远超过了中国商船。道光九年（1829年），粤海关税收中，外国商船已占80%~90%，中国商船仅占10%~20%，⑤ 外国商船占绝对优势，垄断了南洋贸易。在西方势力的挤压下，中国海洋贸易遂走向衰落。

3. 华侨出国的变化与华侨社会的发展

传统上华侨出国的动因主要是经营海上贸易以赚取利润，然而从明代后期开始，华侨出国进入一个新的阶段，发生了重大的变化，即出洋的主要目的由谋利发展到谋生，大多数人到国外不只是经商谋利，而且也从事各种开发活动，以为生计。其原因主要有国内外两方面的因素。

从国内来说，首先，明中叶以后，东南沿海地区商品经济迅速发展，加上人口增长和土地兼并日益严重，加剧了沿海地狭民稠的压力。因此，不仅沿海的一些地主和商人为了发展自身的经济，需要前往海外贸易，而且那些破产的农民和手工业者为了生计，也乘桴到海外谋生。万历年间福建巡抚徐学聚指出："漳泉沿海居民，鲜有可耕之地，航海商渔，乃其生业。"⑥ 进入清代，东南沿海人口有较大的增长，为生艰难，进一步迫使人民走向海外谋生，推动了华侨大规模出国。蓝鼎元指出福建人民"望海谋生十居五六，内地贱菲无足轻重之物，载至番境，皆同珍贝。是以沿海居民，造作小巧技艺，以及女红针黹，皆于洋船行销，岁收诸岛银钱货物百

---

① *Singapore*, *Chronicle and Commercial Register*, Singapore Chronicle Press, 1831 – 1833, New Series, Appendix, p. 14.
② 姚贤镐：《中国近代对外贸易史资料》第1册，中华书局，1962，第59页。
③ 《录付奏折立卷》，嘉庆十二年董教增奏折。
④ 《粤海关志》卷17，台北：成文出版社，1968，第18页。《朱批奏折》商业类，嘉庆四年十一月二十日两广总督觉罗吉庆奏折。
⑤ 《清代外交史料》道光朝，第3册，道光九年十月二十八日李鸿宾奏折，故宫铅印本，1932，第16页。
⑥ 徐学聚：《报取回吕宋囚商疏》，载《明经世文编》卷433，《徐中丞奏疏》，中华书局，1962，第4727页。

十万，入我中土"。① 《葛剌巴传》亦写道："自明朝始及至顺治年，福建同安人多离本地往葛剌巴贸易、耕种，岁输丁票银五、六金。"② 其次，清朝政府实行严厉的海禁，许多华侨慑于明朝海禁的严刑峻法，惮于复返，而在外域生根落叶，经营各种行业以作生计。

在国外，一方面，西方入侵东南亚，欧洲人直接参与东南亚的贸易，以东南亚为中转站，由中国商人把本国的丝、瓷等运到东南亚，再由西方商人转运到有较高消费能力的欧洲和美洲，中国的商品市场扩大，华侨在海外获得更大的发展空间，刺激了华侨移民。另一方面，西方殖民者把东南亚作为资本主义的商品销售市场和原料产地。为了获得中国的商品和人力资源，以巩固殖民统治，同时为了掠夺殖民地人民和开发经济，也需要华人中介商和大量劳动力，因此采取种种措施吸引中国移民前往殖民地，不仅对华侨移居国外形成强大的拉力，而且也使华侨经济从单一商业向种植业和采矿业等生产领域发展，经济实力得到提升。

在国内外因素作用下，华侨出国成分发生重大变化，清代之前出洋的主要是商人和水手，商船载运的是中国的各种商品；而到清代，商船不仅运来了各种商品，而且"多载人民"，③ 随船而来的还有大批移民。尽管清政府对人民移居国外采取严格限制、禁止的措施，甚至以严刑峻法来防止人民出洋，然而人民出洋难以遏止，愈演愈烈。雍正五年（1727年），闽浙总督高其倬论及当时华侨移民的情形："商船出洋之时，每船所报人数，连舵手、客商总计，多者不过七八十人，少者六七十人，其实每船皆私载二三百人。到彼之后，照外多出之人俱存留不归。更有一种嗜利船户，略载些须货物，竟将游手之人偷载四五百人之多。每人索银八两或十余两，载往彼地，即行留住。此等人大约闽省居十之六七，粤省与江浙等省居十之三四。"④ 在巴达维亚，1754年厦门来的7艘帆船载4608人，但只有1928人登记在册，⑤ 甚至船主将船客送往无法有效巡视的巴城沿岸地区登岸。出

---

① 蓝鼎元：《鹿洲初集》卷3，《论南洋事宜书》，载《鹿洲全集》，厦门大学出版社，1995，第55页。
② 阙名：《葛剌巴传》，载《小方壶斋舆地丛钞》第10帙，台湾学生书局，1975，第490页。
③ 施琅：《靖海纪事》卷下，《海疆底定疏》，《续修四库全书》第390册，第619页。
④ 《朱批谕旨》，光绪十三年上海点石斋缩印本，第46册，第26~27页。
⑤ 《巴城布告集》，VI：666，引自包乐史：《巴达维亚华人与中荷贸易》，广西人民出版社，1997，第150页。

洋谋生的移民已远远超过了出洋谋利的商人。

随着大量中国移民的到来，华侨社会也产生了重大变化。

一是华侨侨居地不再限于少数通商口岸，而扩散到海外各地城乡，形成众多的华侨聚居地。除占城、旧港、新村、杜板等原有的聚居区外，新的华侨聚居地如雨后春笋般出现于海外各地，日本的长崎，菲律宾的马尼拉，越南的会安，暹罗的阿瑜陀耶，马来半岛的马六甲，爪哇的巴达维亚、万丹等都是华侨较为集中的聚居地。如马尼拉的八连："中国商人在几条大街上开着很富丽堂皇的丝绸、瓷器和其他货物的商店，这时有一切的工艺和行业，所以马尼拉的人民所有的东西都要通过中国人的手。在马尼拉的郊外约有 3000 名中国人，在岛上各处则更多。"① 会安，"沿河长街三、四里，名大唐街，夹道行肆，比栉而居，悉闽人"。②

二是华侨的职业构成产生了根本性的变化。以前华侨主要从事海上商业及其辅助性的行业，而这一时期华侨多从事当地商业、手工业和开发矿业和种植业，海上商业反退居其次。印尼，1710 年巴城有糖厂 131 间，绝大部分为华商拥有和经营，总生产能力约 10 万担，③ 雇用 5000 名华人以上。1710 年，邦加岛发现了锡矿，华人即前往开采，一直到 20 世纪初，邦加的锡矿基本上以华人开采为主。④ 槟榔屿，1790 年，英国人莱特开了一个胡椒园，招徕华人种植，"闽粤到此种植胡椒者万余人"。⑤

三是华侨的经济实力有了长足增长。18 世纪中叶，爪哇的制糖业几乎全是福建华侨经营的，他们通过密布乡村的零售商业网点控制了全部蔗糖销售业，⑥ 并通过密布城乡的零售商业网点控制了全部的蔗糖销售。⑦ 一位西班牙官员也说："居住在菲律宾的华人所表现的勤劳和爱财，使他们得以支配这个群岛的全部手工业和手艺业，以及同新西班牙的贸易之外的贸易。"⑧

---

① Victor Purcell, *The Chinese in Southeast Asia*, Oxford University Press, 1980, p. 523.
② 释大汕：《海外纪事》卷 3，中华书局，2000，第 63 页。
③ K. Glamann, *Dutch - Asiatic Trade*, 1620 - 1740, Kopenhagen, 1958, p. 164.
④ 《三宝垄殖民地展览材料》，厦门大学南洋研究院辑：《资料辑存》第 596 期。
⑤ 谢清高口述，杨炳南笔受，冯承钧注释：《海录》卷上，《新埠》，中华书局，1955，第 18 页。
⑥ 韩振华：《荷兰东印度公司时代蔗糖业中的中国雇工》，《南洋问题研究》1982 年第 2 期。
⑦ 韩振华：《荷兰东印度公司时代巴达维亚蔗糖业中的中国雇工》，《南洋问题研究》1982 年第 3 期。
⑧ E. H. Blair, J. A. Robertson, *The Philippine Islands*, 1493 - 1898, Cleveland 1903 - 1907, Vol. 44, p. 277.

华侨经济实力的增长,为华侨社会的稳定发展奠定了经济基础。

结　语

综观两千多年的海上丝绸之路史,它不仅是一部中国对外经济交流史,更重要的是它反映了中华民族从陆地走向海洋、从内陆走向世界,从而逐步实现全球化的历史进程。"从有对外贸易始,就有因贸易活动而'住蕃'的华侨",华侨对海上丝绸之路的形成和发展都做出了杰出的贡献。因此,一部海上丝绸之路的历史也是华侨华人移居海外的历史。

2013年10月,习近平总书记在出访东盟国家时提出,中国愿同东盟国家发展好海洋合作伙伴关系,共同建设"21世纪海上丝绸之路"。这是党中央站在历史高度、着眼世界大局、面向中国与东盟合作长远发展提出的重要战略构想,对于深化区域合作、促进亚太繁荣、推动全球发展具有重大而深远的意义。为积极响应国家推进海上丝绸之路建设的战略构想,应当加强海上丝绸之路的研究,做好侨务工作,这有利于华侨华人增强民族自豪感和自信心,凝聚广大华侨华人对祖国的向心力,继续弘扬中华文化,发扬爱国主义,发挥华侨华人"牵线搭桥"的作用,大力促进中外友好关系和国际合作,为共同建设"21世纪海上丝绸之路"服务。

The Maritime Silk Road and Overseas Chinese

Liao Dake

Abstract:The history of Maritime Silk Road was not only a history of China's foreign economic relations, it was also a history Chinese emigration. It reflects the historical process of the Chinese nation exploring towards the ocean, towards the world and gradually realizing globalization. The formation and development of Maritime Silk Road was closely related to trade and migration activities, especially the economic activities of overseas Chinese, who built the bridge in the trade between China and foreign countries, thus making great contribution to the development of Maritime Silk Road.

Keywords:Maritime Silk Road;Trade;Overseas Chinese

丝路对接

华侨华人相关概念的界定与辨析*

张秀明**

摘　要　根据《中华人民共和国归侨侨眷权益保护法》的相关法律规定以及国务院侨办的政策解释，本文对华侨、外籍华人、归侨、侨眷等法律概念，以及国际移民、华裔等非法律概念进行了初步界定，并简单分析了目前这些概念混淆、不规范使用的原因。有关华侨、华人的相关概念不只是术语而已，概念的不同意味着内涵的本质差异。概念的混淆使用不是小事，它会引发公众对政府侨务政策的误读，不利于正确的政策的宣传落实，不利于华侨华人在当地的长期生存和发展，不利于中外友好。因此，政府部门、新闻媒体以及学术界应该普遍重视这一现象，并且共同探讨纠正这种现象的可行办法。就政府层面而言，要加强对相关政策法规的宣传，让新闻媒体、社会各界更好地全面了解、掌握相关政策法规，减少不必要的错读和误解；就新闻媒体而言，报道中对有关概念的使用要严谨、慎重，避免随意性；而学界则更应该正确使用相关概念，根据不同研究对象多做分层研究、个案研究。

关键词　华侨　外籍华人　归侨　侨眷　华裔　国际移民　海外侨胞

中国虽然不是典型的移民国家，但由于历史原因，形成了几千万的海外移民及其后裔群体。特别是改革开放以来，随着出国热潮的持续不衰，形成了新移民群体。中国国际移民从1990年的410万人上升至2013年的930万人。目前，华侨华人规模达6000多万人。华侨华人在各个历史时期

---

*　本文原载《华侨华人历史研究》2016年第2期，第1~9页。
**　张秀明，编审，中国华侨华人历史研究所副所长，主要研究方向为新移民、留学生、国际移民、侨务政策。

都为中国的社会发展做出了重要贡献，发挥了独特作用。特别是改革开放以来，华侨华人与中国的各方面联系更加紧密，他们通过投资、捐赠、经济文化交流等多种渠道参与中国的经济发展，被视为中国独特的宝贵资源。华侨华人日益成为学术研究的一门显学，成为新闻媒体报道的热点之一。然而，华侨华人在备受各方关注的同时，也出现了对其称谓混乱、概念不清、随意使用新名词等现象。比如，用"海外侨胞"指代"华侨华人"，将"国际移民"与"华侨华人"混为一谈，① 还出现了"海内外侨胞"②"海内外华侨华人"③ 的说法，等等。这种概念的混淆不是术语使用上的小问题，它意味着内涵的改变，甚至被解读为中国侨务政策的改变，在国内外引发了一定的误解甚至忧虑。④ 因此，对华侨华人的相关概念进行界定与分析，正本清源，不仅具有学术价值，而且具有现实意义。笔者不揣浅漏，对此进行粗浅分析，以期引起各界对此问题的更多关注和深度探讨。

一 国际移民、华侨、华人、华裔、归侨、侨眷的概念界定

与华侨华人相关的概念有不少，在此主要界定几个重点概念。中国的"国际移民"与"华侨华人"虽有联系，但不是同一个概念。"国际移民"不是一个法律概念，"华侨华人"则有严格的法律界定，二者既有联系又有区别。"华侨华人"虽然经常连用，但在法律上有严格的区别。"华裔"不是法律概念，更多是一种民族学用语。"归侨侨眷"虽然也经常连用，但是，其身份也有严格的法律界定。归侨、侨眷身份的形成与华侨、华人密

---

① 如中国社会科学院《2007年：全球政治与安全报告》以中国有3500万名华侨华人为依据，认为中国是当代全球最大移民国，就是混淆了国际移民与华侨华人的概念。参见李明欢《国际移民的定义与类别——兼论中国移民问题》，《华侨华人历史研究》2009年第2期。
② 《华侨大学校长贾益民向海内外侨胞和校友拜年》，新浪网，2016年2月6日，http://news.sina.cpm.cn/c/2016-02-06/doc-ifxpfhzk9046047.shtml。
③ 如网易、搜狐等网站的有关报道均以此为标题。参见《海内外华人华侨共贺中国65周年国庆》，网易，2014年9月30日，http://news.163.com/14/0930/16/A7DEF53G000145EH.html；《习近平访美为海内外华侨华人带来七大福利》，搜狐网，2015年9月30日，http://news.sohu.com/20150930/n422412268.shtml。
④ 《本地学者：模糊华侨华人界线，中国力推侨务政策未必有利海外华人》，联合早报网，2016年2月19日，http://www.zaobao.com/special/report/politic/cnpol/story20160219-583031。

切相关。有关华侨、外籍华人、归侨、侨眷、归侨学生、华侨学生等概念，先后有一些政策界定。① 以下主要依据《中华人民共和国归侨侨眷权益保护法》（以下简称《保护法》）的有关法律规定和2009年国务院侨务办公室颁发的《关于界定华侨外籍华人归侨侨眷身份的规定》进行分析。《关于界定华侨外籍华人归侨侨眷身份的规定》从政策层面对《保护法》的有关规定进行了更加具体、明确的界定，不仅使侨务工作的实践有据可依，而且使学术研究也有据可循。

（一）国际移民、华侨、华人、华裔的概念界定

国际移民。国际迁移是复杂的世界现象，国际移民是复杂的特殊群体。鉴于国际移民的复杂性，目前似乎还没有统一的定义。联合国和国际移民组织等权威机构都对国际移民概念进行了界定。李明欢教授综合这些权威机构的相关定义及说明，并结合自身的长期研究经验，将"国际移民"界定为"跨越主权国家边界、以非官方身份在非本人出生国居住达一年以上的特定人群"。她认为，"国际移民"的定义有三个基本要点：一是跨越主权国家边界；二是在异国居住的连续性时间跨度；三是迁移的目的性。②

华侨。华侨是一个严格的法律概念。不是所有在国外生活、工作、学习的中国人都是华侨，也就是说海外中国公民与华侨是两个不同的概念。《保护法》第二条规定："华侨是指定居在国外的中国公民。"据此，华侨的构成要素有两个：一是定居在国外；二是保留着中国公民的身份。何为"定居"？《保护法》没有具体规定。国务院侨办对定居、华侨、非华侨三种情况进行了具体界定。"定居"是指中国公民已取得住在国长期或者永久居留权，并已在住在国连续居留两年，两年内累计居留不少于18个月。中国

---

① 关于华侨、归侨、侨眷等身份的界定，曾有过几次政策解释。如1957年中侨委颁发了《关于华侨、归侨、归国华侨学生身份解释》，1984年国务院侨办印发《关于华侨、归侨、华侨学生、归侨学生、侨眷等身份解释》（试行），1986年国务院侨办有关部门"复关于自费留学人员回国后是否享受归侨待遇的问题"，1992年国务院侨办《关于确认归国华侨身份的函》，等等。本文不再详细分析这些政策解释，而是以2009年国务院侨办的最新解释为依据进行分析。参见卢海云、权好胜主编《归侨侨眷概述》，中国华侨出版社，2001，第1~5页。

② 详见李明欢《国际移民的定义与类别——兼论中国移民问题》，《华侨华人历史研究》2009年第2期。

公民虽未取得住在国长期或者永久居留权，但已取得住在国连续 5 年以上（含 5 年）合法居留资格，5 年内在住在国累计居留不少于 30 个月，视为华侨。而中国公民出国留学（包括公派和自费）在外学习期间，或因公务出国（包括外派劳务人员）在外工作期间，均不视为华侨。① 但是，"出国留学生，如已在国外定居或毕业后就业的是华侨，他们回国后可享受归国华侨待遇。"②

外籍华人。《中华人民共和国国籍法》第三条规定："中华人民共和国不承认中国公民具有双重国籍。"第九条规定："定居外国的中国公民，自愿加入或取得外国国籍的，即自动丧失中国国籍。"根据国务院侨办的界定，"外籍华人是指已加入外国国籍的原中国公民及其外国籍后裔；中国公民的外国籍后裔"。③ 那么，中国公民的外国籍后裔，究竟包括几代人？出生在当地的三代以上的华人的后代，是否属于华人的范畴？仍有待探讨。

华裔。华裔不是法律概念。根据对"外籍华人"的界定，外籍华人中包括华裔，但不宜用"华裔"指代"华人"，特别是华人移民代。因为"裔"指后代，"华裔"应指在住在国出生的第二代以上的华人，移民代不宜称作华裔。如杨振宁等华人科学家不宜称其为华裔科学家。

那么，国际移民的范畴是什么？国际移民与华侨、华人之间究竟如何区分？按照国际移民和华侨、华人、华裔的定义来分析，华侨应该属于国际移民的范畴。华人的情况则复杂些：曾经拥有中国国籍的非出生在当地的华人属于国际移民的范畴；在住在国出生的华裔虽然是华人的一部分，但不属于国际移民（见图 1）。由于华侨华人群体中有相当大一部分人是在住在国出生的华裔，他们不属于国际移民的范畴，因此，不能将"国际移民"与"华侨华人"这两个概念混为一谈，以免得出不正确的结论，引起不必要的误解。

此外，留学生在学习期间虽然不是华侨，但是国际移民，特别是自费留学生，因为他们属于因私人目的在非出生国居留一年以上的群体。在中国庞大的留学生群体中，自费留学生从一开始就是重要组成部分，其在留学生中所占比例不断提高，至少在 2003 年以后，占比都在 90% 以上。

---

① 董传杰主编《涉侨法规政策文件汇编》，暨南大学出版社，2014，第 16 页。
② 1986 年国务院侨办有关部门《复关于自费留学人员归国后是否享受归侨待遇的问题》。
③ 董传杰主编《涉侨法规政策文件汇编》，暨南大学出版社，2014，第 16 页。

1978~1995年，出国留学人员总数约25万人，其中国家公派留学人员约4万人，单位公派8万多人，自费出国留学人员约12万人，也就是说，公派和自费人员规模相当，各占50%。2000年，出国留学人员（包括访问学者）约4万多人，其中自费留学生约3.3万人，占比83%。[①] 2003年，出国留学人员总数为11.73万人，其中国家公派3002人，单位公派5144人，自费留学10.92万人，自费留学生占比93%。[②] 2015年，出国留学人员达52.37万人，其中国家公派2.59万人，单位公派1.60万人，自费留学48.18万人，自费留学生占比92%。[③] 这些自费留学生应该属于国际移民的范畴。至于外派劳务人员因合同期限一般在两年以上，而且其出国主要是经济行为，应该也属于国际移民的范畴（见图1）。

国际移民
├─ 华侨
├─ 非出生在当地的华人
├─ 自费留学生
└─ 劳务人员

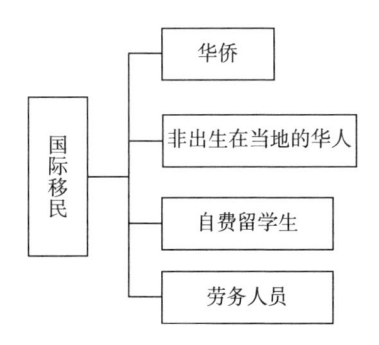

图1　国际移民范畴示意

此外，常见的还有"新移民""新华侨""新侨""老侨"等说法。这些均不属于法律概念，但是反映了侨情的新变化——改革开放以来出现的不同于老移民的新移民群体。"新移民"这一概念还有一定的争议。如有的学者认为，新移民应该包括20世纪六七十年代移民的港澳台居民。但是，大多数学者接受的含义是，新移民是指改革开放后出国的大陆居民。因为他们具有不同于老移民的特点，故而以"新"区分。新华侨也具有同样的含义，指改革开放后出国者。至于新侨、老侨等则是更为简略的说法，不

---

① 以上数据分别见苗丹国《出国留学六十年——当代中国的出国留学政策与引导在外留学人员回国政策的形成、变革与发展》，中央文献出版社，2010，第218页、第389页。
② 《我国自费留学生人数超公费不满18岁不算留学生》，新浪网，2004年2月17日，http://news.sins.com.cn/c/2004-02-17/06351818898s.shtml。
③ 《教育部：2015年度我国出国留学人员总数达52.37万人》，新浪网，http://news.sins.com.cn/c/2016-03-17/doc-ifxqnsty4453406.shtml。

是严谨的学术术语。

(二) 归侨、侨眷的概念界定

归侨侨眷与华侨华人有密切关系，与华侨华人一样都是中国独特的宝贵资源。中国有保护归侨侨眷权益的专门法律，这在世界范围内也是不多见的。然而，学界对归侨侨眷的关注相对较少，有关研究比较薄弱。[①] 在中国知网输入"归侨侨眷"关键词进行搜索会发现，虽然有不少相关文献，但多为有关侨务政策的报道，[②] 或者是对《保护法》的解读，[③] 对归侨侨眷的学术研究并不多。[④] 那么，作为一种法律概念，归侨、侨眷究竟是指哪些人？在此，进行初步分析。

归侨。《保护法》第二条规定："归侨是指回国定居的华侨"。具体来说，归侨必须具备两个要素：一是回国以前必须具有华侨身份；二是华侨

[①] 有关归侨侨眷的专著仅有几本，如黄小坚《归国华侨的历史与现状》（香港社会科学出版社有限公司2005年出版），卢海云、权好胜主编《归侨侨眷概述》（中国华侨出版社2001年出版）等。

[②] 如《安徽省人民委员会转发国务院〈关于归侨侨眷和归国华侨学生因国外排华所引起的生活困难问题的解决办法的通知〉的通知》（《安徽政报》1959年第12期），《陕西省人民委员会关于贯彻国务院〈关于凭侨汇证增加侨眷、归侨物资供应的指示〉的通知》（《陕西政报》1960年第6期），《安徽省民政厅、安徽省教育厅、中国人民银行安徽省分行关于归侨、侨眷和侨生给予低利小额贷款的几点意见》（《安徽政报》1960年第2期），《山西省人民委员会关于增加侨汇物资供应有关问题的通知》（《山西政报》1961年第15期），《山西省人民委员会关于停止侨汇物资供应的通知》（《山西政报》1967年第1期），《国务院侨办、国家人事局、国家劳动总局、财政部、公安部关于归侨、侨眷职工出境探亲待遇问题的通知》（《劳动工作》1982年第6期），《国务院侨务办公室、城乡建设环境保护部、教育部、劳动人事部关于适当照顾解决归侨、侨眷住房困难及其子女升学就业等问题的通知》（《中国劳动》1984年第S1期），等等。详见中国知网，http://epub.cnki.net/kns/brief/default_result.aspx。

[③] 如2001年各期《海内与海外》刊登的毛起雄撰写的系列文章。

[④] 有关归侨侨眷的专题研究，如庄国土《中国政府对归侨、侨眷政策的演变（1949-1966）》，《南洋问题研究》1992年第3期；蔡先杰：《试析归侨的构成、分布与特点》，《八桂侨史》1992年第3期；郑甫弘：《文革时期国内侨务与归侨侨眷生活》，《南洋问题研究》1995年第2期；刘国福：《平等对待、融合发展：归侨侨眷权益保护法新论》，《华侨大学学报》（哲学社会科学版）2010年第3期；李敬煊、潜斌：《新中国解决归侨和侨眷粮食安全问题探析》，《南洋问题研究》2010年第4期；汪全胜、雷振兴：《〈归侨侨眷权益保护法〉授权立法条款设置论析》，《华侨华人历史研究》2011年第2期；汪全胜、张鹏：《〈归侨侨眷权益保护法〉法律责任设置论析》，《华侨华人历史研究》2012年第2期；等等。

回国定居才具有归侨身份。① 那么，什么是"回国定居"？外籍华人能否成为归侨？国务院侨办进行了具体的界定："回国定居"是指华侨放弃原住在国长期、永久或合法居留权并依法办理回国落户手续；外籍华人经批准恢复或取得中国国籍并依法办理来中国落户手续的，视为归侨。②

值得注意的是，回国定居是指放弃国外居留权，永久回国定居。现在不少华侨虽然长期在国内居住生活、投资兴业，但仍然保留着国外的居留权，这种情况应该不属于归侨。

侨眷。《保护法》第二条规定："侨眷是指华侨、归侨在国内的眷属"。侨眷包括：华侨、归侨的配偶，父母，子女及其配偶，兄弟姐妹，祖父母、外祖父母，孙子女、外孙子女，以及同华侨、归侨有长期扶养关系的其他亲属（见图2）。具体来说，法律意义上的"侨眷"，其含义有二。一是必须是以与华侨、归侨具有一定的人身关系和经济上的依赖关系为前提。也就是说，必须是与华侨、归侨具有血缘、婚姻、抚养关系而产生的眷属关系。二是法律上的侨眷关系必须是法律调整的社会关系。换句话说，法律上的侨眷关系必须是与华侨、归侨具有法定的权利、义务的关系。③

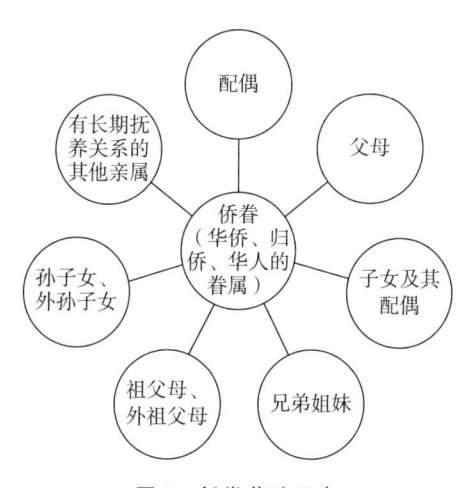

图 2 侨眷范畴示意

在此，有两点需要注意。一是外籍华人在国内的眷属是不是"侨眷"？

---

① 卢海云、权好胜主编《归侨侨眷概述》，中国华侨出版社，2001，第2页。
② 董传杰主编《涉侨法规政策文件汇编》，暨南大学出版社，2014，第16页。
③ 卢海云、权好胜主编《归侨侨眷概述》，中国华侨出版社，2001，第3页。

《保护法》没有进行界定。但是，根据国务院侨办的身份界定，外籍华人在中国境内的具有中国国籍的眷属视为侨眷，其范围比照华侨、归侨在国内的眷属（见图2）。① 二是侨眷身份消失的问题。1957年中侨委颁发的《关于华侨、侨眷、归侨、归国华侨学生身份的解释》对侨眷身份的消失做了规定：原为侨眷，如因华侨在外死亡或已归国而失去构成侨眷身份条件的，原则上其侨眷身份即已消失。但是，《保护法》对此没有做出规定。②

新归侨。与新移民、新华侨的说法相对应，也出现了"新归侨"的说法。这一概念应该是指改革开放后出国而又回国者，其中也包括不少留学归国人员，特别是高层次海归人才。新归侨作为一种学术概念或者侨务工作对象，是可以接受的，但是，它不是法律概念。此外，还要特别注意的是，新归侨概念的使用应该符合"归侨"概念的界定，有三种情况不能称作新归侨：一是没有华侨身份而回国的新移民，不能称作新归侨；二是虽然长期在国内生活定居但没有放弃国外居留权的新华侨，也不能称作新归侨；三是有些留学归国人员具有归侨身份，但不能将所有留学归国人员都称作新归侨。

此外，还经常出现"侨户""侨属"等说法，但这些都不是法律概念。

可见，归侨、侨眷身份的形成与华侨、华人密切相关。法律上的这种身份界定在国外、国内两个场域产生了"华侨华人"和"归侨侨眷"两大群体。

综上可见，与华侨华人相关的概念中，华侨、华人、归侨、侨眷这四个概念有明确的法律界定和政策解释，而国际移民、新移民、华裔等则不是法律意义上的概念。

二 相关概念混乱不清现象产生的原因分析

目前，有些新闻报道、领导讲话以及学术研究中，常常出现将华人等同于华侨、用"海外侨胞"指称华侨华人，将"海外中国公民"与华侨华人混淆，用华裔指称华人特别是移民代，以及指代不明的"海内外侨胞"等概念不清、使用混乱的现象。这种随意使用不同概念的做法，曲解了政府的侨务政策，误导了公众，特别是在国外引起了误解甚至忧虑。产生这

---

① 董传杰主编《涉侨法规政策文件汇编》，暨南大学出版社，2014，第16页。
② 卢海云、权好胜主编《归侨侨眷概述》，中国华侨出版社，2001，第3~4页。

种现象的原因是多方面的。以下主要分析四个因素。

首先，有些新闻从业人员不了解华侨华人这个群体的多元性和复杂性，不了解华侨华人问题的敏感性，不了解相关的政策法规，因此，在进行新闻报道时随意使用概念，造成了不良影响。此类报道很多，不一一列举。

其次，中国传统思想观念的影响。长期以来的血统主义观念，使不少国人认为，只要具有中国血统，就是中国人，而不区分他们的法律身份。比如，网络上和生活中，经常有人从血统主义观念出发，将著名的华人科学家、企业家等看作是中国人。这种观念有深厚的土壤，成为对华侨、华人概念不加辨析的一个重要因素。

再次，侨界有一种观点认为，华侨华人和归侨侨眷是中国的宝贵资源，这支队伍越庞大，可资动员的力量就越大，也就越有利于助力中国的发展。因此，出现了扩大工作对象、有意无意模糊相关概念的想法和做法。以侨眷为例。

表1　归侨、侨眷人数情况

单位：人

时间	归侨人数	侨眷人数	合计
20世纪50年代中期	21万	1000万	1021万
1966年	>50万	>1000万	>1050万
20世纪90年代中期	>113万（1135065）	>2888万（28881358）	>3000万（30016423）
2005年	>106万（1061283，其中新归侨138068）	>3262万（32621804）	>3368万（33683087）
2012年	77.7万	3283.1万	3360.8万

资料来源：①20世纪50~90年代数据参见卢海云、权好胜主编《归侨侨眷概述》，中国华侨出版社，2001，第6页；②2005年数据参见《中国侨联50年》（1956—2006），中国华侨出版社，2006，第419页；③2012年数据参见《国内归侨侨眷概况》，载曹云华主编《2013年世纪侨情报告》，暨南大学出版社，2014，第452页。

由表1可见，20世纪90年代后，随着老归侨年事渐高以及一批归侨再次出境，归侨的人数在不断减少。虽然有新归侨的补充，但整体而言，归侨的队伍在日渐缩小。但是，侨眷的人数却在不断增长。其原因除了华侨华人规模扩大故而引起侨眷人口增长外，还有一个因素是对"侨眷"的界定范围在不断扩大。如1957年《关于华侨、归侨、归国华侨学生身份解释》规定的侨眷的范围主要是华侨的眷属；归侨的眷属是否是侨眷，则有一定的条件限制。1984年国务院侨办《关于华侨、归侨、华侨学生、归侨学生、侨眷等身份解释》则明确规定："华侨回国后，其国内眷属仍视为侨眷。"此外，"外籍华人在华的具有中国国籍的眷属，与侨眷范围相等同"。将侨眷的范畴扩大到了归侨以及外籍华人的眷属。这种范围的扩大虽然有当时落实侨务政策的现实需要，但是，多一个工作对象就多一分力量的观点也是重要因素。①《保护法》虽然没有将华人的眷属纳入侨眷的范围，但侨办的身份解释仍然延续了1984年的政策解释，将华人眷属纳入侨眷范围之中。

此外，目前各地的侨情调查和统计，也都扩大了范围。以上海为例。据上海市侨办、上海市侨联和上海市统计局联合发布的2011年上海市基本侨情调查结果，上海归侨、侨眷、港澳居民眷属、归国留学人员和留学生眷属共有108万人，沪籍华侨华人、港澳居民和留学生共有102万人。具体比例如表2所示。②

表2　2011年上海市基本侨情调查情况

境内	归侨	侨眷	港澳居民眷属	留学生眷属	归国留学人员
108万人	3.02%	64.96%	7.06%	20.13%	4.84%
境外	外籍华人	华侨	留学生	港澳居民	无法归类
102万人	41.22%	34.42%	15.57%	8.66%	0.14%

由表2可见，上海市的侨情调查包括境内与境外两个场域，对象不仅包括华侨、外籍华人、归侨、侨眷，而且也包括归国留学人员、留学生及其眷属、港澳居民及其眷属。其他地方也有类似做法。如2013年浙江省进行的基本侨情调查显示，浙江籍海外华侨华人、港澳同胞有202.04万人，居住在浙江省内的归侨、侨眷、港澳同胞眷属112.42万人，归国留学人员5.63万人，海外留学人员8.96万人。③ 同样是将港澳同胞及其眷属、海外留学人员及其眷属、归国留学人员纳入侨情调查范围。

---

① 卢海云、权好胜主编《归侨侨眷概述》，中国华侨出版社，2001，第2~5页。
② 《上海市公布第三次基本侨情调查结果》，中新网，2012年8月3日，http://www.chinanews.com/zgqi/2012/08-03/4080894.shtml。
③ 《浙江省基本侨情调查工作圆满结束》，中国报道网，2014年10月28日，http://www.chinareports.org.cn/news-13-25491.html。

这种做法之所以通行，有两个重要原因。其一是海外留学人员是潜在的移民群体。通过留学实现留居是发展中国家普遍存在的现象，中国也不例外。有不少人通过留学成为华侨，部分归国留学人员具有归侨身份。如一份针对身份状况进行的海归群体样本分析显示，这些归国留学人员在国外拿到长期居留权的占9.8%，拿到永久居留权的占10.4%，加入外国国籍的占10.9%。①

如前所述，按照有关政策规定，"出国留学生，如已在国外定居或毕业后就业的是华侨，他们回国后可享受归国华侨待遇。"其二是在实际工作中，国内有些优待华侨的政策也适用于外籍华人、港澳同胞。如1990年发布的《国务院关于鼓励华侨和香港澳门同胞投资的规定》，就将华侨和港澳投资者同等对待。②再如福建、云南、浙江、广东、上海、江苏、天津、四川、新疆、海南等省份的华侨捐赠条例都规定，"港澳同胞、外籍华人等人士在当地的捐赠，参照华侨捐赠办法执行"③。2015年颁布实施的《广东省华侨权益保护条例》第三十四条规定："除法律、法规规定不可享有的特定权利外，外籍华人在本省的有关权益保护，可以参照本条例执行。"④《江苏省保护和促进华侨投资条例》第三十三条规定，"华侨投资者本人国籍发生变化的，其在本省原投资的企业仍然按照本条例有关规定执行"。⑤因国内有关华侨优惠及权益保护的政策一般适用于外籍华人，因此，容易使人忽略华侨、华人在法律身份上的不同。

最后，侨情发生了深刻变化，而我们的认知相对滞后，不能客观准确地反映这些变化。

以华侨华人的构成为例。二战后，特别是1955年中国放弃双重国籍政策后，海外华侨特别是东南亚华侨纷纷加入所在国国籍，成为当地公民，华侨社会转变为华人社会。虽然仍有一部分人保留中国国籍，但所占比例不大。此后几十年中，在当地国出生、成长的中国移民后代，一出生就是

---

① 王辉耀、苗绿编著《中国海归发展报告》(2013)，社会科学文献出版社，2013，第33页。
② 董传杰主编《涉侨法规政策文件汇编》，暨南大学出版社，2014，第87~89页。
③ 任贵祥主编《海外华侨华人与中国改革开放》，中共党史出版社，2009，第464~466页。
④ 《〈广东省华侨权益保护条例〉基本内容解读》，国务院侨办网，2015年9月30日，http://www.gqb.gov.cn/news/2015/0930/36671.shtml。
⑤ 《江苏省保护和促进华侨投资条例》，国务院侨办网，2016年1月25日，http://www.gqb.gov.cn/news/2016/0125/37930.shtml。

当地公民，而不是中国的"侨民"。改革开放后，虽然出现了新移民，但其规模不到1000万人，而且这一群体并不都是"华侨"。几千万华侨华人中，大多数具有所在国国籍，是外籍华人，保留或持有中国国籍的华侨占少数。下面举一个例子。

根据外交部公布的数据，2006年，中国公民出境达3200万人次，其中主要是以商务、旅游、留学和探亲访友为目的。中国公民和企业积极参与境外经济活动，海外工程承包和劳务输出日益扩大，每年向境外输出劳务人员65万人次；从事远洋渔业的人员达4万余人，外派船员约15万人；外派医疗队人数约1200人；在海外设立的中资企业有1000余家，海外中资机构1900多个。中国驻外使领馆共有220多个，常驻外交领事机构人员共有2000多名。上述人员不包括常住各国的300多万名华侨。① 解读上述数据可以发现：一是中国公民出境规模虽然越来越大，但多以短期逗留为目的，出境并不等于移民；二是在海外从事各种活动的中国公民越来越多，但海外中国公民不等于华侨；三是常居世界各国的华侨只有300多万的规模。外交部统计还显示，截至2010年，中国在外中资企业累计达到1.6万余家。此外还有在外劳务人员、留学人员，以及定居海外的中国公民共数百万人。② "定居海外的中国公民"也就是"华侨"，人数只有几百万。

因此，在泛指或统称时，可以说有"几千万华侨华人"，但不应该说"几千万海外侨胞"或者"几千万海外华侨"。用"海外侨胞"或"海外华侨"，一定要有具体的语境，不能用华人指代华侨。

此外，随着中国综合国力日益增强，随着中国成为世界第二大经济体，随着中国改革开放的不断深化，华侨华人的认同也越来越多元化。可以说，既不完全是落叶归根，也不完全是落地生根，而是融合、跨国、循环、回归等多种形式并存的认同状态。特别是新移民不像改革开放之初那样，一心想寻求入籍当地，而是出现了认同的多元化，其中，选择回归的越来越多，"海鸥"现象也越来越多。2013年，国务院侨办、外交部、公安部联合出台了《华侨回国定居办理工作规定》，目前，已有21个省、自治区、直

---

① 《外交部：2006年我国公民出境人数达3200万人次》，中央政府网，2006年12月31日，http://www.gov.cn/jrzg/2006-12/31/content_485041.htm。
② 《外交部开领事服务网为出境公民提供"一站式"服务》，中央政府网，2011年11月23日，http://www.gov.cn/fwxx/ly/2011-11/23/content_2000856.htm。

辖市制定了各自办理华侨回国定居事宜的实施办法，反映了华侨回国定居的需求越来越多。但是，这种回归与以前的归侨不完全是相同的情况。有很多人虽然长期在国内生活、创业，但并没有放弃国外的居留身份，因此，他们并不是法律意义上的"归侨"，也不是传统观念中"长期定居国外的华侨"。如何界定这种新情况，需要进一步调研思考，但是不能因此简单地用"海内外侨胞"来指称这种现象，因为"侨"最基本的含义是离开本国居留他国，在本国居留的公民，显然不能称之为"侨"。

三　结语

以上根据《保护法》的相关法律规定以及国务院侨办的政策解释，对华侨、外籍华人、归侨、侨眷等法律概念，以及国际移民、新移民、华裔等非法律概念进行了初步界定，并简单分析了混淆相关概念、随意使用不规范概念等现象产生的原因。由于华侨华人这一群体构成的多元性、复杂性，由于华侨华人问题的涉外性、敏感性，概念的使用不是小事，它会引发公众对政府侨务政策的误读，不利于正确的侨务政策的宣传落实，不利于华侨华人在当地的长期生存和发展，不利于中外友好。应该引起各方面关注。

就政府层面而言，一是要加强对相关政策法规的宣传，让新闻媒体、社会各界更好地全面了解、掌握相关政策法规，减少不必要的错读和误解。以往不少政策都是以内部文件的形式下发，不易为公众所了解。如有关华侨、外籍华人、归侨、侨眷的概念，国务院侨办多次进行了政策规定，特别是2009年下发了《关于界定华侨外籍华人归侨侨眷身份的规定》，但这一政策一直是内部文件，笔者所知，该文件公开发表是在2014年。之前，只能在个别网站上查阅到此文件。二是对一些不规范、不正确的概念和说法进行跟踪探讨，及早出台对策给予纠正。比如，"海内外侨胞"的说法是否贴切？这一概念究竟指代什么？是指海外华侨华人与国内归侨侨眷？还是指海外华侨华人与长期居留国内的华侨？再如，用海外侨胞指代华侨华人，实际上是把华人当作华侨。这些都是错误的观念和做法，不符合已有的政策法规。应该予以重视并纠正。

就新闻媒体而言，应该充分了解华侨华人问题的敏感性和复杂性，相关报道要严谨、慎重,避免随意性。① 就学界而言,华侨华人学科研究的对象是一个构成多元、变动不居的群体,对这一群体的研究具有很强的现实性和针对性。应密切关注侨情的变化和动态,加强侨情现状研究,适时提出对策建议,充分发挥学术研究的智库作用。

总之,有关华侨、华人的相关概念不只是术语而已,概念的不同意味着内涵的本质差异,意味着相关政策法规的不同适用范围,因此,不应该有意无意地混淆相关概念,也不应该随意"创造"和使用不科学、不规范的术语。政府部门、新闻媒体以及学术界应该普遍重视这一现象,并且共同探讨纠正这种现象的可行办法。

Examining the Definitions Relating to Overseas Chinese and Chinese Overseas

Zhang Xiuming

Abstract:Based on The Law on the Protection of the Rights and Interests of Returned Overseas Chinese and Relatives of Overseas Chinese as well as policies made by the Overseas Chinese Affairs Office of the State Council, this paper defines and analyzes the legal terms Overseas Chinese (Huaqiao), Chinese overseas (Huaren), returned overseas Chinese (Guiqiao) arid relatives of overseas Chinese (Qiaojuan) as well as the non-legal terms international migrants (Guoji Yimin) and ethnic Chinese (Huayi), arid examines the reasons why these definitions are mixed and have not been standardized. Overseas Chinese and Chinese' overseas are not only about terminology but also have different essential meanings. The mixture of definitions would cause misunderstandings of the government's policies towards overseas Chinese, inappropriate advocacy and implementation of policies, and the negative impact on overseas Chinese's life and development and China's friendship with other countries. Therefore, the government, news media

---

① 如一则新闻报道标题为"中国侨联主席林军向海内外侨胞发表新春贺词"。笔者查阅全文发现,林军主席根本没有使用"海内外侨胞"这个词语,是新闻报道的标题如此。参见《中国侨联主席林军向海内外侨胞发表新春贺词》,中新网,2012年1月10日,http://www.chinanews.com/zgqj/2012/01-10/3594846.shtml。

and academics should pay attention to this issue and find solutions. The government should promote advocacy on policies and regulations so that news media and the society can understand these policies and regulations and reduce misunderstandings. News media should be cautious of the use of terminology. Academics should pay more attention to definitions and conduct more case studies.

Keywords: Overseas Chinese; Chinese Overseas; Returned Overseas Chinese; Relatives of Overseas Chinese; Ethnic Chinese; International Migrants; Overseas Chinese Abroad

"一带一路"倡议与华侨华人的逻辑连接[*]

王子昌[**]

摘　要　对"一带一路"倡议的解读视角不一样，华侨华人与"一带一路"倡议的逻辑连接也不一样。从战略要求解读"一带一路"倡议，我们看到的是"一带一路"倡议对华侨华人的各种要求，从战略的本质和精髓解读"一带一路"倡议，我们看到的是"一带一路"倡议可能给中国企业带来的机遇；而对一些关键问题的分析则提示我们需要注意"一带一路"倡议的实施可能给华侨华人带来的不利影响。无论从何种角度解读，华侨华人都是该倡议的一个十分重要的组成部分，需要仔细谋划。

关键词　"一带一路"倡议　华侨华人　逻辑连接

2013年9月中国国家主席习近平在哈萨克斯坦提出"建设丝绸之路经济带"倡议，同年10月习近平主席在印度尼西亚提出与东盟建设"21世纪海上丝绸之路"的战略构想，两个倡议合在一起，就是我们今天我们所熟知的"一带一路"倡议。"一带一路"倡议提出之后，中国的学术界纷纷就这一倡议的战略意义、应该关注的问题和可资利用的资源进行研究和发表自己的看法。

在谈到可资利用的资源问题时，华侨华人研究领域几个专家的看法引起了笔者的关注。其原因一是自己的研究兴趣使然，笔者承担了教育部华侨华人研究基地重大研究课题，该课题主要研究新时期华侨华人在中国经

---

[*]　本文原载《东南亚研究》2015年第3期，第10~15页；本文为教育部华侨华人研究基地重大课题"华侨华人在新时期中国经济国际化战略中的作用研究"（14JJD810007）的阶段性成果。

[**]　王子昌，暨南大学华侨华人研究院教授。

济走出去中的作用，有人将"一带一路"倡议解读为中国企业"走出去"战略的升级版，笔者自然关心这方面的研究和话题，关心这一倡议对华侨华人的影响以及华侨华人如何助推这一倡议的实现；二是与自己的调研和思考有关。出于课题研究的需要，笔者近年来多次到东南亚一些国家进行调研，发现在中国企业走出去的过程中（不仅是走出去，而且还包括走出去后的一系列经营活动），华侨华人很多时候并没有起到应有的作用。不仅如此，在遇到一些问题时，当地华侨华人还经常被当地一些民众作为他们发泄怨气的替罪羊。因此在阅读相关专家关于"一带一路"倡议与华侨华人相联系的文章时，笔者特别注意并提醒自己，在解读"一带一路"倡议的意义和影响时要尽可能地全面，以免在出现问题时，我们缺少思考和应对的预案。

在阅读专家们关于"一带一路"倡议和华侨华人有关的文章和观点时，笔者也发现，时下，人们对"一带一路"倡议的解读主要是在这一战略要求的视角下进行的，而很少从战略的本质和精神解读"一带一路"倡议及其可能为中国企业带来的机会，更没有从其实施遇到的问题分析其可能为华侨华人带来的不利影响。本文将从三个角度，梳理和分析"一带一路"倡议对华侨华人的不同影响。文章将分三个部分：第一部分首先叙述相关学者从战略要求角度解读"一带一路"倡议而建立的"一带一路"倡议与华侨华人的逻辑连接，第二和第三部分介绍笔者从本质和精神以及可能遇到的问题角度解读"一带一路"倡议与华侨华人的逻辑连接。

一　动员华侨华人参与"一带一路"倡议实施

落实和实施"一带一路"倡议，华侨华人能够做什么？这是从需求角度解读"一带一路"倡议提出的问题。对于这一问题，华侨华人研究专家曹云华教授和刘宏教授在2015年接受中国社会科学报的访谈时进行了解答，下面就以这篇访谈为样本，分析两位专家从需求角度解读"一带一路"倡议与华侨华人的逻辑连接。

第一，利用华侨华人的桥梁作用为"一带一路"倡议增信释疑。曹云华教授提出要"充分调动华侨华人作为中外沟通桥梁和民间外交使者的角色,为中国提出的新丝绸之路构想在国外落户生根增信释疑"。①

首先,中国的"一带一路"倡议需要这样一种桥梁。"一些国家的政府和人民对中国提出的'一带一路'构想并不理解和支持,存在较多顾虑。需要借助他们及其开设的媒体,宣讲'一带一路'构想之意义、互利性、光辉前景等,加强相关国家和地区对中国新丝绸之路建设倡议的认同与支持。"②

其次,华侨华人为何能起到这一桥梁作用?这是因为华侨华人既了解中国国情,又熟悉住在国国情和社会经济形势,与当地社会有着千丝万缕的关系,还由于他们人数众多,有着各种各样的组织。

"目前海外华侨华人已超过6000万人,分布在全球198个国家和地区。另外,还有3000多万归侨侨眷生活在中国各地。有较大影响力的各类华侨华人社团逾2.5万个,全球华文学校近2万所,数百万学生在校接受华文教育,海外华文学校教师达数十万。"③ 一些事例表明,华侨华人确实在这方面能够起到重要作用。最近的一个事例是澳大利亚华人对该国富商帕尔默（Clive Palmer）的辱华行为的抗议。

2014年8月18日,在澳大利亚广播公司一档节目中,澳大利亚富商帕尔默指责中国企图控制澳大利亚的港口来盗取自然资源,并把中国称为要"接管这个国家"的"杂种"。澳大利亚华人举行大规模游行要求帕尔默道歉,帕尔默随后不得不为自己的言行郑重道歉④。这一事件表明,当地华侨华人确实可以依靠自己的力量（人数和组织）来起到以正视听的作用。

第二,华侨华人以其经济资本和其智力资源直接参与中国的"一带一路"倡议建设。

全球华商企业资产总规模约5万亿美元,遍布全球的华侨华人在世界各国各行各业分布广泛,他们中不少人掌握着先进的科学技术,这将有助于

---

① 《"一带一路"连接海外华侨华人》,中国社会科学网,http://www.cssn.cn/gd/gdrwhn/201503/t20150310_1539079.shtml,2015年5月10日。
② 《"一带一路"连接海外华侨华人》,中国社会科学网,http://www.cssn.cn/gd/gdrwhn/201503/t20150310_1539079.shtml,2015年5月10日。
③ 《"一带一路"连接海外华侨华人》,中国社会科学网,http://www.cssn.cn/gd/gdrwhn/201503/t20150310_1539079.shtml,2015年5月10日。
④ 李伟:《筹建亚投行:中国从此不做冤大头》,凤凰网,http://news.ifeng.com/opinion/big-story/special/aiibchina2015/,2015年5月12日。

中国实现经济转型升级、结构调整、区域平衡和创新型国家建设。

"目前中国'千人计划'引进的近3000名海外高层次人才中，94%以上是华侨华人。作为中国现代社会经济发展的重要智力资源，广大华侨华人在开拓国际经济科技合作、推动祖（籍）国慈善捐赠事业等方面发挥着巨大作用，可直接参与到'一带一路'的建设事业中。"①

第三，国务院侨办需要通过各种机制动员华侨华人，激励他们参与中国的"一带一路"倡议实施。

在一般情况下，华侨华人可能不会自发地宣传和参加"一带一路"倡议的实施，需要通过国务院侨务办公室的工作，需要"通过加强政策制定等多种方式，组织与协调相关活动，使华侨华人与住在国主流媒体和非政府组织加强接触，并鼓励华侨华人有意识地通过媒体、网络等平台，提高其学术研究成果转化率，借助公共外交等方式积极引导国外媒体、智库等有关中国的公共舆论，加强国外公众对中国所倡导的'一带一路'战略构想的全面认识"。②

第四，华侨华人并不是一个实体，而是有其差异性的。具体的部门做工作时必须对此做出区分。"华侨是中国公民，政治上认同中国，而海外华人则是外国公民，他们与中国的联系主要是文化和经济领域。还有一部分海外华人，虽然在种族上是华人，但其政治、文化和族群认同已完全当地化，对中华文化不一定认同。"③

通过以上对两位专家观点的引述，可以归纳出从需求角度解读"一带一路"倡议与华侨华人的逻辑连接：中国的"一带一路"倡议是一个国家大战略，它既需要海外华侨华人大力宣传这一战略，也需要他们以其经济资本和智力资源投身其中。要能很好地利用这一资源，单靠其对中国的认同（华侨）或对中华文化的认同（华人）是不够的，国务院侨办需要通过多种形式和活动，调动他们的积极性。

---

① 《"一带一路"连接海外华侨华人》，中国社会科学网，http://www.cssn.cn/gd/gdrwhn/201503/t20150310_1539079.shtml，2015年5月10日。
② 《"一带一路"连接海外华侨华人》，中国社会科学网，http://www.cssn.cn/gd/gdrwhn/201503/t20150310_1539079.shtml，2015年5月10日。
③ 《"一带一路"连接海外华侨华人》，中国社会科学网，http://www.cssn.cn/gd/gdrwhn/201503/t20150310_1539079.shtml，2015年5月10日。

二 设计倡议实施机制，让更多中国企业走出去

"一带一路"倡议的本质和精神是什么？"一带一路"可能给华侨华人带来什么样的机会？对第一个问题，目前的研究谈得比较少。张蕴岭教授在其相关文章中，谈到了这一点，他认为"从更深的层次上来认识'一带一路'是我国作为上升大国坚持不走传统大国争霸、称霸的老路，而走开放、发展、合作与共赢的新的和平发展道路的体现。为何要借用丝绸之路这个词？因为，古丝绸之路所代表的精神，也可以称之为'丝绸之路精神'，可以最好地体现这些理念和原则"①。但对"一带一路"倡议如何具体地体现这一点，张教授却并没有展开分析，笔者将沿着这一思路进一步分析，找到其与华侨华人的逻辑连接。

第一，对历史上丝绸之路本质与精神的解读与分析。历史上的丝绸之路——包括陆上丝绸之路和海上丝绸之路——是相关国家的和平交往之路、共同致富之路、文明交流与融合之路。

历史上的丝绸之路不是靠坚船利炮打出来的侵略与征服之路，它是商人为了自己的利益，不顾生命危险，船载马驮探索开辟出来的；商人的财富不是靠强取豪夺，而是通过沟通有无，满足人们的众多需要；在这条路上，也有官员和军队，但军队和官员不是为了侵略和征服，而是为了传播信息和文化；在互通有无的过程中，不同的文明相互交流和融合，表现为语言、服饰、建筑、制度、行为模式以及价值观念的吸收和融合。

今天我们提倡"一带一路"，不是因为怀旧，而是历史上的"一带一路"跟我们的和平发展道路的逻辑恰好契合：中国要走和平发展之路。

第二，对和平发展之路进一步展开的具体要求。中国政府在多年以前就提出中国将走一条与西方一些发达国家靠武力侵略和征服崛起不同的和平发展道路，中国学者也纷纷著文对这一立场和表态进行演绎和分析，从逻辑上论证其可能性。但可能逻辑上是一回事，而对实际上如何做到这一点，并没有给出具体的实施计划。中国"一带一路"倡议的提出，可以说

---

① 张蕴岭：《聚焦"一带一路"大战略》，中国社会科学网，http://www.cssn.cn/jjx/jjx_gd/201407/t20140731_1274694.shtml，2015年5月13日。

很好地弥补了中国和平崛起言说中缺失的一环：中国将通过参与相关国家的基础设施建设，换取资源和市场。在这一计划和战略实施中，资源不再是拿回中国，而是就地转化为产品用于当地国家的基础设施建设，市场也不是拿中国国内生产的产品去挤占，而是销售本地生产的产品。这是一种新的经济发展思路，它可能无法再用 GDP 衡量中国的经济发展，而可能需要用人均可支配收入这一标准。这样的一种思路既可以减少中国自然资源的损耗，减少污染，也可以减少商品输入和输出可能导致的国际经济冲突。由于当地国家需要，也可以减少竞争可能带来的其他冲突，在此过程中，不仅可以为当地政府带来税收，也可以为当地社会创造就业，为当地社区创造便利，真正地实现中国和其他国家之间的共同和平发展。

第三，通过机制设计，建立起"一带一路"倡议与华侨华人的逻辑连接。"一带一路"不仅是一种倡议，而且是一系列具体措施，其核心是通过亚洲基础设施投资银行①和丝路基金②参与相关国家的基础设施建设，带动中国企业走出去。具体设想和建议是在具体基础设施项目招投标时，要求施工单位由中国企业、当地国企业和其他成员国的企业组建联合公司，共同承担项目的实施工作。亚投行和丝路基金不是一种发展援助，而是一种贷款，中国作为亚投行和丝路基金的发起方和主导方，在银行和基金运作时，以中国企业某种形式和程度的参与作为获得贷款的附加条件，是可以的，也是可行的，这样就会给一大批中国企业和企业家创造机会。

中国的企业非常需要这样的机会。随着中国的日益强大，越来越多的

---

① 根据 2013 年 10 月 2 日中国国家主席习近平在雅加达的倡议创设，目的在于为促进本地区互联互通建设和经济一体化进程，向包括东盟国家在内的本地区发展中国家基础设施建设提供资金支持。截至 2015 年 4 月 15 日，共有 57 个国家申请成为创始成员国。参见《亚投行意向创始成员国总计 57 个 权威专家回应热点话题》，环球网国际新闻，http://world.huanqiu.com/hot/2015-04/6198610.html，2015 年 5 月 13 日。目前亚投行还处于有关章程的谈判过程中。

② 根据 2014 年 11 月 4 日中央财经领导小组第 8 次会议的研究创设，建立丝路基金的目的是要利用我国强大的资金实力直接支持"一带一路"建设。11 月 8 日，中国国家主席习近平在 APEC 领导人会议上宣布中国出资 400 亿美元成立丝路基金，为"一带一路"沿线国家基础设施、资源开发、金融合作等与互联互通有关的项目提供融资支持。400 亿美元的丝路基金分别来自中国的外汇储备（占 65%）、中国进出口银行（占 15%）、中国投资责任有限公司（占 15%）以及国家开发银行（占 5%）。2014 年 12 月 29 日丝路基金有限责任公司在北京注册成立，正式开始运行。参见《丝路基金公司开始运行》，中国新华网新闻，http://news.xinhuanet.com/local/2015-02/17/c-127503932.htm，2015 年 5 月 13 日。

中国企业开始走出国门，到国外进行投资，以争取更大的发展空间。鼓励中国企业走出去，通过参与国际竞争，提升中国企业的竞争力，也是中国进一步改革开放战略的一部分。但由于是后来者，经验不足，中国企业在投资国外时遇到各种各样的问题，如市场的开拓问题、投资的风险和收益问题等。如果没有一个稳定的机制作为依托，单个企业甚至一个国家可能难以应对。如果把亚投行和丝路基金作为一种以政府为依托的、多个国家联合的利益共享与风险共担机制设计，那么这种机制就可以为中国企业走出去提供强大的支撑。首先它解决了中国企业走出去的市场开拓问题。在亚投行和丝路基金运作时，具体项目由当地国提出，中国企业只是作为重要的一方参与就可以了，这样就不需要中国企业到处去跑项目和市场。如果做得好，打出了品牌，建立了信誉，随后的市场在某种程度上也有了保障。其次是投资经验的积累。通过参与亚投行和丝路基金建设项目，可以为中国企业投资国外积累经验，这些经验包括如何与外国政府打交道、如何与外国企业合作、如何融入当地社会等，这些经验将有助于更多的企业走出去。

在进行具体项目建设时，章程可以要求项目施工方必须是中国企业、当地国企业和第三方成员国企业组建的联合公司。一方面，这是亚投行和丝路基金设计的逻辑要求。亚投行和丝路基金不是中国一国说了算的金融机构，而是多国参与的多边金融组织①，因此在运营时，可以也应该要求中国企业、当地国企业和第三国企业组成联合公司参与，以示其共赢和开放性。另一方面，这也是为了有利于中国更好地走出去。投资国外不仅仅是将钱投出去就完了，还有经营和收益的问题。要让经营和收益落到实处，就必须解决和当地企业以及第三成员国企业之间的关系问题，解决好中国企业和当地政府、当地社区的关系问题。现阶段中国企业在国外遇到的一个主要问题就是没能很好地平衡中国企业、当地企业、当地政府利益和社区利益，这也给第三国势力恶意挑拨中国企业和当地社会之间的矛盾提供了机会。如果通过亚投行和丝路基金的机制设计，在事前就中国企业、当地企业和第三国企业在利益分割方面达成共识，就可以通过利益将三方捆

---

① 目前丝路基金还是由中国一国出资和经营的金融机构，但依据其设想，该基金是开放式的，其他国家也可以参与。需要指出的是，即使是中国独立运营的金融机构，该基金在巴基斯坦运营具体的项目时，也没有让中国的企业独家经营，而是和当地公司联合经营。

绑在一起，减少以后中国企业在经营和利润分割时可能遇到的麻烦，有利于中国企业走出去并创造良好的效益。

归纳以上的分析，"一带一路"倡议是中国和平发展道路的具体展示，这一倡议的具体实施，将带动更多的中国企业走出去，将可能使更多的中国人走向海外。

三 分析倡议实施可能给华侨华人带来的不利影响

落实"一带一路"倡议，通过亚投行和丝路基金，解决"一带一路"沿线国家基础实施建设资金的不足和基础设施的落后问题①，同时解决中国的资金过剩②和制造业产能过剩问题③，从逻辑上讲，一举两得，不应该产生矛盾和问题，应该皆大欢喜。但从既有多边金融体制倡议的起步艰难和中国企业走出去的实践来看，事情并不像逻辑推理那样一帆风顺，反而遇到种种问题，而这些问题有可能在"一带一路"项目具体实施时直接冲击到当地的华侨华人，给当地华侨华人带来不利影响。

---

① 据亚洲开发银行的估计，2010~2020年，亚洲国家的基础设施投资总体需求约为8.22万亿美元，其中新增能力占68%，维护和更新现有基础设施占32%，年均基础设施投资需求超过8000亿美元。按国别和地区来看，90%以上需求来自东亚（包括中国）、东南亚和南亚国家。转引自邹磊《中国"一带一路"的政治经济学》，上海人民出版社，2015，第165页。

② 根据中国人民银行发布的2014年金融统计数据，到2014年12月末，中国外汇储备余额为3.84万亿美元。参见《2014年我国外汇储备余额3.84万亿美元》，人民网，http://finance.people.com.cn/money/n/2015/0115/c218900-26390889.html，2015年5月13日。

③ 根据中国原工信部部长李毅中2013年7月提供的数据，我国的一些工业制造业存在严重的产能过剩问题或者说利用率不足问题："粗钢我们的产能是10亿吨，产量去年是7.2亿吨，一算就出来，利用率是72%，占了全球产能的46%，今年上半年的数据占了全世界粗钢产品的49%；电解铝我们的产能是2765万吨，好记的话，大数就是3000万吨，产量是1988万吨，2000万吨，一除的话，利用率也是72%，占了全世界产量的42%；水泥产能是29.9亿吨，产量是21.8亿吨，好记的话就是30亿吨的产能，20亿吨的产量，利用率是73%，占了全世界产量的60%；平板玻璃产能是10.4亿标箱，产量是7.1亿标箱，利用率是68%，占全球产量的一半；造船这里有两组数据，一组数据是统计年能力在5万吨规模以上的，全国的能力是8010万载重吨，去年的产量是6010万载重吨，一除就是75%，好像还可以，但这个统计没有包括小造船，加上小造船，全国的能力是1.2亿吨，产量是6000万吨，这个设备利用率只有50%。"参见《李毅中：部分行业产能严重过剩是经济下行主因》，21CN财经网，http://finance.21cn.com/webfocus/a/2013/0731/13/23146570.shtml，2015年5月23日。

2010年中国政府就提出了设立上海合作组织银行倡议，各方之间为此进行了多次磋商，但几年过去了，磋商未获得实质进展，其主要障碍来自各国对所持投票权的比例存在严重分歧。① 2013年金砖国家开发银行正式成立，但迄今各方也未就"金砖结算货币"或本币自由兑换等问题达成一致。②

从目前的情况看，亚投行将是"一带一路"倡议实施的一个核心机构。"一带一路"倡议的三大意图——通过周边建设拉动西部发展、实现中国与周边国家的"五通"（政策沟通、设施联通、贸易畅通、资金融通、民心相通）、带动人民币国际化都在很大程度上要依赖于其具体的机制设计。从目前相关的报道和研究看，亚投行的机制如何设计已经是一个各方争夺的焦点。

从目前透露的信息看，各方围绕亚投行的争夺主要涉及以下几个关键问题。第一，是出资比例问题。出资比例问题不仅仅意味着出多少钱的问题，它还意味着投票权和利益的分配权问题，因此是各国斗争的一个焦点。依据媒体的报道，亚投行的出资比例依照两个大的原则，先是按地域进行分配，亚洲国家70%（或75%），非亚洲国家30%（或25%），接下来是按照GDP和人口进行分配。按照这两个原则和目前57个创始成员国计算，中国出资比例最低都会超过33%③。这和1945年国际货币基金组织成立时美国在其中所占的比例持平，远远高于美国今天所持有国际货币基金组织的17.76%的份额④。目前关于此事的进展是各国的财政官员和专家就相关事宜进行谈判。按照程序，然后是就谈判达成的章程提请各国的国会批准。如果最后亚投行按照这样的比例出资成立，中国高额的出资难免会让人产生中国操控亚投行的联想，这也将大大增加华侨华人在国外解释中国"一带一路"倡议时的难度和压力。如果将来亚投行实施的具体项目出了问题，当地民众也更容易将矛头对准中国，将怨气转移到当地华侨华人身上，给

---

① 参见邹磊《中国"一带一路"的政治经济学》，上海人民出版社，2015，第276页。
② 《亚投行首发阵容确定 57国一起"立规矩"》，中国国家发改委网站，http://xbkfs.ndrc.gov.cn/ydyl/201504/t20150415_688213.html，2015年5月13日。
③ 《中国将是亚投行最大股东 结算货币或包括人民币》，环球时报网，http://world.huanqiu.com/exclusive/2015-04/6200162.html，2015年5月13日。
④ 刘铁娃：《霸权地位与制度开放性：美国的国际组织影响力探析（1945-2010）》，北京大学出版社，2013，第104页。

华侨华人造成不利影响。

第二，是亚投行用哪种货币结算的问题。用什么货币进行结算将是亚投行筹建过程中面临的最核心问题，其重要性可能超过上面我们所分析的出资比例问题，包括成员构成、出资比例乃至投票权。因为使用何种货币结算关系到"一带一路"倡议实施的成效。

中国提出"一带一路"倡议，从国际大战略的角度讲，就是要破除和消解美元的一统天下，破解美国利用对美元的发行权力对中国人民劳动财富的实际剥削。从"一带一路"倡议的实际目的看，如果能用人民币作为结算货币，就意味着通过亚投行的融资和投资的众多项目将众多国家的经济和中国经济捆绑到了一起，因为中国经济的稳定、增长直接决定了人民币的稳定和升值，而人民币的稳定和升值又直接决定着这些国家很大一部分基础设施投资的实际收益和这些国家相关公司的实际利润，这样就形成了这些国家和中国之间真正的利益共同体、命运共同体，而这正是"一带一路"倡议要达到的目标，如果真的能达成这一目标，华侨华人的生活环境无疑将会得到很大的改善。如果使用美元作为结算货币或使用其他折中的结算工具，那么"一带一路"倡议的成效就要打很大的折扣。这个问题很重要，也很难解决。

2013年金砖国家开发银行正式成立，但迄今各方也未就"金砖结算货币"或本币自由兑换等问题达成一致，确定使用何种货币的难度可见一斑。现在亚投行有50多个成员国，其协调难度更大。

第三，是争端解决机制。亚投行本质上也是一家多边的金融机构，成员之间的纠纷在所难免，同贷款国出现纠纷也难以避免。因此，设计一个合理和完善的争端解决机制，不管是从投资本身的角度，还是从华侨华人的角度分析，都有着特别重要的意义。中国是亚投行的倡导国和主要出资国，没有很好的争端解决机制，不能很好地化解可能出现的问题，不仅难以保证投资的收益，还可能招致当地相关方的怨恨，当地的利益方还很可能把怨气发到中国政府身上，并进而把当地的华侨华人当作方便的替罪羊。2012年缅甸莱比塘铜矿事件爆发时当地一些的民众反华情绪和口号证明笔者的逻辑分析并不是杞人忧天。

2012年11月19日，在缅甸第二大城市曼德勒以北约180公里的蒙育瓦镇莱比塘铜矿外发生了群众抗议事件，约200名僧人和500名民众堵住公司营地大门，他们要求停止开采铜矿，增加对搬迁民众的补偿，甚至有人提出了要参与铜矿开采的中国企业撤出缅甸，有些人甚至高呼"这是我们的土地，不是中国人的""不要做中国人的奴隶"等反华口号①。莱比塘铜矿是由中国公司和缅甸公司合作开发的一个项目，按照"一带一路"的标准，在性质上可以归入丝路基金的经营范围。该项目在利益的分割方面涉及的因素并不是太复杂，但由于没有事先规定相应的争端解决机制，只能通过谈判重新进行利益分割。重新分割利益，难免一些人以各种借口趁机漫天要价，这也是直到2015年1月，还有人在利用此事制造事端的一个重要原因。

　　以上是笔者结合既有的文章、观点和自己的分析，提出的"一带一路"倡议与华侨华人的三种可能的逻辑连接。从叙述和分析可以看出，观察的视角不同，思考的切入点不同，"一带一路"战略与华侨华人的逻辑连接也有所不同。从战略的需求出发，我们看到的主要是华侨华人如何服务于"一带一路"倡议；从"一带一路"的精神和本质出发，我们看到的主要是"一带一路"倡议可能给中国企业带来的机会，对华人移民（华侨）的积极影响；从其实施可能遇到的现实问题分析，我们应该想到"一带一路"倡议实施可能给当地华侨华人造成的不利影响。基于以上的分析，本文想要提出的是："一带一路"倡议是一个大战略，无论是从战略需要的角度考虑，还是从该战略的本质和实施机制的角度分析，华侨华人都是该战略中一个十分重要的组成部分，需要仔细谋划。

The Belt and Road Initiative and Its Logical Connection with Chinese Migrants

Wang Zichang

Abstract：Different connections can be built logically between overseas Chinese and the Belt and Road Initiative according how the initiative is unscrambled. Some scholars point some demands from the overseas Chinese for the initiative,

---

① 《民主转型伤及中资生存》，中国环球网，http://world.huanqiu.com/exclusive/2012 - 11/3323438.html，2015年5月13日。

the author suggests the opportunities the initiative may provide and some bad effects it may be resulted in. All the analysis suggests us that the initiative should be carefully calculated for the Chinese migrants.

Keywords: The Belt and Road Initiative; Chinese Migrants; Logical Connection

华侨华人：建设 21 世纪海上丝绸之路的独特力量[*]

赵　健[**]

摘　要　华侨华人是海上丝绸之路的最早开拓者和重要建设者，在建设 21 世纪海上丝绸之路的过程中具有独特的潜力和优势。但是，将华侨华人独特作用的可能性转化为现实性，需要加强顶层设计，形成系统的发展格局和工作体系，冲破中国和东南亚国家关系的诸多障碍。

关键词　华侨华人　丝绸之路　东南亚

中国与东盟建立战略伙伴关系后，双方政治互信不断增强，经济合作更加密切，中国已成为东盟最大的贸易伙伴。尽管中国与东南亚国家的关系取得了跨越式的发展，但由于各种因素造成的东南亚国家对中国发展的疑虑、在南海问题的争端以及美国亚太再平衡战略的影响等，都在中国和东南亚国家关系中形成诸多障碍。如何跨越障碍，消除周边国家的焦虑和疑惧，在周边地区推行和平发展与合作共赢共同发展，也是值得研究的重大问题。习近平主席 2013 年 10 月出访东盟国家时提出，中国愿同东盟发展好海洋合作伙伴关系，共建 21 世纪"海上丝绸之路"。在新的历史时期，21 世纪"海上丝绸之路"不仅仅是一个经济走廊、贸易通道，更涵盖了政治、安全、人文等多个领域，甚至包括未来海洋争端解决机制的建立。共建 21 世纪海上丝绸之路，对于促进我国与相关国家合作共赢、繁荣共进具有重大战略意义。而华侨华人在建设 21 世纪海上丝绸之路的过程中，具有独特的潜力和优势，可以发挥不可替代的作用。

---

[*]　本文原载《玉林师范学院学报》2015 年第 3 期，第 38～42 页。
[**]　赵健，国务院侨办侨务干部学校副校长，主要研究方向为侨务理论。

一 华侨华人是海上丝绸之路的最早开拓者和重要建设者

人们常说,有海水的地方就有华侨华人。历史上,华侨华人对外迁徙的主要渠道就是经由海路。东南亚是华侨华人传统的聚居地。据《汉书·地理志》记载,汉代时国人已经开辟从雷州半岛沿中南半岛、暹罗湾到印度的沿海岸航行的海上贸易交通线。当时,往返一趟要历经数年,有的商人和水手因为各种原因常滞留当地多年,成为最早的"华侨"。可以说,这些最早的华侨,都是海上丝绸之路最早的开拓者,而海上丝绸之路也是海外华侨产生的重要条件。尤其是唐宋以后,中国海运能力大大增强,海上交通进一步发达,海上贸易曾盛极一时,随着海上丝绸之路往来中国与东南亚各国的商人、水手、僧侣以及被贩卖的奴婢、战乱的难民、前朝的遗臣也日益增多,甚至形成了一些中国人的集聚区,这应该就是海外华侨华人社会最早的雏形。沿海上丝绸之路而迁徙到东南亚各国的华侨华人,不仅促进了中国与这些国家的经贸往来,同时,也为东南亚国家带去了当时先进的农耕技术、手工技术,促进了人文交流。经过漫长的历程,东南亚的华侨华人为当地的社会进步、经济发展发挥了独特的作用。

二战以后,随着东南亚各国摆脱西方殖民统治,相继建立民族国家,东南亚的华侨社会也逐步转化为华人社会,东南亚的华人族群也逐渐成为当地国家民族的组成部分。尽管东南亚国家华人的国家认同发生了改变,但不少华人仍对中华文化有强烈的认同,对其祖籍国中国有深厚的感情。正是这种对所在国的认同和了解,以及与中国千丝万缕的联系,使东南亚华侨华人在促进中国与东南亚国家关系中有着不可替代的独特作用。在新中国成立之初,中国邀请大批东南亚国家华侨华人到中国参观访问,国家领导人或侨务机构负责人热情接见他们,并向他们详细介绍中国的政策主张,通过他们回国介绍新中国的所见所闻,进一步增进了东南亚各国对新中国的了解和认识;同时,通过东南亚各国的华文报纸,充分介绍新中国的发展变化,也借此增进了相关国家对中国的了解和理解,消除了误解。20世纪70年代以来,在中国与东南亚国家复交、建交和发展友好关系的过程中,华人社会精英的牵线搭桥、推波助澜功不可没。由于东南亚华人经济实力雄厚,与当地政要密切合作,有力地影响当地政府对华态度和政策。

如中国和印度尼西亚恢复外交关系的过程中，新加坡华商唐裕就发挥了不可替代的作用。唐裕出生于印尼棉兰，祖籍福建安溪蓬莱镇温泉村，是东南亚地区著名的实业家。在中国和印尼交恶期间，他积极推动两国开展经贸合作，在他的不懈努力之下，印尼工商会和中国贸促会于1985年7月签署了两国恢复直接贸易关系的谅解备忘录，为两国经贸关系的发展揭开了新的一页，也为两国1990年恢复外交关系起到了直接的促进作用。此后，也是在他的往来牵线搭桥之下，推动实现了中国与印尼的关系正常化。1998年8月25日，印度尼西亚共和国外交部部长授予唐裕先生普拉塔玛勋章（Bintang Jasa Pratama）时特意提及："他帮助实现了恢复印度尼西亚共和国同中华人民共和国的邦交。"在推动中马友好关系和促成中马建交方面，华裔李引桐、曾永森等人起了重要作用。李引桐先生曾被任命为中国的联络代表与马来西亚商谈，被誉为"不拿薪水的外交官"。

中国改革开放伊始，更有大批东南亚华商成为外商投资中国的领航员，为中国的改革开放带来了急需的资金、技术和管理理念，推动了中国和东南亚国家的交流和合作。如1985年10月，马华商联会按照时任首相马哈蒂尔的指示，与马来总会联合组成"马来西亚华巫商会高层代表团"，赴北京访问，后与中国国际贸易促进会达成《中马经济合作协议》，这为后来两国政府签署中马双边贸易协定铺平了道路。马华商联会一直积极争取促使政府撤销商家访问中国的诸多限制。1990年9月，马来西亚政府最终取消了其国人访问中国的一切限制。

马华公会前会长、现任马来西亚首相对华特使兼马中商务理事会主席黄家定也是马中友好往来的推动者。中马共建的钦州产业园和马中关丹产业园就是在他的策划推动下建立的。2013年10月4日，黄家定主持马来西亚各界华侨华人欢迎正在马来西亚进行国事访问的中国国家主席习近平和夫人彭丽媛的午宴。习近平在致辞中，代表中国政府和人民向马来西亚华侨华人致以崇高敬意，并特别强调，马来西亚华侨华人是中马友谊和合作的亲历者、见证者、推动者，没有华侨华人的努力，就没有中马关系今天的大好局面。

二 华侨华人建设21世纪海上丝绸之路的潜力

在中国与东南亚国家关系发展的过程中，华侨华人是积极的推动者、参与者和践行者，在此中国和东南亚国家关系发展进入新阶段之际，东南亚国家的华侨华人在打造中国与东盟"钻石十年"的过程中，在"海上丝绸之路"的建设中，均具有不可替代的优势，可以发挥独特的作用。

第一，东南亚的华侨华人在人数上有绝对优势。国务院侨办最新统计资料显示，东南亚地区的华侨华人人数超过4000万，其中有7个国家的华侨华人超过了100万，东南亚地区的华侨华人总数占世界华侨华人比重为68.62%。其中，20世纪80年代以后进入东南亚的中国移民及其眷属至少在250万以上。老一代的华人与中国有着天然的亲缘、文源联系，随着中国的国际地位日益提高，一些在当地土生土长的华人也出现了"再华化"趋势，"基于特别的文化理念，中国的海外同胞更乐意在双赢基础上与大陆合作。中华文化的特性（如汉字、特有的宗亲乡土伦理和价值）和中国的崛起，使海外同胞表现出更强烈的中国情结。"而大量的新华侨华人对中国更有生在新中国、长在红旗下的与生俱来的感情。随着中国与东南亚的关系日益加强，华人的社会地位也获得当地政府和社会更大的关注。这些侨胞既熟悉和了解东南亚各国的国情，又与中国有着天然的联系，是促进中国和东南亚国家发展友好合作关系的天然桥梁。可以通过他们，更好地介绍中国的真实情况，讲述中国的故事，传递中国声音，塑造中国形象。当前，如何通过移民群体开展公共外交也成为学界和有关政府密切关注的课题。

第二，东南亚华侨华人有着较强的经济实力。有研究认为其经济总规模约有1.5万亿美元。2013年《亚洲周刊》评出的全球华商1000强中，新加坡28家，马来西亚26家，印尼9家，菲律宾10家，泰国9家。东南亚华人资本也成为当地民族资本的一部分，他们大多开展跨国经营，积极开拓海外市场，海外投资地区分布较广。他们在引进外国资本进入所在国及推动所在国资本投资国际市场方面发挥着重要的中介和桥梁作用。而中国经济的迅猛发展为东南亚华人经济的发展提供了机遇，而东南亚华人经济的发展又反过来拓宽了中国经济在海外市场的发展空间。东南亚华侨华人经济在推动中国与东南亚国家经济合作方面具有独特优势和潜力。

第三，东南亚国家华侨华人的社会地位不断提升。族裔群体的社会融入程度是决定其政治影响力的重要条件。随着华侨华人人数的增多、实力的增强，以及华侨华人自身的努力，其政治地位有较大提升，构成当地国的重要对华友好力量。在东南亚一些国家中,虽然对华裔公民参政和从政设置重重障碍,但华人参政的业绩仍可圈可点。马来西亚最大的华人政党马华公会长期作为执政的国民阵线成员之一,在每届内阁中都有几个席位。华人反对党民主行动党也一直参与竞选活动。2008年,马华公会赢得15个国会议席和31个州议席,华人反对党民主行动党赢得28席。马来西亚第一大华人政党马华公会的副会长何国忠与马华公会宣传局主任蔡金星,于2014年6月23日宣誓就任国会议员,6月25日,马来西亚首相纳吉布宣布,马华公会和马来西亚民政党重返该国内阁,马华公会获得两名部长和三名副部长职位,民政党则获得一个部长职位。印度尼西亚华人迟至1999年才开始有机会参加较正常的政治选举活动,近年来取得了较大的进展。2009年,李祥胜、钟万学、曾照增等8位华人当选中央国会议员,6名华人当选地方代表理事会议员。省县市地方议会也分别有一批华人议员当选。华裔黄努山当选为坤甸县首位华裔县长。2014年,在印尼大选中,有45名华裔参选,各级地方选举中的参选人数达300人,其中,人民心声党党员、印度尼西亚传媒业巨头、华人富豪陈明立与前三军总司令维兰托拍档,争取成为正副总统候选人,这成为首个挑战国家领导人职位的华人。华裔钟万学成为雅加达特区首位华裔省长,是华人参政的又一突破;菲律宾政界中,有超过10位的华裔国会议员。2007年,77岁的华裔候选人阿尔弗雷多·林以压倒性优势当选菲律宾首都马尼拉市市长。据2011年菲华商联总会提供的资料显示,菲律宾政府各部、委、署、局的部级任命官员中,15人是华人;在国会议员中,有26人是华人血统,占国会议员的比例超过12%;在各省市社长及其副手中,有274名官员是华人。泰国的中泰混血后裔历来是政界要角,据2006年统计,在泰国的国会议员中三分之二以上有华人血统,而近年来,也有越来越多的政治人物公开承认自己的华人背景和身份,希望借此增进和中国的交流和在国内赢得民众。近年来政坛争夺的红衫军、黄衫军,其领袖他信和阿披实皆为华裔。华侨华人政治地位的提升不但体现在参政上,而且体现在华侨华人精英群体。他们不但普遍受过高等教育,精通所在国语言和文化,有较广的人脉关系,有较强的社会活动能力和组织能力,而且有长期为当地社会服务的良好记录,其付出和贡献为当地各族裔所认同,对当地社会有较大影响力。

  第四,华侨华人社团是推动当地国与中国友好关系的重要力量。族裔群体的组织能力是族裔群体能否充分利用各种资源参与到所在国的外交决策过程中的关键。而华侨华人社团则是发挥组织作用的重要平台。马来西亚是华人社团较多的国家。近年来，中马经贸关系飞速发展，马来西亚华人业缘社团在中马双边贸易与投资中就发挥了重要作用，包括发起、组织及安排商贸团体走访、考察中国，扮演发起者与组织者的角色，接待来自中国的代表、传达相关的信息，大力协助、安排中国贸易团到马访问，促成中国企业对马投资；把获得的信息转化为供商家参考的资料，作为他们经商的依据；在信息互通下，促进彼此合作的机会。马中经济贸易总商会、中华工商联合会等业缘华人社团全力支持中马两国的企业互相投资，让马来西亚更多的产品进入中国市场及协助大马进口商寻找物美价廉的中国货源，并在协助中国企业到大马投资发展或寻找商机等方面发挥了积极作用。菲律宾华社通过的三项针对主流社会展开的公益活动也极为引人瞩目，这就是号称菲华"三宝"的义诊、志愿消防及捐建农村校舍运动，这三项公益活动均坚持了多年，对于促进华菲民族关系、提升对华人的评价发挥了积极的作用。同时，许多华侨华人社团还经常举办祖籍国形势报告会，支持中国统一，反对"台独""藏独"等各种分裂行径。华侨华人社团不但是华侨华人社会的基础，担负传承华人文化、华文教育和维护华社公共利益的职责，而且在推动当地国与中国友好关系的发展方面具有独特作用。

第五，华文媒体是促进中国与东南亚各国之间的相互了解的重要平台。海外华文媒体主要包括华文报纸、华文期刊、华文网络、华文电视等。东南亚国家是华文媒体历史最久、数量最多、体系最全的地区。这些华文媒体不但是华侨华人了解中国的主要渠道，而且成为当地社会对中国认知的重要信息来源。如马来西亚，现有华文报社共 18 家，华文期刊 63 种，是海外拥有华文日报最多的国家。马来西亚华人约占总人口的 24%，但 18 家华文报的日销售量超过马来文报和英文报。新加坡有 5 份华文报纸，2 份华文期刊，总发行量超过 60 万份。泰国也建立了从华文报刊、华文电视台到华语电影及电视剧的系统华文传媒。当前泰国主要有 6 家华文媒体，在种类数量和发行量都仅次于泰文报纸。此外，还有泰国中央中文电视台（TC-CTV）、泰国国际中文电视台（TCITV）两家中文电视台。这些媒体大大促进了华侨华人对中国的认同和中国文化在泰国本地的有效传播。近年来，东南亚华文传媒在传播中国政府的政策和执政理念时发挥着重要作用。

第六，中华文化是一条连接中国与东南亚的具有深厚历史积淀的纽带。东南亚华侨华人是中华文化的重要传承和传播者，随着华侨华人移居东南亚，中华文化也随之南来，并深刻影响了东南亚各国文化形态的发展。在东南亚的华侨华人历来对自身民族文化认同感较强，中华传统文化和民族特性通过人际交流、华文教育、传统节庆活动等途径得到了较多的传承。人是文化的载体，也是文化传播的重要媒介。居住在东南亚的华侨华人，本身的言语行为、服饰饮食文化、商业活动等，都对当地民众了解中华文化有直接的影响。民族节日，蕴涵着民族生活中的风土人情、宗教信仰和道德伦理等文化因素，是一个民族历史文化的长期积淀。东南亚的华侨华人通过庆祝春节等主要节庆活动，集中展示了中华民族文化，充分表达民族情感，促进了中外人文交流。国务院侨办每年举办"文化中国·四海同春"演出时，就吸引了当地政界、军界、警界、法律界等主流社会人士观看，成为增进双方友好的重要平台，对于增进其他族裔对中华文化的了解和欣赏具有重要意义。华侨华人在当地举办的文艺演出、文化讲座、艺术展览等文化活动，也成为弘扬中华文化的重要途径。在马来西亚柔佛州的新山，由当地华社举办的古庙游神活动，每年都吸引数十万民众参与其中，盛况空前，2012年马来西亚政府更将其列为国家非物质文化遗产。教育是人类特有的传承文化的能动性活动，具有选择、传递、创造文化的特定功能，华文教育在增进华裔青少年对中国历史、文化和现状的了解，以及对中华文化的认同等方面发挥了不可替代的作用。马来西亚是东南亚各国中，保持华文教育体系最好的国家，目前有华文小学1294所，华文独立中学60所，华文大专3所，加上改制国民性中学78所，学生总数有80万左右；菲律宾有131所华文学校，在校生在千人以上的就有26所；泰国具有一定规模的华文学校超过了200所，还有超过3000所学校开设了华语课。这些学校也吸引了大量非华裔学生学习汉语。华侨华人历来对自身民族文化认同感较强，中华传统文化和民族特性通过华人社团、华文教育、华文传媒得到了较多的传承。同时，大量华侨华人长期在所在国生存发展，也吸纳了当地的文化特性和思想观念。正是这种多元文化的交汇交融，使当地华侨华人成为促进中国和东南亚国家交流的重要纽带。

三 充分发挥华侨华人独特作用，建设 21 世纪海上丝绸之路的对策

要充分发掘华侨华人在建设 21 世纪海上丝绸之路方面的潜力，将可能性转化为现实性，将自发性转化为自觉性和自主性，需要加强顶层设计，加强协调配合，形成系统的发展格局和工作体系。具体拟从以下几方面推进。

第一，强调双赢，激发华侨华人的主动性。由于华侨华人的结构、身份、背景、地位不同，他们对中国的文化认同、情感认同也不同。要发掘其潜能，发挥其优势，首先要将推进中国与东南亚国家的友好合作关系与协助华侨华人改善生存与发展环境有机结合，只有这样才能更好地激发其推动中国与东南亚国家加强友好合作关系的积极性。尤其是要充分发挥海外重点人士、重点侨团的作用，他们在当地根基深厚，具有丰富人脉资源，与朝野沟通顺畅，对当地社会特别是政界和舆论有着广泛影响力，长期以来，在推动住在国政府改善对华政策，增进住在国与祖（籍）国的友好关系等方面发挥了重要作用。今后应进一步深化他们对中国国情、发展道路、内外政策的了解和认知；提升他们的民族自豪感和对祖（籍）国的亲近感，增进他们对中国的了解；加大对侨胞住在国议会、智库和政治精英的工作力度，引导侨胞在一些重大问题上以适当方式支持中国，消除住在国政府对华的疑虑或片面认知；鼓励侨胞在扩大中国与东南亚国家的友好合作中发挥积极作用。

第二，加强经济合作，推动区域合作共赢。近年来中国与东盟贸易、投资合作深入发展。在双边关系不断加强的时代背景下，打造中国—东盟自贸区升级版，已经成为中国与东盟实现合作共赢的客观与现实需要。华商在帮助中国与东盟国家能源合作与共同开发方面，在推进产业梯度转移与转型升级、参与基础设施互联互通建设、促进人民币区域化、深化海洋经济开发合作等方面具有无可替代的优势。同时，新的发展形势，也为广大华商带来巨大的发展机遇。我们应积极搭建平台，吸引华商朋友们积极参与中国提出的一系列周边经贸合作倡议，为促进中国和周边国家的关系、区域经济一体化，及亚洲地区的稳定发展做出贡献。

第三,扩大人文交流,增进中外相互了解和信任。中国是文化资源的大国,要充分运用文化的力量、优势,不断提升中华文化感召力和影响力,要善于用中华文化元素去吸引和影响东南亚各国的主流社会,使其觉得中华文化可亲可爱、富有哲理,从而达到人与人的可亲可爱,要鼓励和引导海外侨胞与当地主流社会共同举办中华民族节庆活动,传播中华文化;加大对海外华文学校的扶持力度,鼓励华文学校与当地主流社会加强互动,增进他们对中国的了解和感情;应加强与华文媒体合作;鼓励华文媒体加强传播能力建设,创办双语刊物、网站、电视,扩大在华人社会的覆盖面和对主流社会的影响力;引导华文媒体向住在国公众、政府阐述中国的发展道路,介绍中国经济社会建设的巨大成就,展现真实的中国,树立良好国家形象;鼓励华文媒体向世界传递中国政策和主张,鼓励华文媒体与当地主流媒体展开对话,正确解读中国。

The Unique Power of Overseas Chinese in Constructing the 21st Century Maritime Silk Road

Zhao Jian

Abstract: Overseas Chinese were the earliest pioneers and important builders of the maritime Silk Road, and they display unique potential and advantages in the construction of 21st Century maritime Silk Road. As a matter of fact, it is necessary to strengthen the top-level design, form the development pattern and working system, and break through the obstacles in the relation between China and Southeast Asian countries, so as to transform their potential into reality.

Keywords: Overseas Chinese; Silk Road; Southeast Asia

发挥华人华侨在"一带一路"中的作用[*]

窦 勇[**]

摘　要　改革开放以来,广大的华侨华人为祖国的建设发展、对外交流做出了重大贡献。当前我国面对变化了的国际国内形势,创造性地提出了推进"一带一路"建设的重大倡议。"一带一路"沿线各国分布着众多的华侨华人,特别是作为"一带一路"优先战略方向的东南亚地区,华侨华人高度聚集。充分利用海外华侨华人在当地政治、经济、文化等领域的资源和影响,对于加快实施"一带一路"战略具有重要的意义。

关键词　一带一路　华人华侨

广大华侨华人是我国现代化建设的重要力量,改革开放以来,世界各地的华侨华人为祖国的建设发展、对外交流合作做出了重大贡献。当前,党中央、国务院深刻洞悉全球形势的深刻变化,统筹国内国际两个大局,提出了推进"一带一路"("丝绸之路经济带"和"21世纪海上丝绸之路")建设的重大倡议。"一带一路"沿线各国分布着众多的华侨华人,特别是作为"一带一路"优先发展方向的东南亚地区,华侨华人高度聚集,充分利用海外华侨华人在当地政治、经济、文化等领域的资源和影响力,对于加快"一带一路"倡议实施具有重要的意义。

---

[*]　本文原载中国国际经济交流中心编著《国际经济分析与展望(2015-2016)》,中国科学出版社,2016。
[**]　窦勇,中国国际经济交流中心产业规划部副研究员。

一 改革开放以来海外华人华侨在祖国经济社会发展中发挥了重要作用

中国改革开放事业取得伟大成就,广大华侨华人功不可没。党的十一届三中全会以后,我国重新确立了以经济建设为中心的发展方向。在当时,中国经济发展存在着巨大的"缺口",表现在资金、技术、管理经验等多个方面。为此,国家大力实施改革开放政策,统筹利用两个市场、两种资源,推动了中国经济的高速发展。在这个过程中,广大的海外华侨华人在全国各地投资兴业,为我国经济社会发展做出了重要贡献。

(一)推动经济特区的设立与发展

改革开放之初,四大经济特区的设立与华侨华人有着密切联系。为了吸引外资,特别是海外华侨华人华商资本,引进国外先进管理方式和人才,我国做出开办经济特区的战略决策和部署。1979年1月17日,邓小平在同胡厥文、胡子昂、荣毅仁等工商界领袖谈话时指出,"我们现在搞建设,门路要多一点,可以利用外国的资金和技术,华侨、华裔也可以回来办工厂。总之,钱要用起来,人要用起来"。1980年5月,中共中央和国务院决定将深圳、珠海、汕头和厦门设为经济特区。1991年,邓小平在视察上海时指出,"那一年确定四个经济特区,主要是从地理条件考虑的。深圳毗邻香港,珠海靠近澳门,汕头是因为东南亚国家潮州人多,厦门是因为闽南人在外国经商的很多"。特区的设立极大地激发了广大海外华侨华人建设祖国的热情,他们积极回国创业,以特区为投资重点办起了许多独资、合资经营,合作生产、补偿贸易以及来料加工等企业,有力带动了特区以及沿海地区的经济发展。

(二)弥补了我国经济发展的"缺口"

经济学理论认为,要素资源必须按比例投入生产。改革开放之初,我国劳动力、土地、能源、资源等生产要素丰富,而资本、技术、管理经验等十分稀缺,特别是对国际市场和国际惯例不了解。广大海外华侨华人来祖国投资,在很大程度上弥补了这些制约我国经济社会发展的"缺口"。改革开放初期，海外华侨华人来华投资规模较小，投资的主要行业是服装、鞋帽、塑料、电子等劳动密集型出口加工工业和房地产、宾馆饭店等服务业。随着国内改革开放的深化，投资逐渐扩展到新兴产业及高新技术产业。以产业投资为载体，带来了先进的生产技术和管理经验。国务院侨办的数据显示，自改革开放以来到2017年为止，侨商投资占中国引进外资的60%以上，在广东、福建等侨务大省，这个比例更高。以侨乡汕头为例，侨资是汕头市利用外资的主要来源。改革开放以来汕头直接吸收的外资中，近九成是侨资。并且，侨务部门还以多种形式组织"招才引智"，海外专业人士占从国外引进高端人才的80%，他们带来的高科技成果和先进管理经验，对于提高我国自主创新能力具有重要作用。更为重要的是，在我国从传统的计划经济向市场经济的转轨过程中，华侨华人带来了可资借鉴、弥足珍贵的市场经济发展经验。美国前总统经济顾问莱斯特·瑟罗就曾说过，"海外华人对中国大陆改革的最大贡献不仅是外资，而且教会了他们的民族同胞运用市场经济的游戏规则"。

（三）推动了国内经济社会发展

华侨投资有力地促进了中国改革开放的不断深化，带动了国内经济社会发展。华侨投资最初主要集中于广东、福建、江苏、上海、山东等东南沿海省市，后从沿海向内陆延伸和拓展，推动了改革开放从东部向中西部地区逐步扩展深化，推动了区域经济发展。随着我国产业的逐渐放开，投资行业由最初技术含量不高的劳动密集型产业逐渐升级到高新技术行业和第三产业。20世纪90年代以来，不少华人企业集团开始投资于交通、能源、供水供电等基础设施建设以及金融、商贸、旅游等第三产业。相当一部分华侨华人投资企业是"两头在外"进行生产，因此又进一步扩大了我国的对外贸易规模。随着华侨华人投资规模的扩大，投资领域的拓展，投资区域的延伸，产业形态的升级，极大地推动了我国改革开放战略的实施，有力推动了国内经济社会的快速发展。特别是20世纪80年代末和90年代初，在国际国内外资纷纷撤出的情况下，海外华侨华人继续坚定地扩大投资，为内地经济建设提供支持，对我国继续推动改革开放起到重要的支撑作用。

二 海外华侨华人是"一带一路"倡议实施的独特资源

广大的海外华侨华人不仅在我国"引进来"时期发挥了重要作用,在我国经济社会发展进入快车道后,依然是我国贯彻"一带一路"倡议"走出去"的宝贵资源。并且,经过三十多年与祖国的共同发展,海外华侨华人的实力更强,影响更大。

(一)人数众多,分布广泛

目前,我国约有6000万海外华侨华人广泛分布在世界五大洲的160多个国家和地区。其中有4000多万人分布在"一带一路"沿线各国,特别是作为"一带一路"优先战略方向的东南亚地区,聚集的华侨华人超过了3000万。其中,不仅有早年间走出国门的华侨华人,还有改革开放之后由国内移居国外的新华侨华人,也包括这一时期由香港、澳门、台湾等地移居国外的华侨华人。在中国改革开放和发达国家吸引移民政策的双重因素作用下,中国持续出现了较大规模的海外移民,移居海外的新华侨华人不断增多。国务院侨办的研究表明,1978年之后的新华侨华人数量已超过1000万,分布地域更为广泛,除东南亚等传统的侨胞聚居地外,北美、西欧及巴西、澳大利亚、日本、南非等地区和国家已日益成为海外侨胞新的聚居地。

(二)组织健全,影响力大

海外华侨华人社会历经数百年的变迁,社团组织按照功能的侧重,以本地化程度由低到高经历了守望互助、争取平权和融入主流的变化。海外华侨华人社团活动已由传统的联谊、互助转向商贸、科技、教育和文化等领域,规模不断发展壮大,逐渐融入当地主流社会,影响力日益扩大。以英国为例,在中国驻英国大使馆登记在册的华人社团总数超过300家,分布于经济社会各领域。近年来,随着大陆改革开放后移居海外的新华侨华人日渐增多,与高新技术、知识经济、新兴产业有关的专业社团也大量涌现,大多与国内保持着密切的联系。

(三)人才宝库,精英荟萃

华人重视教育,勤奋努力,早期出去的华人华侨已完成初期积累,受教育程度、经济收入和社会地位有了大幅提升。同时，改革开放以后移居国外的新华侨华人近千万，他们大多受过良好教育，活跃在高新技术、教育、金融等领域，是创新创业的生力军和科技变革的引领者。《海外华侨华人专业人士报告（2014）》显示，美国具有博士学位的科学家和工程师约21%是华裔，在美国的华侨华人专业人士中，拥有本科及以上学历者约有240万。特别是近年来，回国发展的新华侨华人高素质的特点尤为明显。他们大多具有较高学历，专业学科特点鲜明，他们或者是回国担任国内重点高等院校、科研机构的领军人物，或者是拥有发明专利、高新科技的创业者，或者是国外大型跨国公司的高级管理阶层或研发带头人。

（四）经济发达，实力雄厚

经过辛苦打拼，一批经济实力雄厚的华人实业家和华资企业集团脱颖而出，海外华人富豪财富多集中于房地产业、消费制造业和金融业三大行业，与国内相比，海外华人富豪投资和经营领域更加多元化和国际化。据估计，海外华侨华人所掌握的资产规模已超过3000亿美元。尤其是在"一带一路"倡议的重点区域——东南亚地区，华人经济实力相当雄厚，拥有一批在本行业、本地区甚至世界都颇具影响力的杰出华人企业家和华资企业集团。最近30多年来，欧美等发达国家和地区华侨华人发展迅速。有调查表明，硅谷创造的财富中，40%有华侨华人的参与，每年涌现的5000家初创企业中，约有1/4由华侨华人创办。

三 海外华侨华人在"一带一路"倡议实施中的定位与作用

结合广大海外华侨华人的行业和区域分布特点，以及《推动共建丝绸之路经济带和21世纪海上丝绸之路的愿景与行动》的框架思路和合作重点，我们应在政策沟通、产业合作、经贸合作、民间外交以及弘扬中华文化等几个方面重点发挥华侨华人的作用。

（一）推动政策沟通

"一带一路"沿线各国资源禀赋各异，经济互补性较强，彼此合作潜力和空间很大。要把合作潜力转化为合作红利,首先要做好政策沟通工作。政府间的沟通与合作是一方面,但民间的沟通与交流也很重要。广大华侨华人既心系祖国,又通晓所在国的政治、经济、社会、法律等方面的情况,在推动中国与沿线各国的交流与沟通方面大有可为。充分发挥海外华侨华人力量,积极构建多层次的、从政府到民间、从行业到企业的政策沟通交流机制,推动利益融合,促进政治互信,达成互利共赢的合作共识。推动区域合作规划和协议的制定实施,及时反映、帮助解决合作中出现的问题,为推动"一带一路"务实合作及大型项目的实施提供各种帮助。政策沟通的另一个着眼点是要降低风险。"一带一路"沿线国家中,有不少正处于经济社会快速变迁的进程中,政局不稳,社会动荡时有发生。并且,由于部分国家地处战略要冲,也是大国角力和施加影响的关键区域,这些都增加了"一带一路"倡议实施的风险。特别是在"一带一路"倡议实施的重点区域——东盟地区,当前多方发力的区域经济整合更是为"一带一路"倡议推进平添了不少变数。充分发挥当地广大华侨华人的沟通协调作用,加强政策沟通,可以有效降低风险。

(二)深化产业合作

中国与"一带一路"沿线各国的经济合作更多地表现为贸易往来,以直接投资或间接投资为主的产业合作还有很大的发展空间。可以利用海外华侨华人的产业基础和政商人脉,推动在"一带一路"沿线各国优化产业链分工布局,依托国内强大的生产制造能力,整合上下游产业链,带动关联产业协同发展。鼓励吸引广大华商参与建立研发、生产和营销体系,提升区域产业配套能力和综合竞争力。重点推动我国钢铁、水泥、纺织等产业在沿线各国落地生根。以东南亚国家为例,结合华商优势,可以在新加坡的物流、制造行业,马来西亚的钢铁、水泥行业,泰国的食品加工、纺织行业,老挝的农业、食品加工行业等,加强产业投资与合作。一方面,通过产业投资可以转移国内优质产能,推动产业转型升级;另一方面,能够有力地推动沿线欠发达国家的工业化进程。

(三)深化经贸合作

利用海外华侨华人华商通晓国外贸易规则和惯例、拥有传统贸易渠道和网络的优势，进一步提升我国与"一带一路"沿线各国的经贸合作水平，加快培育我国外贸竞争新优势。在全球经济增长放缓的大背景下，欧、美、日等中国传统贸易伙伴需求不旺，可发挥华侨华人的优势，加大对"一带一路"沿线各国市场的开拓力度。依托"一带一路"建设，推动我国出口由货物为主向货物、服务、资本、技术输出相结合转变。深化与海外华人华侨华商的金融合作，有效整合海外华商资本，为"一带一路"建设提供资金支持。经过多年打拼，海外华人积累了大量财富，其在世界经济低迷的当前，也需要寻找稳定安全的投资渠道，"一带一路"建设将为广大海外华人资本提供保值增值的机会。此外，截至2015年8月末，台湾银行业人民币存款规模已达329亿元，香港人民币存款接近1万亿元。港澳台以及全世界海外华人可以参与亚投行或其他形式的金融合作，通过开展亚洲区域发展中国家交通、能源等基础设施建设相关的融资业务，获得长期稳定的投资回报。特别是要加快推动人民币进入"一带一路"沿线各国和地区。我国人民币国际化正在从"贸易结算+离岸市场"加速转向"投资驱动+离岸市场"。2014年12月，以人民币结算的对外直接投资占到了当月我国对外直接投资的18%，对外直接投资已成为人民币对外输出的重要通道。

（四）推动民间外交

广大海外华侨勤劳朴实，为所在国的经济社会发展做出了重要贡献，其社会地位和影响力不断提升，正日益成为其所在国与中国民间外交的积极参与者和推动者。可以通过广大海外华侨华人，以多种方式向所在国政府和主流社会传递友好合作理念，增进沟通与了解，加强政治互信，为"一带一路"建设创造良好的政治环境。东南亚地区是实施"一带一路"倡议的关键地区，是围绕"一带一路"外交的核心利益所在。人口众多、经济实力雄厚的华侨华人与祖国具有共同的文化和民族认同，以及密切的地缘、亲缘关系，他们天然地成为我国改善与东南亚国家政治与外交关系的重要力量。

（五）弘扬中华文化

历史上随着古丝绸之路传播到沿线各国的不仅仅是中国商品，还有悠久灿烂的中华文明。伴随着经济全球化的发展，世界各民族的文化也在融合发展，各民族的文化彼此借鉴，取长补短，使全世界人民的生活更加丰富多彩。文化影响力是国家实力的体现，中华文化影响力的提升有助于提高中国国际形象和地位。今天我们实施"一带一路"倡议，不仅要推动经贸合作，还要重视扩大中华文化的国际影响力，使我国悠久的历史、灿烂的文化通过"一带一路"传播到世界各地。广大海外华侨华人是中国文化的载体，由于中国近年来的高速发展，世界范围内中华文化获得更多的关注，增强了海外华侨华人的文化自豪感。在实施"一带一路"倡议的过程中，我们要充分发挥海外华人华侨在弘扬中华文化和促进中外关系友好中的桥梁和纽带作用，采取多种形式，与"一带一路"沿线各国建立广泛的文化交流与文化联系。不断加大对海外华文传媒的支持力度，充分利用其资源和渠道传播中国声音，全方位、多层次、宽领域地推动中华文化走向世界，增强中华文化的吸引力、凝聚力和影响力。

四　政策建议

（一）打造连接海内外华侨华人的重要门户

广东汕头是全国重点侨乡，具有独特的侨乡优势。目前我国约6000万海外华侨华人中潮汕籍侨胞近1000万，人数之巨由此可见（其他侨乡如江门、梅州各有近300万人，福建近800万人）。汕头是因侨而立的经济特区，侨乡经济、华侨文化是汕头的鲜明特色。新的历史时期，汕头独特的对侨优势仍然有着巨大潜力。2014年9月15日发布的《国务院关于支持汕头经济特区建设华侨经济文化合作试验区有关政策的批复》同意在汕头经济特区设立华侨经济文化合作试验区，赋予其建设21世纪海上丝绸之路重要门户，先行先试，为新时期全面深化改革、扩大对外开放探索新路。要加快贯彻落实国务院批复精神，研究建立符合广大海外华侨华人意愿和国际通行规则的跨境投资、贸易机制，打造更加国际化、市场化、法治化的公平、统一、高效的营商环境，形成可复制、可推广的经验。大力发展跨境金融、商务会展、资源能源交易、文化创意、旅游休闲、教育培训、医疗服务、信息、海洋等产业，培育富有活力的都市产业体系。凝侨心、汇侨智、聚侨力，将试验区打造成为国家通侨联侨重要枢纽、华侨文化交流传播基地和侨务政策创新示范区。通过重点建设汕头华侨经济文化合作试验区，将汕头打造成服务全球华侨华人的试验田和连接海内外广大华侨华人的重要门户，有利于创造我国侨务统战工作新经验，构筑改革开放新高地。

（二）推动与"一带一路"沿线各国（地区）的贸易与投资

充分利用"一带一路"沿线各国华侨华人的国际化商业网络、营销物流渠道和商誉声誉，为国内企业特别是中小企业建立面向海外发展的战略平台，提供信息咨询、法律帮助、教育培训等服务，便利国内企业与"一带一路"沿线各国的贸易往来，支持国内企业积极"走出去"扩大对外投资，提升我国外向型经济水平。加强与港澳台地区在贸易、物流、金融等领域的合作，建立起与港澳台地区资金、技术、人员、信息便利流动的渠道。加强同东南亚地区华侨华人社团的联系，促进本地企业与东南亚国家工商企业交流与合作，扩大贸易与投资往来。设立海外华侨经济合作基金，港澳台地区、海外华侨华人的资金，为"一带一路"建设项目投资、并购提供投融资服务。

（三）创新侨务工作模式

面对新形势和对外开放的新要求，传统的侨务工作方法已经难以适应侨情的变化，为侨服务方式必须与时俱进。创新华侨华人管理制度，进一步密切海外华侨华人与祖国的联系。要通过体制机制创新，激发海外广大华侨华人的爱国热情，切实有效地把他们的力量汇聚到"一带一路"建设上来。给予华侨华人更多出入境便利和创新创业自由，在教育、医疗、社会保障等方面推动侨务政策创新，更好地保护华侨华人的合法权益。在中国（汕头）华侨经济文化合作试验区内推动侨务政策创新，并逐渐向全国推广。可以设立半官方性质的专门服务于海外华侨华人参与"一带一路"建设的专门机构，为海外华侨华人提供政策指导、项目信息、产业推介、资金融通、法律咨询等服务，使广大海外华侨华人深入了解"一带一路"倡议，找到参与建设的切入点和利益结合点，推动海外华侨华人和"一带一路"建设项目的对接和落地。

（四）打造文化交流平台

将我国与"一带一路"沿线国家签订的文化合作协定落到实处，在沿线各国华侨华人聚集地区建设中华文化展示中心、中华文化精品博览中心和中华文化培训教育基地，集中展示、交易、运营中华文化精品。举办世界华侨华人文化合作论坛，促进侨团联谊、文化交流与合作等。顺应世界范围内华文教育兴起的大趋势，加大对华文教育的支持，国内有关教育部门应积极与海外华侨华人取得联系，在师资培训、教材编写、组织讲座等方面提供帮助和支持，扩大华文教育。合作打造新的文化交流、传播品牌，深化"丝绸之路文化之旅"活动，与"一带一路"沿线国家联合举办"丝绸之路艺术节"，举办形式多样、内容丰富、富有中华民族特色的文化论坛、展示、演出活动，将中华传统文化更多地展示给"一带一路"沿线各国。

（五）共建境外产业合作园区

借助华商力量，推动港口、产业园区等重要支点建设，鼓励华商参与仓储物流、交通运输、产业转移等项目建设。我国正在全球50个国家建设118个经贸合作区，其中涉及"一带一路"沿线国家的有77个，应将这些境外经贸合作区打造成为"一带一路"建设的重要承接点。加大体制机制创新力度，吸引海外华侨华人积极参与，共同建设，结成风险共担、利益共享的命运共同体。

（六）为新华侨华人和华裔新生代参与"一带一路"建设提供平台和帮助

当前我国的侨情已发生很大变化，新华侨华人和华裔新生代已成为海外华侨华人重要组成部分。他们大多接受过东西方两种教育，从事信息技术、生物医药等高端产业，在所在国具有较高的社会地位。要结合他们的资源优势，充分调动他们参与建设"一带一路"的积极性。要更好地贯彻落实海外侨胞和归侨侨眷参与祖国现代化建设的工作方针，在"一带一路"建设中为新华侨华人和华裔新生代创业创新提供平台，为新华侨华人和华裔新生代沟通交流、教育培训、创新创业搭建平台，创造更多的机会。在资金融通、技术服务、创业辅导、职业培训等方面给予扶持，帮助新华侨华人和华裔新生代创新创业，成就梦想和未来。

（七）加强宣传推介

广大海外华侨华人历来就有服务国家建设的优良传统，在三十多年的改革开放中，他们也与祖国一同获得快速发展。当前"一带一路"倡议的提出，指明了新的发展方向和道路，要进一步加强宣传，让更多的华侨华人了解认识"一带一路"倡议，在"一带一路"倡议中明确自身的定位和作用，找到参与"一带一路"建设的方式和途径。可通过博鳌亚洲论坛、华人智库圆桌会、世界华侨华人工商高峰会、世界华商大会等平台，做好"一带一路"建设的相关推介、宣传工作。在"一带一路"倡议的宣传工作中，要自觉贯彻我国"亲、诚、惠、容"的周边外交理念，创新宣传内容与方式，引导广大华侨华人，进而引导所在国更加全面客观地认识"一带一路"倡议，为"一带一路"倡议的实施创造良好的外部环境。

The Role of Overseas Chinese in "The Belt and Road"

Dou Yong

Abstract: Since the reform and opening up, overseas Chinese have made great contributions to the construction and development of motherland China and to foreign exchanges and cooperation. Under the changing situations at home and abroad, China put forward the Belt and Road Initiative. A large number of overseas Chinese live in the countries along the Belt and Road, especially in Southeast Asia, which is a priority area of strategic cooperation under the Initiative. Making full use of the resources and influence in local political, economic, cultural and other fields of the overseas Chinese, is of great significance to accelerating the implementation of the Belt and Road Initiative.

Keywords: The Belt and Road; Overseas Chinese

海外华侨华人经济与"一带一路"倡议的互动机制[*]

邓江年[**]

摘　要　海外华侨华人经济与中国经济休戚相关。当前中国经济进入"新常态",产业面临转型升级,海外华商经济也面临着转型问题。通过产业对接、资本对接、市场对接和技术对接等方式,促进海外华商经济和中国经济"双向转型",既是"一带一路"的重要内容,也是其有效的实施路径。因此,应该多方位开展与海外华商的战略性产业合作、多渠道引进和利用海外华人的战略性资源、打造与海外华人经济合作的战略性平台、打通与海外华人经济合作的战略性通道,带动海外华侨华人经济和"一带一路"倡议互动建设,共同发展。

关键词　"一带一路"　海外华侨华人　转型　合作

以习近平同志为总书记的党中央积极应对全球形势深刻变化、统筹国内国际两个大局,自2013年起先后提出"丝绸之路经济带"和"21世纪海上丝绸之路",即"一带一路"倡议。其内涵是,通过与周边及丝路沿线国家实现政治互信、文化交融、政策沟通、道路互联、贸易自由、货币流通、民心相连,深化区域合作,建立共赢的利益共同体。数千万海外华侨华人拥有巨大的人才、资本优势及成熟的商业网络,熟悉住在国的历史、民俗、语言、文化、社会和法律,具有融通中外的独特优势,可以成为"一带一

---

[*]　本文原载《华南师范大学学报》(社会科学版)2016年第3期,第18~22页,本文为广东省委宣传部打造"理论粤军"重大现实问题招标课题"广东加强海洋经济强省建设的战略目标与实现路径研究"(LLYJI305)的阶段性成果。

[**]　邓江年,江西临川人,经济学博士,广东省社会科学院广东海上丝绸之路研究院副院长、副研究员。

路"倡议的参与者、建设者和促进者。世界华侨华人经济正处于转型时期,"一带一路"建设也将为华侨华人经济的成功转型提供难得的发展机遇。

一 华侨华人是"一带一路"建设的重要依托力量

海外华侨华人规模庞大,实力雄厚,具有成熟的生产营销网络、广泛的政界商界人脉以及沟通中外的独特优势,是中国与"一带一路"沿线国家最天然、最直接的桥梁和纽带,是可以依赖的一支独特力量。

(一) 规模庞大,组织健全

据国务院侨办数据,目前海外华侨华人已超过6000万人,分布在全球198个国家和地区。另外,还有3000多万归侨侨眷生活在中国各地。有较大影响力的各类华侨华人社团逾2.5万个,全球华文学校近2万所,数百万学生在校接受华文教育,海外华文学校教师达数十万。这其中,"一带一路"沿线各国华侨华人超4000万人,东南亚地区是华侨华人传统聚居区,也是最为集中的区域,约有3000万人,已盘根错节地根植于住在国的经济、社会、科技、教育、传媒等各个领域。

(二) 实力雄厚,网络密集

据国务院侨办数据,全球华商企业资产总规模约5万亿美元,"一带一路"覆盖区的华商经济实力占世界华商经济的2/3以上,世界华商500强企业约1/3集中在东盟国家,在许多国家中华商已成为当地经济的重要支柱。泰国盘古银行集团是海外最大的华人银行。马来西亚云顶集团、绿野集团、金狮集团等华人公司均是市值超200亿美元的巨型企业。印度尼西亚三林集团、材源帝集团,新加坡的华侨银行集团、大华银行集团,菲律宾的许寰哥家族集团、联合药厂集团等华人企业也是实力超群的国际化大型企业。另外,华侨华人还拥有遍布全球的商业网络。借助华商网络可以帮助打通中国与"一带一路"沿线国家之间的商贸通道。

(三) 人才众多,资源丰富

海外华侨华人是个巨大的人才宝库,是中国现代化的重要智力资源。

由中国科学技术信息研究所 2009 年发布的《华人科技人才在海外的发展现状分析》表明，海外华侨华人科技人才的总数接近 100 万人，这个群体在国际科技舞台上正发挥着越来越大的影响力。目前仅在硅谷地区供职的华侨华人科技人才就已超过 10 万人，每年涌现的 5000 家初创企业中，约 1/4 是由华侨华人创办。目前，中国"千人计划"引进的近 3000 名海外高层次人才中，94% 以上是华侨华人。同时，海外华侨华人在当地的社会地位和政治地位也得到不断提升。在部分国家，已经有华人成为当地的主官，甚至国家领导人。

（四）血脉相连，文脉相通

海外华侨华人群体具有联结祖（籍）国与住在国的桥梁和纽带的天然优势。海外华侨华人关心、支持中国的发展。改革开放以来，中国吸收的外商直接投资（FDI）中，60% 以上来自海外华侨华人及港澳同胞。2015 年中国—东盟自贸区贸易额超过 5000 亿美元，其中华侨华人在东南亚国家与中国之间的贸易中占了相当比例。华侨华人既了解中国，也熟悉住在国的政治、经济、法律和社会状况；既熟练掌握中国及住在国的语言系统，又了解双方文化环境和民众心理差异，是经济文化往来和民心交流的天然"桥梁"。

二 海外华侨华人经济面临转型升级

随着全球经济一体化进程的不断加快和科学技术的突飞猛进，遍布世界的海外华侨华人经济也正在经历经济转型。尤其是改革开放以来，海外华侨华人经济的发展与中国本土经济的发展休戚相关。从表 1 中的 20 世纪以来海外华侨华人数量和资产增长情况可以看出，20 世纪上半叶中国内乱时期和 20 世纪后期中国改革开放时期是海外华侨华人数量增长较快的时期，特别是中国改革开放 30 多年是海外华侨华人资产迅速增长的时期，这说明海外华侨华人的经济发展与中国本土密切相关。中国本土的改革开放给海外华侨华人带来巨大发展机遇，海外华侨华人通过参与改革开放积累了大量财富。但目前，中国经济已经进入增速下降、动力转换和结构调整的"新常态"时期，产业面临转型升级的艰巨任务，与中国经济密切相关的华侨华人经济也被迫面临转型升级的困难。

表1　海外华侨华人数量与资产增长情况

	20世纪初期	新中国成立初期	改革开放初期	21世纪初期
海外华侨华人数量（万人）	100	1700	3000	6000
海外华人资产总额（亿美元）	100	1000	3000	50000

（一）传统产业出现危机

海外华侨华人传统产业是以"三把刀"为主，以家庭为经济体，以投资金额小、短频快的劳动密集型产业为主，采用较原始的生产销售和经营管理模式，具有行业比较集中、资金比较分散的特点。这些传统产业在海外华侨华人原始积累过程初期发挥了积极作用。但是随着华侨华人经济的不断发展，其局限性和消极方面也逐渐表现出来："三把刀"服务半径小，难以扩大规模；以家庭为单元的经济活动较为封闭，难以通过资本力量扩大再生产；以吃苦耐劳、增加经营时间为特色的传统经营方式存在文化冲突，难以融入当地商业体系。近些年的西班牙"烧鞋事件"、俄罗斯对华侨华人经济的制裁等都逼迫海外华侨华人经济必须转型。

（二）分布结构发生变化

目前，海外华侨华人聚居分布情况已经发生很大变化，东南亚比重正逐渐降低，发达国家比重不断上升。欧、美、澳等发达国家和地区产业结构相对层次较高，需要更高的职业技能和知识水平，要求定居于此的华侨华人也必须及时提升技术素养，满足就业需要。改革开放前20年，发达国家是中国新移民的主要目的地。进入21世纪之后，新兴发展中国家越来越多地成为中国新移民的目标国。新移民的出国动机、教育程度、经济能力、职业结构和定居状况与老移民有很大不同，具有学历高、经济能力强、流动性大等特点。新移民的大量涌入改变了海外华侨华人的经济结构，带动了经济逐步转型。[①]

[①] 庄国土：《华侨华人分布状况和发展趋势》，《研究与探讨》2010年第4期。

（三）人才支撑能力增强

重视教育是海外华侨华人的优良传统，不仅老一代侨胞重视子女的教育，出国留学的华侨也是如此。新生代华侨华人很多受到了良好教育，成长为技术型、专业型、管理类高层次人才，不再继续局限于"三把刀"传统产业，开始转型向新兴行业发展。而出国留学的华侨更是接受过高等教育，文化程度高，专业素质好，活跃在经济、科技领域。2013年5月举办的"第九届世界华裔杰出青年华夏行"，在来自74个国家和地区的500名华裔杰出青年中，20世纪70年代后出生的占68.4%，近30%拥有硕士、博士学位，从业行业包括金融保险、科技教育、医疗卫生、新闻媒体、法律咨询、动漫设计、地产珠宝、商业贸易等。新生代华侨华人经济管理和科技人才的不断涌现为华侨华人经济转型提供了高素质的人才保障。

（四）经济话语权得到提升

过去海外华侨华人受小农经济的影响和经济实力所限，投资和生产主要是用于满足自己生存和生活的需要，在住在国的经济体系中不属于主流，主要在唐人街的小范围内循环。随着经济和投资实力的不断上升，海外华侨华人的投资已经跳出了唐人街，通过资源和网络，逐步融入住在国主流社会经济当中，成为住在国重要的经济组成部分，不少华人企业在本行业本领域已经成为住在国之最。而且，随着华人社会经济和文化地位的不断提高，华人参政意识日益增强，积极参加社会政治事务，参加竞选公职，有的还成功地在政界担任要职。这些活动为华人经济融入主流社会，推动转型升级提供了必要的政治条件和政策基础。

三 "一带一路"助推华人经济和中国经济融合发展

海外华侨华人经济的发展与中国本土经济的发展互为依托，密切相关。当前，为了促进国内产业转型升级，中国提出"一带一路"倡议，以开放转型。同样地，如前所述，海外华侨华人经济目前正面临着转型升级，需要寻找如前30年中国改革开放一样的发展新动能，而"一带一路"则赋予了其可行性。"一带一路"建设要与沿线国家（地区）实现人文、制度等方面的互联互通，住在这些国家的华侨华人是最好的"桥梁"和"纽带"。"一带一路"建设将强化与沿线各国的经贸互惠关系和产业建设，既有利于提升丝路沿线华侨华人社会地位，也有利于丝路沿线华侨华人参与"一带一路"的基础设施建设、交通运输、资源开发、市场开拓、融资项目，分享经济收益。

（一）产业对接：助推"双向"转型

中国经济与海外华侨华人经济是命运共同体关系。改革开放前30年，华侨华人经济的劳动密集型产业与中国本土的廉价劳动力、土地成本优势相结合，共同把中国建设成为"世界工厂"，既推动了中国经济的快速腾飞，也为华侨华人带来了巨量财富。但当前，中国经济进入增速下降、动力转换和结构调整的"新常态"时期，产业转型升级是当前经济发展的首要任务。中国经济是否能够转型成功，也决定了海外华侨华人经济能否转型成功。中国本土产业与海外华人华侨产业相对接，激活全球华人产业资源是促进中国经济和华人经济"双向转型"的重要方向，而"一带一路"则是实现这种对接的有效路径。传统制造业方面，与华侨华人合作共建跨境产业园，在"一带一路"中梯度转移，延长产品生命周期；在高新技术产业方面，引进优秀华侨华人企业和人才，合作研发，进军战略性新兴产业；在现代服务业方面，搭乘"一带一路"快车，与华侨华人共建商业网络，发展现代商贸。

（二）资本对接：搭桥"走出去"

"走出去"是促进中国产业转型升级的重要方式，顺着"一带一路"走出去则是与中国产业特征和类型相适应的路线选择，海外华人华侨是"走出去"的重要牵线人和重要合作方。由于文化基础不同、商业模式不同，中国企业"走出去"面临的最大问题是信息不对称。海外华商熟悉住在国国情和市场运作规则，对市场发展有相对准确的预测和判断，可以帮助中国企业把握投资方向，避免盲目投资。海外华侨华人了解住在国民风民俗，与当地政界、商界有密切往来，可以帮助中国企业融入当地主流社会，消除文化差异，减少投资摩擦。同时，海外华商还有强大的以"伙伴制"为核心的金融网络和财团网络，借此开展企业间的合作，走强强联合的道路，能帮助中国企业有效地避开政策限制或地区性金融危机的冲击,分散风险,融通资金,并联结成具有广泛覆盖面的贸易金融网络。

(三)网络对接:共建区域大市场

"一带一路"构建的是一个巨型区域大市场。以紧密相连的泛珠江三角洲地区和东盟地区为例。泛珠江三角洲与东盟地理上连成一体,交通上互联互通,人员上血脉相通,贸易上经久不衰,已经形成了一个相对完整的区域大市场。泛珠区域内广西、云南与东盟接壤,有5000多公里的边境线,并已建成相对完善的交通网络,为双方的合作提供了方便快捷的通道。中国与东盟正致力于构建立体式国际交通大通道,泛亚铁路、公路网,港口联盟,空中联盟正日趋形成。随着泛珠和东盟交通网络的不断完善,人员和商贸往来日渐密切,一个人口 10.8 亿、GDP 总量 5.5 万亿美元、进出口总额 3.8 万亿美元的巨型市场迸然而出。这个区域市场总体发展水平相当,均处于人均 GDP 5000 美元至 8000 美元的加速工业化和消费快速增长阶段,是当前全球经济发展最活跃的区域之一,对全球经济增长的贡献超过 15%。海外华商商业网络比较成熟,在住在国人脉广泛,熟悉经济环境,可以帮助中国企业更加顺利地进入当地市场,迅速打开营销渠道,适时、有效地占领市场,是中国企业"走出去"需要借助的重要力量。

(四)技术对接:打造华人"创造"

如何利用高新科技以及创新技术提升中国产品的核心竞争力,摆脱"中国制造"的尴尬局面,开创"中国创造"的全新时代,是中国经济转型升级要解决的关键问题,海外华侨华人在其中发挥着举足轻重的作用。[①] 海外华人是人才宝库,中国经济的转型升级迫切需要大量人才和科技的注入与支撑,因此,加强与海外华人的技术对接,大举引进所需要的优秀人才和适用技术是"一带一路"建设的重要内容。中国产业和海外华商经济都面临着提升科技水平、促进转型升级、增强国际竞争力的问题,在研发上具有很强的互补性。中国在基础研究、成果运用上具有优势,华商在设计开发、研发灵活性上具有优势。因此,要推动双方的科研机制对接,共建

---

① 李优树:《海外华侨华人与中国经济转型研究》,《商情》2014 年第 13 期。

科技平台和孵化器。海外华侨华人中的高素质人才是中国引智回国重点挖掘的对象，是实现经济社会转型的智力支持。以战略性新兴产业和现代高端服务业重点项目为载体，引进国外华人先进管理人才和海外研发团队，通过国际项目合作引进海外华人高层次人才，为海外华人提供优越的创业平台，有利于推动中国产业转型升级，在全球形成华人"创造"的新格局。

四 促进海外华商经济与"一带一路"互动建设

"一带一路"建设离不开海外华侨华人桥梁和纽带作用的发挥，海外华侨华人的经济转型也离不开中国本土的产业转型和"一带一路"开放大战略的成功实施。因此，在新时期，海外华商经济与"一带一路"之间是互为唇齿、相互依托的关系。

（一）多方位开展与海外华商的战略性产业合作

发展战略性产业是中国经济和海外华商经济的共同方向，双方具有极为广阔的合作前景和空间。中国应积极吸引优质华商资本来华投资战略性新兴产业。针对战略性新兴产业发展的重点领域，加大力度引进海外华人龙头企业，支持鼓励海外华人跨国公司、企业来华以合资、合作、独资等方式设立研发中心。大力推动与华商的现代农业和现代服务业方面的合作，鼓励和吸引海外华商来华投资现代农业，投资参股金融保险、现代物流、大型商贸中心等产业和文化、体育、教育等基础设施，吸引海外华人大企业、大集团在华设立总部和研发中心。推动金融机构"走出去"与海外华人金融机构合作，以合资、合作形式组建金融服务企业，在境外开展金融服务。加大力度推进与海外华商在基础资源性产业上的合作开发，鼓励中国企业与当地华人合作设立公司，嵌入当地产业链，进军当地市场，尤其是石油、矿产资源产业，以 BOT 或 PPP 等方式参与当地房地产和资源产业的开发建设。

（二）多渠道引进和利用海外华人的战略性资源

海外华人经济资源极为丰富，有效地引进和利用好海外华人的战略性资源可以为中国经济注入新的活力。第一，大力引进海外华侨华人优秀人才，推动与海外华人的人才交往制度化。由民间团体（交流中心、协会或行会、企业）、大学或者科研院所对口建立华人人才合作论坛，加强人才信息的交流和共享。第二，全面开展科技研发和自主创新的合作。鼓励在华华商投资企业加强与中国的科研院所、高校的创新合作，建设海外华人学子创业园及科技企业孵化器。在"一带一路"沿线国家建立专门的华人高科技园区，集聚海外华人中的科学家、工程师、技术劳工、企业家以及其他专业人才资源，形成华人高科技经济的族裔回圈机制。第三，充分利用海外华人的资金和网络资源，组建华商投资基金，既用于投资中国的大型项目，也可以在海外进行投资；通过基金运用，既能避开非商业壁垒，实现国家对一些海外战略资源的掌握，又能平抑国际游资对中国经济稳定性的干扰。鼓励中国企业与海外华商结成企业联盟，构建横向联盟，在产品生产上互通有无；构建纵向联盟，保证供应链和销售链的稳定，增强抵御风险的能力。

（三）打造与海外华人经济合作的战略性平台

依托"一带一路"推动海外华侨华人经济与中国经济的平台合作十分关键。第一，建设和完善园区合作平台，推动和推广如苏州工业园、中新生态城、中新知识城等政府间的重大园区合作项目建设。充分利用华侨农场的土地资源优势，选择其中基础条件较好的农场改造建设"华侨工业园"，以当地政府和大型海外华人企业共建的形式进行。通过与当地华商合作经营的方式，在当地建设工业园区，吸纳中国转出的制造业企业。第二，建设华人社团经贸和信息交流平台。积极鼓励和帮助海外华商参加"中博会""桥博会""高交会""文博会"及各种商品博览会等经贸合作平台。充分利用"世界华商网络"，建设华侨信息平台、华人信息资料库，为企业提供优质的信息服务。第三，着力打造华商区域合作平台。在博鳌、亚太经合组织等重要的区域合作论坛中嵌入华商议题，举办华商圆桌会议，集体商讨全球华商的经济合作问题。深化中国—东盟合作，邀请东盟华商社团组团来华访问考察，与华商社团建立常态性的互动合作机制。推动中国媒体与海外华人媒体的交流合作，借助当地华文媒体的力量推介中国。

(四) 打通与海外华人经济合作的战略性通道

中国长期以来对海外华侨华人资源主要以"引"为主，着重于利用对海外华人经济的招商引资。在新时期，海外华侨华人经济对中国经济发展的意义已经更为宽泛和综合，利用海外华人资源的深度和广度都大为增加，因此，更为通畅的合作通道也就越发重要。第一，推动"城市—城市"对接，提升华商投资通道的便捷度。鼓励中国各主要城市，尤其是发达城市展开对外"城市外交"，以"走出去"与华商合作为重点，与海外华人比较密集的城市，尤其是东南亚主要城市结成友好、友谊城市，形成城市面对面、跨海合作点对点的对口合作机制，以城市合作带动华商合作。第二，建设"一带一路"港口协作联盟。由沿线主要港口之间共同签署航运合作协议，在船只停泊、航线维护、货物堆积、通关等方面互惠互利，促进相互贸易与投资，通过区域合作促进港口群和航线发展。第三，打造青年华商交流通道，积极涵养侨务资源。加强同海外重点侨商二、三代的联系，不断扩大中青年侨商企业家联谊会组团来华考察规模。搭建开展青年华商工作的新平台，积极促成青年商会及行业协会与青年华商组织交流合作。多举办青年社团领袖、青年企业家、青年教师、青年记者培训，扩大青年华商子女来华参加夏冬令营的规模。

参考文献：

[1] 程希：《华侨华人高层次人才对中国和平发展的独特作用》，《侨务工作研究》2011年第2期。

[2] 傅尔基：《论上海经济转型与海外华侨华人经济转型推动》，《中国发展》2012年第2期。

[3] 窦勇、卞靖：《"一带一路"建设中如何充分发挥华侨华商的作用》，《中国经贸导刊》2015年第33期。

[4] 盛毅、任振宇：《发挥东盟国家华侨华人在"一带一路"中的桥梁作用》，《东南亚纵横》2015年第10期。

[5] 黄莎莎：《中国与东盟之间的产业合作与发展》，《现代经济信息》2014年第6期。

Research on the Interactive Mechanism between Overseas Chinese Economy and the Belt and Road Initiative

Deng Jiangnian

Abstract: Overseas Chinese businessmen economy is closely related to Chinese economy. The current Chinese economy has entered a new stage, facing industrial transformation and upgrading, while overseas Chinese businessmen economy is also facing transformation. Promoting overseas Chinese businessmen and Chinese economic transformation through industrial connection, capital connection market connection and technology connection is not only the important content but also an effective implementation path of the Belt and Road Strategy. Therefore, we need to strengthen the cooperation with overseas Chinese businessmen in developing strategic industries, importing and using strategic resources, making strategic platforms and opening up strategic channels to promote the interactive construction and mutual development of overseas Chinese businessmen economy and the Belt and Road strategy.

Keywords: The Belt and Road; Overseas Chinese; Transformation; Cooperation

华商研究

东南亚华商资产的初步估算*

庄国土　王望波**

摘　要　东南亚华商企业向来是华侨华人研究的热点。本文试图估算东南亚华商资产总额，包括东南亚华商的上市和非上市的大企业、中小企业和外国华人投资企业。本文估算的结果是：东南亚华商企业资产总额约1.5万亿美元，远超过中新社的估算总额。

关键词　华商　东南亚　资产　估算

中国大陆改革开放事业发展，一直建立在充分利用华侨华人资源的基础之上。因此，华侨华人经济资源，一直是华侨华人研究领域的热点。① 近年来，国侨办、中新社相关课题组连续数年发布年度《世界华商发展报告》，② 对中国大陆以外的华商资产，按区域和国别做出估算，并推导出华商总资产数额及其变动情况。该报告以华商上市公司市值为基础，计算其资产总额及每年股值变动产生的资产规模变动情况，对评估华侨华人企业

---

*　本文原载《南洋问题研究》2015 年第 2 期，第 1~19 页；本文为教育部人文社会科学重点研究基地重大项目"东南亚华商实力研究——以华商资产估算为重点"（12JJD810026）、国家社会科学基金项目"侨情新变化与中国侨务理论创新研究"（14BZZ072）的阶段性成果。

**　庄国土，男，福建晋江人，历史学博士，厦门大学东南亚研究中心教授、博士生导师；王望波，男，浙江武义人，博士，厦门大学东南亚研究中心副教授。

①　在 20 世纪 50 年代到 90 年代，日本学者内田直作、游仲勋，美国学者吴元黎和中国学者李国梁等，均对部分东南亚华商资本做出估算。参见吴元黎等《华人在东南亚经济发展中的作用》，汪慕恒等译，厦门大学出版社，1989，第 53 页；李国梁：《东南亚华侨华人经济简史》，经济科学出版社，1998，第 152 页。

②　《2007 年世界华商发展报告》，新华网，http://www.huaxia.com/xw/dl/2008/00746897.html。

及资本实力有一定参考价值。但其资料依据,主要来自《Forties 资本家》的华人上市公司资产总额和《亚洲周刊》每年发布的《全球华商 1000 排行榜》中所列的华商企业公司年报相关数据。再设定这些"华商企业的总资产和营业额可达到所在国家或地区同类企业总和的 75% 左右"进行推算,得出"2007 年除中国大陆以外的亚洲地区华商企业总资产约 3.2 万亿美元、总营业额突破 1 万亿美元"的估算。再以"世界华商投资中国的资金中来自亚洲华商占 87%、假定世界各地华商对中国大陆的投资倾向与其资产水平基本相同"作为推估基础,得出该年度"全球华商的总资产约为 3.7 万亿美元"的结论。

这种估算方式有一定局限性。首先,华侨华人企业并非都是上市公司。上市公司基本都是大型企业。但即使是大型企业,很多公司也没有上市。其次,大量的中小企业(基本上没有上市)是华商的主体,数量数百倍于华商上市公司。在很多华侨华人聚居的国家,它们的资产总和甚至可能超过上市公司。由此,该报告认为的这些上市公司华商企业"总资产和营业额可达到所在国家或地区同类企业总和的 75% 左右",会导致对华商资产的严重低估,与现实相距甚远。因此本文拟通过对 21 世纪海外华商实力最为雄厚的东南亚华商资产作初步估算,以求教于学术界同仁。

企业是资本的载体,本文的华商资产,主要指华商控制的企业资产。东南亚华商资产包括上市和非上市的东南亚华人大企业、中小企业和外国华人投资企业。

一 前东盟五国华商资产的估算

前东盟五国——印尼、马来西亚、新加坡、泰国和菲律宾,集中了绝大部分最有实力的东南亚华商。

1. 印尼华商资产估算[①]

本文的印尼华资包括印尼国内华商资产,也包含国际华商投资于印尼的资产。关于印尼华商企业在印尼经济中的比重与地位问题,一向广受国内外东南亚和华侨华人研究领域的专家关注,也是当地政要和西方媒体常

---

① 采用课题组成员杨晓强博士关于印尼华商资产的估算。

常炒作的话题。一个广为流行的说法是：印尼总统苏哈托在 1967 年曾称，3% 的华人控制了印尼 70% 的经济。过分夸大印尼华商在国民经济中的比例，成为"新秩序"时期印尼政府针对华商种种限制政策的借口之一。也有印尼学者指出，华商资产只占印尼全国资产的 25%～30%。① 尽管对于印尼华人经济在国民经济中比重的说法不一，但不可否认的是，华商资本在印尼经济中扮演着重要的角色。

印尼 4000 多家私营大企业大部分是华商企业，资产数额大。2008 年东南亚 40 大华商企业排行榜中，印尼 6 家企业榜上有名，总资产达 180 亿美元。② 截至 2009 年 7 月 31 日，金光农业资源股份有限公司、盐仓股份有限公司、印多福食品公司、巴里多太平洋股份有限公司等排名前 9 位的华商上市企业资产总额超过 300 亿美元。③

（1）华商大型企业资产状况

印尼知名华商林文光曾按照资产额对印尼华商进行了分级，华商中约 170 位拥有大财团或集团企业，500 多位为中型以上企业老板，还有近 30 万经营商贸的小企业主。④ 综合各方面公布的资料，本文认可这一判断，并以此作为推算印尼华商资产的基础。

截至 2009 年 12 月，印尼证券交易所共有 399 家上市企业，同期印尼 170 家华商企业集团旗下的子公司数量则有上千家。从实力考虑，399 家上市企业中的华商公司绝大多数应属于这些集团。唯一对华商上市公司情况所做的详细调查是在 1995 年，由澳大利亚学者迈克尔·贝克曼及其研究小组完成的。他关于"华人企业资产占印尼私人企业市值 73%"的论断得到澳大利亚外交和商贸部认可，⑤ 并时常见诸分析印尼华商经济的各类文献。2009 年 12 月底，印尼股市市值为 2006.7 万亿印尼盾。⑥ 减除 14 家上市国

---

① 印尼学者布林汉·马根达的观点，原载印尼《棱镜》1990 年第 4 期，转引自《地平线》2007 年第 8 期。
② 根据《亚洲周刊》（香港）2008 年 11 月 23 日资料统计。
③ 《亚洲周刊》（香港）2009 年 12 月 6 日。
④ 参见林文光先生在第三次世界华人论坛上的发言，http://2008.vodvv.com/07/ t5_htm。
⑤ East Asia Analytical Unit, *Overseas Chinese Business Networks in Asia*, ALPS Press, Canberra, 1995, p. 40.
⑥ 《威瓦新闻》（印尼）2009 年 12 月 30 日，http://bisnis.vivanews.com/news/read/117219 - nilai_kapitalisasi_pasar_saham_naik_86_4_。

有企业的 630.8 万亿印尼盾市值后剩余约 1376 万亿印尼盾，以 73% 的比例计算，则华商企业的资产有 993 万亿印尼盾，合计 1045 亿美元。如把华商上市企业中原住民及外资所占股份和华商非上市企业的资产作大致抵消，则可将 1045 亿美元视为 70 家华商企业集团的资产。

（2）华商中小企业资产状况

印尼有约 5000 家中型以上华商企业资产。据印尼合作社委员会 2008 年 7 月的统计数据，全印尼数千万家企业中，资产 10 亿～500 亿印尼盾的中型企业占 0.24%，资产 500 亿印尼盾以上的大企业占 0.01%。① 从华商在印尼经济中的历史地位判断，5000 家华商企业大部分应属上述大型企业的范围。本文仅以净资产 504 亿印尼盾（约 500 万美元）划分大中型企业的界限，作为上述华商企业的平均资产。以此推算，该部分华商企业的资产约为 250 亿美元。

印尼合作社委员会称，资产在 2 亿至 10 亿印尼盾之间的小企业占印尼企业总数的 4.05%。如以其中间值 6 亿印尼盾（6 万美元）作为华商小企业的平均资产，则可估算出 30 万华商企业主的总资产大约为 180 亿美元。

印尼华人大多经商，著名华人企业家陈伯年认为，80% 的印尼华人拥有自己的产业。② 印尼华人家庭超过 200 万个，按 80% 的华人家庭拥有产业估计，扣除拥有大中小型企业的家庭后，约有 130 万户华人家庭为个体工商户。按印尼合作社委员会所说个体工商户资产在 5000 万至 2 亿印尼盾之间推算，华人个体工商户的总资产约为 163 亿美元（见表 1）。

表 1　印尼华商资产问题情况

单位：亿美元

华商类型	财团或企业集团	大中型企业	小型企业	个体工商户
资产金额	1045	250	180	163
合计	1638			

（3）外来华商资产

国际华资是印尼外资中的有机组成部分，其中以新加坡、中国香港、

---

① 转引自印尼法规研究中心《中小型和微型企业法及其实施的挑战》一文，http://202.134.5.138：2121/pls/PORTAL30/indoreg.irp editorial.show_editorial?id=1180。
② 《江门日报》，2009 年 6 月 9 日。

中国台湾地区和中国大陆的直接投资为主。

东盟秘书处《2008 年东盟统计年鉴》的统计显示，1995～2008 年东南亚九国对印度尼西亚直接投资总计 83.22 亿美元。① 同期，中国香港对印尼的直接投资总计为 3.91 亿美元。② 中国台湾在印尼的投资来源国（地区）中名列第八位，深受印尼政府器重和优待。据中国台湾"经济部"投资审议委员会、投资业务处统计数据，截至 2008 年 12 月底，台商在印度尼西亚投资达 1194 件，金额累计为 135.3 亿美元。③ 中国对印尼的投资随着 1990 年两国复交而逐年增加，2005 年中印（尼）双方结为战略合作伙伴关系后，包括相互投资在内的经贸关系进一步密切。印尼在中国对外直接投资存量中排名第二十位，在东盟各国中仅次于新加坡。至 2008 年末，中国对印尼直接投资存量为 5.43 亿美元，④ 约占中国对东盟各国直接投资总量的 8%（见表 2）。⑤

表 2　新加坡、中国香港、中国台湾和中国大陆对印尼直接投资情况

单位：亿美元

国家（地区）	东盟	中国香港	中国台湾	中国大陆
累计投资	83.22	3.91	135.3	5.43
合计	227.9			

需要说明的是，还有更多国家和地区的华商对印尼进行了投资，但东盟、中国香港对印尼的投资中也包含非华资成分，此处作对冲抵销处理。另外，如果按照印尼官方的数据，各国华商对印尼的投资额高于本文统计，这在很大程度上是因为印尼国内资本（以华商资本为主）为获投资优惠采用了变通的投资方式。

---

① ASEAN Secretariat – ASEAN FDI Database, *ASEAN Statistical Yearbook*, 2009, p.129.
② 东盟秘书处：《东盟统计年报 2008》（英文版），第 138 页。
③ 1959～2005 年统计数据来源于台湾"经济部"投资审议委员会、投资业务处；2006～2008 年统计数据来源于印尼投资协调署。
④ 这些统计并未包括石油和天然气领域的投资，而事实上中国在这个领域的投资额要远远高于其他领域，仅 2005 年印尼总统苏西洛访华时，两国签下的该领域投资协议就达 40 亿美元。
⑤ 中华人民共和国商务部、国家统计局、国家外汇管理局：《2008 年度中国对外直接投资统计公报》，2009 年 9 月，第 1 页。

根据以上估算，印尼的国内华商资本（1638亿美元）与国际华资投资（227.9亿美元）总量为1866亿美元以上，相当于印尼2009年名义GDP（5908亿美元）的1/3左右（见表3）。国内华资与国际华资良性互动，对维持印尼国民经济的发展作用突出。

表3 印尼华商资产问题情况

单位：亿美元

华商类型	财团或企业集团	大中型企业	小型企业	个体工商户	外来华商
资产金额	1045	250	180	163	227.9
合计	1866				

2. 菲律宾华商资产估算[①]

菲律宾华商资产由菲律宾本土华商和其他地区华商在菲律宾所拥有的资产组成，其中占主要地位的是菲律宾本土华商资产，约占华商资产的90%以上，包括菲律宾华商上市企业、非上市大中型企业的资产。而小微型华商企业、个体商贩、种植业及其他小额华人资产则通过菲律宾籍华人私人资产来体现。其他地区华商在菲律宾的直接投资是菲律宾华商资产的重要补充。

（1）华商大中型企业资产状况

截至2009年底，菲律宾股市共有上市企业248家，[②] 通过对这些企业的控股公司、董事会成员、持股结构的分析，确定属于华商上市公司的企业共有73家，占菲律宾上市企业总数的30%。其中菲律宾籍华商上市企业68家，主要属于吴奕辉、彭泽伦、叶应禄、郑少坚、陈觉中、吴聪满、杨应琳、陈永栽、施至成和吴天恩集团。上述菲律宾华商上市企业的资产总额约为19374亿比索，约合421.18亿美元。而据菲律宾证券交易所2009年最后一期周报统计，菲律宾股市总市值为60291亿比索，外资为20370亿比索。华商上市公司资产占所有上市公司总资产的32%，占菲律宾国内上市公司资产的49%。

根据菲律宾工贸部2003年对各类企业的划分，中型企业指资产在150

[①] 采用课题组成员王晓东博士关于菲律宾华商资产的估算。
[②] 本课题采用的菲律宾股市数据以2009年12月24日为基准。

万至1000万比索之间的企业,大型企业指资产超过1000万比索的企业。①《华人经济年鉴》曾于2001年进行统计,华商拥有全菲1000家最大公司和所有中型公司的半数。② 这一比例基本符合菲律宾股市中华商资本与原住民资本的比例。根据菲律宾工贸部2006年的统计,菲律宾共有25家大型企业,2839家中型企业。③ 据此数值推估出菲律宾目前非上市大型企业中华商企业在1200家左右,华商中型企业在1500家左右。除个别企业外,华商上市企业资产均超过了5亿比索。假设5亿比索为上市企业与非上市企业的分界线,则非上市大型企业资产集中在1亿至5亿比索之间,平均值为3亿比索;中型企业资产取中间值5000万比索。据此推算,菲籍华商非上市大中型企业资产总额为4350亿比索,约合94.6亿美元。在菲律宾非上市华商大中型企业中也有不少资本雄厚的大型企业,如姚祖烈的联合制药,郭麦连洛的水银药业,陈永栽的菲律宾航空、亚洲啤酒、福川烟厂,吕希宗的椰油厂等知名企业。因此,94.6亿美元只是保守数字。

(2) 华人小企业及个人资产

从菲律宾华人就业分布情况来看,绝大多数华人从事零售业、餐饮业、种植业等行业,小微型企业居多,甚至是个体企业,他们的资产基本上属于个人资产,数额较小,难以统计。在台湾"侨委会"1999年的一项调查研究中,通过实地访问专家和地区代表领袖的方式估算出2000年亚洲地区华人的年平均所得为4248美元,储蓄率为42%。④ 假设这两个数值适用于菲律宾小企业华商,根据平均储蓄率和"财产累积七年循环周期理论"⑤ 来计算,华人小型、微型华商企业、个体企业中的华商资产视为包含在其中。2000~2009年间菲律宾的GDP年平均增长率约为5%,2003~2009年这7年的菲律宾华人年平均所得较1999年增长30%,即5500美元/年,7年总收入为38500美元,储蓄额为16170美元。由于华人善于理财,较少浪费,

---

① 菲律宾工贸部,*Small and Medium Enterprise Development (SMED) Council Resolution*, No.1, Series of 2003, 2003年1月16日。
② 华人经济年鉴编委会编著《华人经济年鉴》(2000/2001),朝华出版社,2001,第96页。
③ 菲律宾工贸部网站,http://www.dti.gov.ph/dti/index.php?p=32, 2009年12月24日。
④ 台湾环球经济社国际经济研究所华人经济研究计划小组评估。
⑤ "财产累积七年循环周期理论"是指华人个人所得中,未消费掉的储蓄,每累积七年即可构成华人一笔具有固定性的财产。台湾"侨委会"在《全球华人经济力现况与展望研究计划总结报告》中使用该方法推计海外华人私人资产。

除房屋贷款外很少负债,所以可视储蓄额为可自由支配的资产净额。以菲律宾华人人数为150万推估,得出菲律宾华商小企业及个人资产总额至少应为242.5亿美元。

(3)外来华商资产

根据《2009年度中国对外直接投资统计公报》的数据,2008年中国对菲律宾投资流量为3369万美元,占中国2008年对东盟直接投资流量的1.36%。截至2008年底,中国对菲律宾直接投资存量为8673万美元,占中国对东盟直接投资存量的1.34%。① 根据中国台湾"经济部"投资审议委员会、投资业务处的统计数据,截至2007年底,台商经核准到菲律宾投资案例为9件,累计投资总额达15.9亿美元。② 根据东盟秘书处《2008年东盟统计年鉴》的统计数据资料,1995~2008年中国香港对菲律宾直接投资总计为8.54亿美元,其他东盟9国对菲律宾的直接投资总计为13.59亿美元。③

将上述几项统计数据整合,菲律宾华商资产总量约为797.2亿美元(见表4)。

表4 菲律宾华商资产统计

单位:亿美元

	华商上市企业资产	华商非上市大中型企业资产	中国大陆直接投资	中国台湾直接投资	中国香港直接投资	东盟直接投资	菲律宾华人个人资产	合计
金额	421.2	94.6	0.87	15.9	8.54	13.59	242.5	797.2

3. 新加坡华商资产估算④

构成新加坡经济的两大资本是外国资本和本地资本,后者包括政府资本、华人资本、马来人资本、印度人资本。华商企业主要以金融贸易、房地产、商业服务业、旅游业等为主。

(1)华商大型企业资产状况

根据2008年《福布斯》全球上市公司2000强中关于新加坡公司的数

---

① 中华人民共和国商务部、国家统计局、国家外汇管理局:《2009年度中国对外直接投资统计公报》,2010年9月,第53~54页。
② 台湾"侨委会"编《2007年台湾华侨经济年鉴》,台北:环球经济社,2008,第116页。
③ ASEAN Secretariat – ASEAN FDI Database, *ASEAN Statistical Yearbook*, 2009, pp.138, 160.
④ 采用本课题成员黄兴华博士关于新加坡华商资产的估算。

据，新加坡华商企业销售额、市值分别占新加坡上榜企业总值的31.1%、37.7%。2008年香港《亚洲周刊》发布的全球华商1000强排名中，新加坡有40家华商企业集团入选，资产总值达3416.44亿美元，销售额为656.69亿美元。减去2008年大华银行资产总值1161亿美元、销售额32.3亿美元，华侨银行资产总值1159亿美元、销售额28.4亿美元后，其他华商企业销售额为596亿美元，总资产为1096.4亿美元，非银行业销售额和总资产比为1:1.8。① 而2007年入选全球华商1000强排名中的新加坡非银行业华商集团资产总值为587.7亿美元，销售额为334.4亿美元，非银行业华商企业集团销售额和总资产比为1:1.9；2009年入选全球华商1000强排名中的新加坡非银行业华商集团资产总值为1272亿美元，销售额为540亿美元，销售额和总资产比为1:2.3。②

假定新加坡1000家最大企业集团中其他华商企业集团也符合该情况，综合以上3年入选《亚洲周刊》全球华商1000强排名中新加坡非银行业华商企业集团销售额和总资产比情况，可知2007年新加坡非银行业华商企业集团销售总额和总资产比约为1:1.2。而根据新加坡企业发展局的统计，2007年新加坡1000家最大企业集团的销售总额为11568.76亿新元，华商企业集团的销售额约占新加坡1000家最大企业集团的1/4。因此，2007年新加坡1000强中华商企业集团的销售额应为2892.2亿新元，约合2178亿美元。按华商企业集团销售额与资产比约为1:2计算，则华商企业集团总资产为4356亿美元。

（2）新加坡华商中小企业资产状况

新加坡华人中小企业以商业和服务业为主，家庭企业占据一定的比重。2007年新加坡中小企业前500强销售总额为134.91亿新元，③ 当年中小企业共有14.8万家。④ 新加坡华族中小企业占当地企业总数的80%～90%。⑤ 如以占比80%计算，2007年华人中小企业总数为11.84万家，营

---

① 《亚洲周刊》（香港），2008年11月23日。
② 《亚洲周刊》（香港），2009年12月6日。
③ 新加坡国际企业发展局与新加坡DP资讯集团调查数据。新加坡中小企业500强排名是由新加坡国际企业发展局支持，新加坡DP资讯公司从8000多家新加坡本地公司，根据它们前年6月1日到去年5月31日已审计财务报告所盈利排名前500名中小企业。
④ 新加坡标新局2007年统计数据。
⑤ 廖小健等：《全球化时代的华人经济》，中国华侨出版社，2003，第159～161页。

业总额约为 7.3 亿新元，约合 683.6 亿美元。由于新加坡华商企业（非银行业）营业额与资产比率约为 1∶2，因此推估出华人中小企业资产为 1367.2 亿美元。

（3）新加坡的外来华商资产估算

据新加坡统计局提供的数据，截至 2008 年底，印尼、马来西亚、菲律宾、泰国对新加坡的投资存量合计 163.20 亿新元，约合 115.34 亿美元。[①] 新加坡是海外中资企业最为集中的国家，2008 年在新加坡注册的中资企业总数超过 2000 家。中国大陆也是新加坡证券交易所海外上市公司的主要来源地，截至 2010 年 5 月底，在新交所上市的中国企业达 154 家，占在新交所上市的 303 家海外公司总数的 50% 以上。[②] 截至 2008 年底，中国在新加坡的投资存量为 33.35 亿美元，[③] 另据新加坡统计局的统计，同期中国对新加坡的投资存量为 35.02 亿美元。[④] 据中国台湾官方统计，1952～2008 年，台商对新加坡投资项目 459 个，累计投资 54.39 亿美元。[⑤] 据新加坡方面的统计，截至 2008 年底，中国台湾对新加坡的投资存量为 64.76 亿新元，约合 45.78 亿美元。[⑥] 据中国香港特区政府统计处的数据，2008 年新加坡是中国香港第五大投资目的地和第九大外资来源地。截至 2008 年底，中国香港对新加坡投资存量为 520 亿港元，约合 66.78 亿美元。[⑦]

综上所述，新加坡本土华商资产约为 5723.2 亿美元，外来华商资产约为 262.92 亿美元。华商资产总额约为 5986.12 亿美元（见表 5）。

[①] Department of Statistics, Ministry of Trade & Industry, Republic of Singapore, *Yearbook of Statistics Singapore 2010*, July 2010, p. 76.

[②] 中国驻新加坡大使馆经济商务参赞处：《中资企业仍是新加坡交易所积极争取对象》，http://sg.mofcom.gov.cn/aarticl/jiians/201009/20100907151071.btml? 4072292814 = 168056801。

[③] 中华人民共和国商务部、国家统计局、国家外汇管理局：《2008 年度中国对外直接投资统计公报》，2009 年 9 月，第 13 页。

[④] Department of Statistics, Ministry of Trade & Industry, Republic of Singapore, *Yearbook of Statistics Singapore 2010*, July 2010, p. 76.

[⑤] 数据来自台湾"经济部"投资审议委员会《2008 年核准华侨及外国人、对外投资、对中国大陆投资统计年报》。

[⑥] Department of Statistics, Ministry of Trade & Industry, Republic of Singapore, *Yearbook of Statistics Singapore 2010*, July 2010, pp. 176, 190.

[⑦] 香港特区政府统计处国际收支平衡统计科：《2008 年香港对外直接投资统计》，第 18 页，http://www.censtatd.gov.hk。

表 5 新加坡华商资产统计

单位：亿美元

	华商大型企业资产	华商中小型企业资产	中国大陆直接投资	中国台湾直接投资	中国香港直接投资	东盟四国直接投资	合计
金额	4356	1367.2	35.02	45.78	66.78	115.34	5986.12

4. 马来西亚华商资产估算[①]

根据马来西亚统计局 2009 年第四季度最新人口统计，马来西亚华人人口约为 647.9 万人，约占马来西亚总人口的 22.6%。[②] 然而，马来西亚华商在马来西亚的经济发展和国家建设方面，却扮演着举足轻重的角色。

（1）华商大型企业资产

关于马来西亚华商大型企业资产状况，可以根据《第三马来西亚计划（1976－1980）》和《第九马来西亚计划（2006－2010）》中马来西亚有限公司的拥股资本分布情况获得。[③] 表 6 为相关年度马来西亚有限公司的拥股资本分布情况。

表 6　2000 年、2004 年、2006 年、2008 年马来西亚有限公司的拥股资本分布情况

拥股类别	马币（百万令吉）					百分比（%）				
	1970 年	2000 年	2004 年	2006 年	2008 年	1970 年	2000 年	2004 年	2006 年	2008 年
土著个人、信托机构	125.6	62976.0	100037.2	120387.6	127407.6	2.4	18.9	18.9	19.4	21.9
华人	1450.3	129318.3	206682.9	263637.8	203092.1	27.2	38.9	39.0	42.4	34.9
印度人	55.9	5136.8	6392.6	6967.8	9564.6	1.1	1.5	1.2	1.1	1.6

---

① 采用课题组成员博士生何启才关于马来西亚华商资产的估算。
② 人口数据根据马来西亚统计局于 2010 年 1 月发布的《每月统计简报》（Monthly Statistical Bulletin）中有关 2009 年第四季度的人口估算所得。详情请参见马来西亚统计局，http://www.statistics.gov.my/portal/index.php?op－lion＝com_content&view＝article&id＝570&Itemid＝14&lang＝en。
③ 马来西亚拥股权是根据已向马来西亚公司委员会（Companies Commission of Malaysia）注册，并还保持活跃的公司的资料进行估算而得（《第九马来西亚计划》的股权估算是根据逾 68 万家公司的资料而得）。马来西亚政府在估算各族的拥股权时，所采取的计算法是以面值（par value）为准，而不以市值计算。采取这种算法的目的主要是可以涵盖所有上市公司（listed companies）和非上市公司（non－listed companies）；以市值（market value）为准的话，则只能计算马来西亚股票市场里的上市公司。此外，股份属于政府所有的公司，包括官联公司，并不列入计算范围之内。

续表

拥股类别	马币（百万令吉）					百分比（%）				
	1970年	2000年	2004年	2006年	2008年	1970年	2000年	2004年	2006年	2008年
其他	320.1	2957.7	1897.3	2608.8	698.8	6.0	0.9	0.4	0.4	0.1
代理公司	-	28119.4	42479.1	41185.7	20547.2	-	8.5	8.0	6.6	3.5
外国人	3377.1	103909.4	172279.6	187045.8	220530.8	63.3	31.3	32.5	30.1	37.9
总计	5329.2	332417.6	529768.7	621833.5	581841.2	100.0	100.0	100.0	100.0	100.0

资料来源：整理自《第三马来西亚计划（1976－1980）》《第九马来西亚计划（2006－2010）》《第九马来西亚计划中期检讨报告书》《第十马来西亚计划（2011－2015）》。

根据表6的统计数据，马来西亚华商企业在2008年的累计资产为2030.9亿令吉，约615.8亿美元，占马来西亚各种族企业总资产的34.9%，为马来西亚各族群中比例最高者。然而，华商在各个行业的总体比重已经从1970年的36.9%，下降到2000年的29.2%，比例呈现日渐下降的趋势。华商在1970年时占有约2/3比重的行业，如矿业与采石（66%）、制造业（65.4%）、营建业/建筑业（72.1%）、批发零售及旅餐业（65.3%），分别降至2000年的16.6%、28.1%、39.1%和48.5%。

在2004年数据中，通过华商在各行业的股权比重，可以看到华商偏重的行业主要为农业或种植业（52.9%），其次为商业和零售业（50.7%），以及建筑业（42.6%）、矿业（39.5%）和服务业（39.5%）等。华商企业参与较少的行业是公共行业，主要包括电力、水利、供水、石油等，大部分是涉及较大资金和高新技术的领域。从事公共行业的主要是外国公司（67.3%），这也是外国公司在马来西亚拥有最多股本的经济领域。①

（2）华商中小企业资产

中小型企业在马来西亚经济发展中占据相当重要的地位。截至2008年底，马来西亚共有59.8万家中小型企业，占国内工商业机构总量的99.2%，中小型企业也提供了马来西亚总劳动力56%的就业机会。②

马来西亚中小企业可分为微型企业、小型企业和中型企业3大类，主要

---

① Economic Planning Unit, Prime Minister's Department, Malaysia, *Ninth Malaysia Plan*, 2006－2010, 2006.
② National SME Development Council, Malaysia, *SME Annual Report 2008*, Nov. 2009, p. 47, http://www.smidec.gov.my/node/488.

集中在制造加工业、服务业和农业。其中马来西亚的微型企业占总企业的约80%，多为家庭式经营的企业；小型企业和中型企业分别占比18%和2%。

马来西亚的华商在中小企业中所占比例超过80%。[1] 若以总数59.8万家为基准进行测算，马来西亚华商中小企业大约有48万家，其中中型企业为0.96万家，小型企业为8.64万家，微型企业为38.4万家。笔者根据马来西亚中小型企业的分类标准中各类型企业营业额的平均值，计算出华商中型企业营业额为86亿美元（平均营业额为300万令吉），小型企业营业额为259.4亿美元（平均营业额为100万令吉），微型企业营业额为92.5亿美元（平均营业额为8万令吉），[2] 华商中小型企业营业额总计为437.7亿美元，由于马来西亚企业（非银行业）营业额与资产比率约为1:2，推估出华商中小企业资产为875.4亿美元。[3]

（3）外来华商资产状况

根据《2008年度中国对外直接投资统计公报》的数据，截至2008年底，中国对马来西亚直接投资的存量为3.61亿美元。[4] 据马来西亚工业发展机构2010年2月4日公布的《2009年度马来西亚制造与服务领域的表现》数据，中国在马来西亚制造业的对外直接投资约为1.62亿令吉，获批准的项目计有17项（3.5百万令吉），在马来西亚引进的FDI来源地中位居第十五位。[5] 中国继日本、韩国之后，成为在马来西亚相关领域直接投资快速增长的国家之一。台湾是马来西亚吸收FDI主要的地区之一，1990年居马来西亚吸收对外直接投资国家和地区首位，当年投资额达到23.5亿美元。截至2007年12月底，台商在马来西亚投资达2550件，累计投资金额为

---

[1] 陈子莹：《华商对政府援助一无所知，只会涌向商业贷款和逃税》，独立新闻在线，2007年5月11日，http://www2.merdekareview.com/news/n/4039.html；梁家兴：《马来西亚政府如何协助中小企业走向国际市场》，大马经济网，2006年11月9日，http://www.malaysiaeconomy.net/my economy/my_sme/sme/2009-07-29/91.html。

[2] 资料来源：马来西亚中小型企业机构（SME Corporation Malaysia）对马来西亚中型、小型、微型企业定义及分类标准。

[3] 根据香港《亚洲周刊》2007年、2008年、2009年全球华商1000强排行榜中马来西亚入选的非银行业华人企业营业额与总资产比综合得出。

[4] 中华人民共和国商务部、国家统计局、国家外汇管理局：《2008年度中国对外直接投资统计公报》，2009年9月，第39页。

[5] Malaysian Industrial Development Authority (MIDA), Malaysia, *Performance of the Manufacturing and Services Sectors 2009*, Kuala Lumpur: MIDA, 2009, p.132 (A9)。

107.2亿美元。①

根据香港统计处的资料数据，马来西亚是香港对亚洲直接投资的6个主要国家（中国、新加坡、马来西亚、泰国、日本、印度）之一。2008年香港对马来西亚的直接投资存量为355亿港元，约合45.59亿美元。② 在新加坡对外直接投资的亚洲国家中，马来西亚排第二位，是继中国之后新加坡重要的对外直接投资国，截至2008年底新加坡对马来西亚的直接投资存量为232.32亿新元，约合164.3亿美元。③

综上所述，通过对马来西亚华商资产和外来华商的分析，本土华商资产约1491.2亿美元，外来华商资产约为320.7亿美元。马来西亚华商资产总额约为1811.9亿美元（见表7）。

表7 马来西亚华商资产统计

单位：亿美元

	华商大型企业资产	华商中小型企业资产	中国大陆直接投资	中国台湾直接投资	新加坡直接投资	中国香港直接投资	合计
金额	615.8	875.4	3.61	107.2	164.3	45.59	1811.9

5. 泰国华商资产估算④

本文根据曼谷证券交易所华商上市企业的数据，估算泰国华商大企业的资产情况。对于泰国华商中小企业，以2007年泰国各个行业的企业总数以及泰国中小企业资产划分为基准，分行业对华商中小企业的实力进行分析。经研究估算得出初步结论：泰国华商资产为3852.5亿美元。

（1）泰国华商大企业资产状况

本文以泰国2009年12月30日的股市数据为基准，对2009年12月30日曼谷证券交易所公布的SET100家企业进行分析，⑤ 涉及华商企业有46

---

① 台湾"侨委会"编《2007年台湾华侨经济年鉴》，台北：环球经济社，2008，第128页。
② 香港特区政府统计处国际收支平衡统计科：《2008年香港对外直接投资统计》，第12页，http://www.censtatd.gov.hk。
③ Department of Statistics, Ministry of Trade & Industry, Republic of Singapore, *Yearbook of Statistics Singapore 2010*, July 2010, p. 78.
④ 采用课题组成员王艳硕士关于泰国华商资产的估算。
⑤ SET100包括100家最大市值及股份流通量最高的上市公司，采用与SET指数相同计算方法，自2005年4月30日开始计算，并每年检讨一次成份股组合。

家。这46家华商企业总市值为1541688.43百万泰铢，合44141.57百万美元。前100家上市企业的总市值为4971586.97百万泰铢，华商企业市值所占比例为31%。此外，前100家上市企业的总资产为13582405.01百万泰铢，其中46家华商企业的总资产为4654788.85百万泰铢，所占比例为34%。① 因此，不论从上市企业的市值来看，还是从上市企业的资产总额来看，华商企业均约占1/3。前100家上市企业市值占所有上市公司市值的比例为84.65%，以此推算所有上市华商企业的市值约为1820661百万泰铢，合521亿美元；上市华商企业的总资产约为5498865百万泰铢，约合1575亿美元。

泰国还有大批未上市的华商大企业。2007年泰国工业普查数据显示，泰国1~50人的企业数量为2168728家，而51人及以上的企业有19687家。② 本文仍按照34%的比例来推算，则非上市华商大企业约为6694家。根据泰国新生股票投资市场（中小企业板块）统计的上市企业来看，大多上市企业的资产额都在2亿~7亿泰铢之间，因此，本文取平均值4亿泰铢来计算非上市大企业资产，推算出非上市华商大企业的资产总额为26774亿泰铢，约合767亿美元。

（2）华商中小企业资产状况

从中小企业的数量和行业分布来看，2007年泰国工业普查将一人以上的企业都计算在内，共有2188415家。1~50人的企业数量为2168728家，占99.1%，其中1~30人的企业就达2156050家，占98.5%。③ 虽然51~200人的企业中包含了批发业和零售业以外的中小企业，但是30~50人的企业中包含了部分零售业大企业，而且零售业企业数量多，因此这两个数据相互抵消，据此推断泰国中小企业占所有企业总数的99%。泰国《第二个中小企业促进计划》也指出目前泰国中小企业所占比例为99%，④ 因此本

---

① 资料来源：泰国曼谷证券交易所，http://www.set.or.th。
② National Statistical Office, Ministry of Information and Communication Technology, Thailand, *The 2007 Industrial Census*, Whole kingdom.
③ National Statistical Office, Ministry of Information and Communication Technology, Thailand, *The 2007 Industrial Census*, Whole kingdom.
④ The Office of SMEs Promotion, Thailand, The 2nd SMEs Promotion Plan, 转引自 White Paper on SMEs，泰国中小企业促进办公室网站，http://www.sme.go.th/files/2552/SME - Master - Plan - 2.pdf。

文以99%的比例来推算中小企业的比例。

泰国国家银行月报资料显示，1986年泰国商业生产值达到4885.3亿泰铢，占国内生产总值的40.9%。其中属于华商的达到70%，也即属于华侨、华人及华商的占国内生产总值的28.6%。① 据泰国华商社团估计，批发业、进出口业、杂货业、百货业、食品罐头业、西点面包业、药业、餐饮业、娱乐业等，华商均占同行业的70%。② 另据《泰国侨情手册》的数据，泰国华商的商业经营（包括经营规模、范围、金额等）约占全国该行业的80%。③ 泰国证券交易所前100家上市企业中含有6家商业企业，而这6家全部是华商企业。综上所述，本文按照70%的比例来计算商业和服务业领域华商企业的实力，并排除相互抵消等因素，以商业服务业领域来推估华商中小企业资产状况。

根据泰国国家统计局数据，2007年商业和服务业领域共有1698210家企业。若按照99%来计算中小企业的数量，中小企业数量为1681227家。按照70%的比例来计算华商中小企业，则约为118万家。再根据2007年泰国新注册中小企业平均每家资产312万泰铢来计算，则泰国华商中小企业资产为36816亿泰铢，约合1156.4亿美元。

（3）外来华商资产状况

根据《2009年度中国对外直接投资统计公报》统计数据，截至2009年末，中国大陆对泰国直接投资的存量为4.48亿美元。④ 根据香港统计处的资料，泰国是香港对亚洲直接投资的5个主要国家和地区（中国大陆、新加坡、泰国、日本、印度）之一。2008年香港对泰国的直接投资存量为383亿港元，约合49.18亿美元。⑤ 台湾也是泰国外资主要来源地之一。2007年台商经泰国投资委员会核准投资案件计49件，投资金额为2亿4775万美元，居在泰投资来源地第三位。当年，泰国台商厂家约有3000家，大曼谷

---

① 李国卿：《泰国华人经济的演变与前瞻》，台北：世华经济出版社，1988，第123页。
② 台湾"侨委会"编《1992年华侨经济年鉴》，台北：海宇文化事业有限公司，1993，第52页。
③ 广东华侨研究会编《泰国侨情手册》，华侨志编撰委员会发行，1991，第58~64页。
④ 中华人民共和国商务部、国家统计局、国家外汇管理局：《2009年度中国对外直接投资统计公报》，2010年9月，第40页。
⑤ 香港特区政府统计处国际收支平衡统计科：《2008年香港对外直接投资统计》，第413页，http://www.censtatd.gov.hk。

地区（曼谷、北榄、拉加邦）是台商主要聚集地。正式登记为泰国台湾商会联合总会会员的厂商有1200家。其中，台达电子（泰国）股份有限公司系当地最大的台商企业。根据台湾"经济部"投资审议委员会、投资业务处统计数据，1952年至2007年12月底，台商在泰国投资达2023件，累计投资金额为121.3亿美元。①

根据东盟秘书处《2008年东盟统计年鉴》的统计数据资料，1995~2008年东南亚九国对泰国直接投资总计179.08亿美元。②

综上所述，通过对泰国华商资产和外来华商的分析，本土华商资产约3498.4亿美元，外来华商资产约为354.8亿美元。泰国华商资产总计约3852.5亿美元（见表8）。

表8 泰国华商资产统计

单位：亿美元

	华商大型企业资产	华商中小型企业资产	中国大陆直接投资	中国台湾直接投资	中国香港直接投资	东盟直接投资	合计
金额	2342	1156.4	4.5	121.3	49.18	179.08	3852.5

二 其他东盟国家华商资产估算

1. 柬埔寨

柬埔寨华商经济实力普遍优于当地的柬埔寨人，同时涌入柬埔寨的海外华资也为本地华人参与国家经济建设提供了良好的外部条件，外来华资和本地华资既合作又竞争，共同构建遍及柬埔寨各个经济领域的华商网络。

（1）华商大型企业资产

2010年，柬埔寨有7家华商创建的商业银行，分别是祖籍潮州的许瑞腾创办的湄江银行、李安弟创办的安达银行、方侨生创办的加华银行、陈丰明创办的柬埔寨澳纽皇家银行、香港商人任瑞生创建的联合商业银行、马来西亚华商郑鸿标创建的柬埔寨大众银行以及台湾第一商业银行（金边

---

① 台湾"侨委会"编《2007年台湾华侨经济年鉴》，台北：环球经济社，2008，第123~128页。

② ASEAN Secretariat – ASEAN FDI Database, *ASEAN Statistical Yearbook*, 2008, p.138.

分行)。

截至2010年9月底,湄江银行在柬埔寨有5家分行、安达银行有1家分行、联合商业银行有3家分行、加华银行有27家分行、柬埔寨大众银行有17家分行。加华银行已经成为柬埔寨最大的商业银行,在柬埔寨国民经济的发展中发挥着重要作用,其存贷款量占据了柬埔寨全国银行业务量的30%以上。除银行业外,方侨生还投资于房地产开发,经营购物中心、工业园、酒店、歌剧院、民俗村等项目,逐渐实现金融、旅游、房地产多元化跨国经营。①

根据柬埔寨中央银行2007年度报告的统计数据,7家华商银行的银行资产总额及所占柬埔寨全部银行总资产份额的情况如表9所示。

表9 柬埔寨华商银行资产情况(2005~2007年)

单位:百万瑞尔,%

银行名称	2005年		2006年		2007年	
	资产	所占份额	资产	所占份额	资产	所占份额
柬埔寨大众银行	664892	11.9	983973	12.8	2260384	16.8
加华银行	1225674	22	1522579	19.7	2242342	16.7
澳纽皇家银行(柬埔寨)	370464	6.6	830301	10.8	2241988	16.7
安达银行	220643	4	287390	3.7	525085	3.9
联合商业银行	348780	6.3	423585	5.5	484253	3.6
湄江银行	88076	1.6	109339	1.4	248674	1.8
台湾第一商业银行(金边分行)*	164916	3	210930	2.7	239441	1.8
总计	3210508	57.7	4518915	58.6	8242167	62.8

*表示外资分行。
资料来源:National Bank of Cambodia, Annual Report 2007。

柬埔寨华商大企业主要以银行业为主,表9所列7家华商银行的总资产为8.24万亿瑞尔,约合20亿美元。

(2)华商中小企业资产

柬埔寨的中小企业规模较小,根据柬埔寨统计局2002年的数据,在制造业部门中,大约86%的中小企业的雇员在10人以下,约5%的中小企业

---

① 康荣平、柯银斌、董磊石:《海外华人跨国公司成长新阶段》,经济管理出版社,2009。

的雇员在10人至19人之间，3%的中小企业的雇员为20~99人。只有不到7%的企业为大型企业，雇员在100人以上。① 柬埔寨的企业大部分为中小企业，在柬埔寨私营部门中发挥着重要的作用，并逐渐形成了柬埔寨主要的工业体系，吸收了柬埔寨的大量劳动力。

2005年，柬埔寨全国共有小企业28747家，从业人员为79447人，产值为6亿美元，约占柬当年GDP的10%。② 2006年柬全国共拥有小型企业30535家，比2005年增长4.23%；从业人员为88040人，比2005年增长2.35%；产值为6.25亿美元，比2005年增长2.02%，约占当年GDP的10%。③

碾米企业在柬埔寨的中小企业中占据较大的比重，根据柬埔寨一项专项调查，④ 碾米企业大多是由柬埔寨华商所建立。在2005年的第一次样本抽查中，16家样本企业中，华商碾米企业为12家，占75%。在2007年的第二次样本调查中，在44家样本企业中，华商碾米企业有42家，占95%。如果将两次的抽样结果进行折合估算的话，华商创建的碾米企业所占比例大约为85%。根据柬埔寨2007年《柬埔寨中小企业统计》的数据，2007年柬埔寨大约有中小型碾米企业23103家，按照华商碾米企业所占比例为85%进行推估的话，柬埔寨华商中小型碾米企业大约有19638家。再根据柬埔寨能源、工业和矿业部门关于中小型企业启动资金的定义，小型企业的平均启动资金为5万美元。结合第一次调查的数据，将12家华商碾米企业的启动资金平均折算，每家碾米企业的启动资金是4.1万美元，由此可以估算出2007年柬埔寨华商小型碾米企业的资产约为8.05亿美元。2007年柬埔寨工业部门中超过80%的中小企业从事食品、饮料等行业，或推算出华商中小企业资产约为10.07亿美元。

---

① National Institute of Statistics, Cambodia, *Statistical Yearbook of Cambodia 2002*, 2003, http://www.nis.gov.kh.
② 中华人民共和国驻柬埔寨王国大使馆经济商务参赞处：《柬埔寨现工业发展状况》，http://cb.mofcom.gov.cn/index.shtml，2006年10月17日。
③ 中华人民共和国驻柬埔寨王国大使馆经济商务参赞处：《柬埔寨工业近期发展方向》，http://cb.mofcom.gov.cn/index.shtml，2007年6月29日。
④ 本文数据来源于两次田野调查时对16家碾米企业和44家碾米企业的所有者进行的面对面访问和进行的结构问卷调查与实地调查。第一次调查是在2005年进行的。根据柬埔寨中小企业委员会关于中小企业的定义，16个样本碾米企业按类别划分为小型企业和微型企业。第二次调查是在2007年进行的，也属于小型企业和微型企业。所有样本碾米企业都在马德望省能源工业矿业厅登记。

（3）中国大陆对柬埔寨的直接投资

据柬埔寨中国商会会长高华介绍，到柬埔寨经商的中国商人已经突破15000人，[①] 涉及旅游、房地产、教育、新闻出版等各个行业。

根据《2009年度中国对外直接投资统计公报》数据，截至2009年底，中国大陆对柬埔寨直接投资的存量为6.33亿美元。[②] 台商是柬埔寨较活跃的外商之一，主要投资领域有房地产以及土地开发、农业开发、木材加工、纺织成衣、制鞋业、旅游业以及娱乐业等。根据台湾"经济部"投资审议委员会、投资业务处统计资料，1994~2007年台商在柬埔寨投资191件，投资金额总计3.93亿美元。[③] 根据东盟秘书处数据库《2003年东盟统计年鉴》《2008年东盟统计年鉴》的数据资料统计，1995~2008年中国香港对柬埔寨直接投资累计金额为4220万美元。1995~2008年，东盟九国对柬埔寨直接投资累计金额为8.944亿美元。[④]

由于柬埔寨没有详尽的企业统计数据，无法较准确推估华商资产。但综上所述，柬埔寨华商资产至少在49.7亿美元以上（见表10），实际资产可能远远超过该数字。

表10 柬埔寨华商资产统计

单位：亿美元

	华商大型企业资产	华商中小型企业资产	中国大陆直接投资	中国台湾直接投资	中国香港直接投资	东盟直接投资	合计
金额	20	10.07	6.33	3.93	0.422	8.944	49.7

2. 缅甸华商资产估算

（1）本土华商企业资产

缅甸华人大多数都经商，华商从事的行业占当地同行业的比例为：商业为70%，服务业60%，农业5%，工业5%。但是华商企业大多仍以中小

[①] 《展现生机的柬埔寨华人经济》，《星洲日报》（柬埔寨）2006年10月。
[②] 中华人民共和国商务部、国家统计局、国家外汇管理局：《2009年度中国对外直接投资统计公报》，2010年9月，第39页。
[③] 台湾"侨委会"编《2007年台湾华侨经济年鉴》，台北：环球经济社，2008，第155页。
[④] 2000~2008年数据来自：ASEAN Secretariat - ASEAN FDI Database, *ASEAN Statistical Yearbook*, 2008, p.129；1995~1999年数据来自：ASEAN Secretariat - ASEAN FDI Database, *ASEAN Statistical Yearbook*, 2003, p.148.

企业为主。工业以经营机械修配业、食品加工业及制衣业为主,商业方面以杂货业、饮食业及金饰业为主。① 近年来缅甸经济保持了快速增长,缅甸华商的总体经济实力也不断提升。

贸易行业是缅甸华商经营的重点。在缅甸各大城镇均有华侨华人开设的杂货铺。20世纪90年代至少有1000家,平均每家资产在100万缅元以上。零售杂货业是缅甸华人经营的传统行业,2002年从事该行业的华商增长到2.5万家,平均每家的经营资产在200万缅元左右。进出口贸易行业是在华商经济中发展较快的行业。1993年华人登记注册的进出口公司和代理商约有800家,约占全缅甸的14%。在缅甸20家最大的私营出口公司中,为华商所经营的占据一半左右。② 2002年获准登记的进出口商、经纪商与合营公司达4500家。随着中缅边境贸易的发展和进出口商品数量的逐步增加,华商贸易业所占比重将进一步扩大。

航运业、纺织业和食品加工业是近年缅甸华商发展较快的行业。2002年缅甸华商从事内河及沿海传统航运业者有700多家,资产从500万缅元至8000万缅元不等。同时华商经营汽车运输者也日益增加。2001年,缅甸华商经营纺织厂有500余家,资产大至7000万缅元,小者约800万缅元。2002年华商经营的食品加工工厂增加到5000家,资产也增长为600万缅元至9000万缅元不等。

餐饮业也是缅甸华商主导的行业。1992年缅甸华人开办的中餐馆至少有500余家,资产从数万到数十万缅元不等,华商餐饮业无论是在数量还是规模上都将快速发展,中餐馆资产少的几百万缅元,多则达5000万缅元。此外,华人开设小食店和茶室的数量在不断增加,2001年仅仰光就有2000多家华人小食店,平均资产在100万至200万缅元。仰光华人经营的大小茶室约有700余家,每家资产小者约为100万缅元,大者资产规模达到4000万缅元。③

根据世界银行数据库的统计资料,2000年缅甸国内生产总值产业构成

---

① 台湾"侨委会"编《2007年台湾华侨经济年鉴》,台北:环球经济社,2008,第147页。
② 方雄普:《缅甸华人经济掠影》,《侨园》2001年第2期,第8页。
③ 贺圣达:《当代缅甸》,四川人民出版社,1993,第355~357页;华人经济年鉴编辑委员会编《华人经济年鉴2000/2001》,朝华出版社,2001,第93页。

为：第一产业占 57.2%，第二产业占 9.7%，第三产业占 33.1%。① 另据国际货币基金组织 WEO 数据库的统计数据，2000 年缅甸的国内生产总值为 25527 亿缅元，2007 年为 226835 亿缅元，2008 年为 288989 亿缅元，② 约合 270.2 亿美元。根据以上数据，笔者假定 2008 年缅甸三大产业占 GDP 比重基本与 2000 年一致，而华人所从事行业占当地行业比例状况也变化不大，则基本可以推算出 2008 年缅甸及华人三大产业资产分别为 154.4 亿美元（华人 7.72 亿美元）、26.21 亿美元（华人 1.31 亿美元）和 89.44 亿美元（华人 58.14 亿美元），缅甸华人资产总计约合 67.17 亿美元。

（2）外来华资对缅甸直接投资状况

根据《2009 年度中国对外直接投资统计公报》统计数据，截至 2009 年末，中国对缅甸直接投资的存量为 9.3 亿美元。③ 据东盟秘书处《2008 年东盟统计年鉴》的统计数据资料，1995~2008 年中国香港对缅甸直接投资总计为 4.591 亿美元。④ 根据东盟秘书处数据统计，1995~2008 年东南亚九国对缅甸直接投资累计金额为 12.874 亿美元，⑤ 由于缅甸目前仍禁止台商直接赴缅甸投资，所以在缅甸投资的台商多数经由第三国或是利用当地人身份前往投资，大多是经营成衣业，其投资具体数据难以统计。

综上所述，缅甸的本土华商资产为 67.12 亿美元，国际华资投资额为 26.76 亿美元，总计为 93.88 亿美元（见表 11）。

表 11　缅甸华商资产统计

单位：亿美元

	本土华商资产	中国大陆直接投资	中国香港直接投资	东盟直接投资	合计
金额	67.12	9.3	4.59	12.87	93.88

---

① 资料来源：World Bank Database，转引自中华人民共和国国家统计局编《2009 年国际统计年鉴》，中国统计出版社，2009，第 44 页。
② 资料来源：IMF WEO Database，转引自中华人民共和国国家统计局编《2010 年国际统计年鉴》，中国统计出版社，2010，第 25 页。
③ 中华人民共和国商务部、国家统计局、国家外汇管理局：《2009 年度中国对外直接投资统计公报》，2010 年 9 月，第 39 页。
④ ASEAN Secretariat – ASEAN FDI Database，*ASEAN Statistical Yearbook*，2008，p.129.
⑤ ASEAN Secretariat – ASEAN FDI Database，*ASEAN Statistical Yearbook*，2008，p.129.

3. 越南华商资产估算①

越南华商主要从事进出口贸易、金融业、建筑和房地产业、酒店和旅游业、橡胶和制品工业、机械制造业等。自越南革新开放以来,越南本土华商企业成就显著,在两次金融危机的影响下充分利用各种经济资源,不断拓展国外市场,保持了良好的发展势头。与此同时,外来华商也成为对越投资的主力军。

越南的华商资产主要由越籍华商资产与外来华商资产构成。鉴于越南的经济发展存在较大的地区差异,且多达半数的越籍华人集中于胡志明市,为越南华商的经济重心,在计算越籍华商总资产时,依此情形分别计算胡志明市华商资产和其他地区的华商资产,再予以求和。越南外来华商资本主要包括中国大陆、港台,以及新加坡等其他地区华商对越南的投资。

(1) 本土华商企业资产

越南华人高度集中于胡志明市,约占全市 6810461 人口总量的 8%。②胡志明市统计局数据显示,截至 2007 年,全市各类企业总数为 45076 家,而该市华族企业数量占全市总数的 30%,③亦即华族企业达 13522 家。这些企业中,在胡志明市证券交易所挂牌上市的华族控股企业有 3 家,分别是陈金成集团的京都股份公司、郭万寿集团的天龙集团股份公司和邓文成集团的西贡商信 TMCP 银行。此外,该市著名大型华商企业还有尤凯成集团的平仙日用品制作有限公司、陈巧基集团的友联亚洲钢铁股份公司、张子谅集团的新强盛电线电缆责任有限公司、朱立基集团的万盛发投资公司、川亚责任有限公司、蔡俊纺织成衣集团、高肇力集团的亚洲 ABC 饼家、刘立政集团的喜临门饼家等。

鉴于胡志明市华族人口众多,越南政府成立了华人工作处,且市行政机构会定期发布有关全市以及华族经济情况的信息和数据,可大致估算出胡志明市华族的资产概数。从经济占有量来看,截至 2005 年,胡志明市的华商企业营业额约占全市经济总量的 30%。④根据越南胡志明市统计局的数

---

① 采用本课题组成员阳阳博士关于越南华商资产的估算。
② 越南胡志明市统计局,http://www.pso.hochiminhcity.gov.vn。
③ 越南《先锋报》2007 年 2 月 22 日。
④ 《东南亚华人经济值得关注》,广西新闻网,http://www.gxnews.com.cn/staticpages/20051205/newgx439368f3 - 500991.shtml,2005 年 12 月 5 日。

据，2008 年胡志明市全部企业资产约达 1675 万亿越南盾，① 如仍按华商企业资产占 30% 推估，胡志明市越籍华商的资产总额约为 500 万亿越南盾，约合 256.5 亿美元。

越南其他地区（除胡志明市外）的华族居住相对分散，资产不及胡志明市华族雄厚，且散落于民间。华族企业规模有限，多以家庭为单位，从夫妻店、家庭作坊到小型加工厂之类，遍及城乡。根据这部分华族资产的特点，可依据台湾学者林建山的计算方法，通过计算某地区全体华人的储蓄额，再以 7 年作为循环周期，推算资产累计额，所得即为该地区华商资产。

2002～2008 年越南国民的人均月收入为 618050 盾，人均年收入合 380.5 美元。亚太地区华人收入为国民平均收入的 350%～450%，② 由于越南是发展中国家，且自 2008 年起又遭遇金融危机，故选择低限 350%，则同期华人人均年收入约为 1330 美元。除胡志明市外的越籍华人约占总数的 50%，其他地区华人总收入约为 7.47 亿美元。2002～2008 年，亚洲发展中国家储蓄率为 35.1%，③ 华人素有勤俭储蓄的传统，储蓄率应不会低于此平均水平，则这部分越籍华商资产总额约为 18.4 亿美元。

综合以上数据，越籍华商总资产约为 274.9 亿美元。

（2）外来华商资产状况

根据越南国家统计局数据，1988～2009 年，中国大陆对越直接投资项目共计 810 个，占项目总数的 6.4%，在 41 个长期对越直接投资的国家和地区中排名第 16 位。根据《2008 年度中国对外直接投资统计公报》数据，截至 2008 年底中国对越南直接投资的存量为 7.285 亿美元。④ 越南是台商重点投资地区。截至 2007 年 6 月，在越台资厂家数量为 1636 家，如算上以第三地名义出资、合资及联营等其他形式，台商企业可达 2500～3000 家。根据越南计划投资部统计，截至 2009 年底，台湾对越投资达到 126.35 亿美元，约

---

① 资料来源：越南胡志明市统计局网站，http://www.pso.hochiminghcity.gov.vn。
② 林建山：《二十一世纪华人经济力之全球化与当地化发展》，台湾"侨委会"网站，http://www.ocac.gov.tw/public/dep3public.asp?selno=2473&no=2473&level=B。
③ 巴曙松：《从国际货币体系改革趋势看中国金融发展战略》，中国经济信息网，http://www.cei.gov.cn，2009 年 11 月 12 日。
④ 中华人民共和国商务部、国家统计局、国家外汇管理局：《2009 年度中国对外直接投资统计公报》，2010 年 9 月，第 40 页。

占越南吸引外资总额的 12.1%，投资项目占总量的 18.5%，位居榜首。①

据越南计划投资部统计，截至 2009 年底，中国香港对越南投资项目共计 564 个，投资总额达 77 亿美元。② 根据东盟秘书处《2008 年东盟统计年鉴》的数据资料统计，1995～1999 年，东南亚九国对越南直接投资存量为 19.51 亿美元；1995～2008 年，东南亚九国对越南直接投资存量为 61.05 亿美元。③

综上所述，通过对越南本土华商和外来华商的分析，越南华商资产总额约为 546 亿美元，其中，本土华商资产约 274.9 亿美元，外来华商资产约为 271.7 亿美元。

4. 老挝华商资产估算

根据相关统计数据，2007 年老挝华侨华人总数约为 28 万，约占老挝 600 万总人口的 4.8%，④ 主要分布在万象、琅勃拉邦、会晒、北滨等湄公河沿岸城镇。老挝华商是推动当地经济发展的重要力量。

（1）本地华商

老挝华商多从事进出口、批发、零售业等小型工商业，规模不大，但均自成系统，销售网络遍及全国。1986 年以后，随着老挝新经济政策的实施，华商所经营的小型工商业已逐渐恢复。在各国华商投资的带动下，老挝华商渐与外商合资经营伐木及锯木事业，利用老挝天然资源拓展经营规模与领域。此外，不少泰籍华商与老挝当地华商合作共同投资纺织业、化学肥料、橡胶树、酒店业、银行业等。同时移民在外的老挝华商，也陆续返还原居住地谋求发展。根据老挝华人人口占比情况，假定老挝华人在老挝经济中占比略高于人口占比的比例，2008 年老挝 GDP 约为 51 亿美元，⑤ 推估老挝华商资产为 3 亿美元。

（2）外来华商状况

1989 年中老关系正常化以后，中资企业逐渐以合资、独资企业的形式

---

① 越南国家统计局，http://www.gso.gov.vn/default.aspx?tabid 二 512& idmid = 58&ItemID = 9774。
② 越南计划投资部网站，http://fia.mpi.gov.vn。
③ ASEAN Secretariat – ASEAN FDI Database, *ASEAN Statistical Yearbook*, 2008, p. 129.
④ 庄国土：《东南亚华侨华人新估算》，《厦门大学学报》（哲学社会科学版）2009 年第 3 期，第 64 页。
⑤ ASEAN Secretariat – ASEAN FDI Database, *ASEAN Statistical Yearbook*, 2008, p. 38.

对老挝进行投资。《2009年度中国对外直接投资统计公报》数据显示，截至2009年底，中国对老挝直接投资的存量为5.36亿美元。① 投资项目集中在初级加工制造、服务、农业开发、贸易、建设、矿产开发等领域。据东盟秘书处数据，1995~2008年，台湾对老挝直接投资总计为3580万美元。② 同期，香港对老挝直接投资总计为190万美元，③ 东盟九国对老挝直接投资累计金额为4.29亿美元。

综上所述，老挝本土华商资产约3亿美元，外来华商资产约为10亿美元。老挝华商资产总额约为13亿美元。

5. 文莱华商资产估算

文莱独立后，对外侨采取严格控制政策，文莱的华侨华人基本保持在5万人左右，其中约2万人已取得文莱国籍，1.5万人为永久居民，另有1.5万人仍为临时居民。2006年文莱华侨华人约5.6万人，占总人口的15%。④ 文莱摩拉县、都东县是华人主要聚集地。商业是文莱华侨华人从事最为密集的行业。律师是文莱华人另一主要从事的职业，有近百家私人律师事务所为华人所开设。

（1）华商资产状况

根据台湾"侨委会"的调查，1999年文莱华商杂货业有310家，每家平均资产75000美元，多属家族经营店铺，占当地市场份额的50%。资金充裕者往往自行进口部分货品，并兼营批发业务。华商专营贸易企业约有50余家，每家平均资本约为10万美元，占当地贸易业份额的10%左右。华商餐饮企业大约有45家，平均每家资产12万美元。华商经营的机械企业有34家，平均每家资产约15万美元，主要从事车辆、电器等各类产业机械维修业务，进而改造、装配机械业。塑胶加工企业有4家，平均每家资产约15万美元，经营的产品包括家用器皿、各种机器工具的组配件。华商经营

---

① 中华人民共和国商务部、国家统计局、国家外汇管理局：《2009年度中国对外直接投资统计公报》，2010年9月，第39页。
② ASEAN Secretariat – ASEAN FDI Database, *ASEAN Statistical Yearbook*, 2008, p.138.
③ ASEAN Secretariat – ASEAN FDI Database, *ASEAN Statistical Yearbook*, 2008, p.138.
④ 台湾"侨委会"和廖建裕教授等所用各项资料，均按文莱华人占总人口15%的比例推算。台湾"侨委会"编《1997年华侨经济年鉴》，台北：环球经济社，1998，第105页；Leo Suryadinata, Issues and Events of Ethnic Chinese Communities, in *Chinese Heritage Center Bulletin*, No.9, May 2007, p.4.

的建筑房地产企业60家，平均每家资产100万美元，并兼营房地产投资及交易。此外，华商还有食品加工企业16家，平均资产4万美元；制衣企业8家，平均资产90万美元；木板厂7家，平均资产20万美元。在农业方面，华商经营农场有5家，农户18家，主要种植水果，平均每家资产20万美元。华商经营养殖渔业3家，他们是文莱农产品的重要供应商。华商从事采石业有3家，每家资产100万美元。①

根据文莱华人人口占比情况，假定文莱华人在文莱经济中占比略高于人口占比的比例，2008年文莱GDP约为141亿美元，② 推估文莱华商资产应不低于17亿美元。

（2）外来华商

根据台湾"侨委会"统计，至2007年，台商直接投资金额约1.6亿美元，最大企业资本额约450万美金。③ 根据《2008年度中国对外直接投资统计公报》的统计数据，截至2009年底，中国对文莱直接投资的存量为0.174亿美元。④ 据东盟秘书处《2008年东盟统计年鉴》的数据资料统计，1995~2008年，香港对文莱直接投资总计为5240万美元。⑤ 同期，东盟九国对文莱直接投资总计为14.92亿美元。⑥

综上所述，通过对文莱本土华商和外来华商的分析，本土华商资产约17亿美元，外来华商资产约为17.22亿美元。文莱华商资产总额约为34.22亿美元。

三 初步结论

本文初步研究结论为：截至2009年，东南亚的华商资产约为1.5万亿美元。其中，华商大企业的资产为9506.6亿美元，中小企业为3994.57亿美元，外来华资1557亿美元。由于各国中小企业的数据不全，该部分可能

---

① 华人经济年鉴编委会编著《华人经济年鉴》（2000/2001），朝华出版社，2001，第72页。
② ASEAN Secretariat – ASEAN FDI Database, *ASEAN Statistical Yearbook*, 2008, p. 38.
③ 台湾"侨委会"编《2007年台湾华侨经济年鉴》，台北：环球经济社，2008，第161页。
④ 中华人民共和国商务部、国家统计局、国家外汇管理局：《2009年度中国对外直接投资统计公报》，2010年9月，第39页。
⑤ ASEAN Secretariat – ASEAN FDI Database, *ASEAN Statistical Yearbook*, 2008, p. 138.
⑥ ASEAN Secretariat – ASEAN FDI Database, *ASEAN Statistical Yearbook*, 2008, p. 129.

被低估或大大低估。如以国别分,则新加坡为 5986 亿美元(占 39.77%)、泰国 3853 亿美元(占 25.6%)、马来西亚 1812 亿美元(占 12.04%)、印度尼西亚 1866 亿美元(占 12.4%)、菲律宾 797 亿美元(占 5.3%)。前东盟五国占据东南亚华商资产的 95%。即使扣除中国大陆华资的 77.85 亿美元,也在 1.49 万亿美元以上(见表 12)。

表 12 2007~2009 年东南亚各国华商资产统计

单位:亿美元

国别	年度	国内华商资产统计		国际华商投资统计			总资产
		大企业(上市与非上市)	中小企业	大陆华资	港澳台资	其他	
印尼	2008			5.43	139.21	83.22	1866
	2009	1295	343				
新加坡	2007	4356	1367.2				5986
	2008			35.02	112.56	115.34	
马来西亚	2008	615.8	875.4	3.61	152.79	164.3	1812
泰国	2007		1156.4		121.3		3853
	2008				49.18	179.08	
	2009	2342		4.48			
菲律宾	2007	515.8	242.5				797
	2008			0.87	24.44	13.59	
越南	2007						546
	2008	274.9			271.7		
缅甸	2008	67.12			4.59	12.87	94
	2009			9.3			
柬埔寨	2007	20	10.07		3.93		50
	2008			0.42	8.94		
	2009			6.33			
文莱	2008	17			2.12	14.92	34
	2009			0.17			
老挝	2008	3			0.38	4.29	13
	2009			5.36			
总计		9506.6	3994.57	77.85	882.62	596.55	15051

由于对后东盟五国的数据掌握远远不够，只能依靠现有资料做大体估算，估算数额应当远低于实际数额。但后东盟五国的华商实力较小，即使低估，对东南亚十国华商资产总额的影响也不大。东南亚华侨华人数量占世界华侨华人人口的 73.5%，如以其他地区的华商人均资产参照东南亚华商的资产，则港台和东南亚以外的世界华商，其资产总额应在 5500 亿美元左右。东南亚与其他地区的华商资产当在 2 万亿美元以上。加上港澳台地区，中国大陆以外的"世界华商"资产总额当接近 5 万亿美元。①

Estimation about the Asset Value of Chinese Enterprises in Southeast Asia

Zhuang Guotu, Wang Wangbo

Abstract：Chinese enterprises in Southeast Asia have always been the hot spot of overseas Chinese studies. This paper attempts to estimate the total asset value of Chinese enterprises in Southeast Asia, including the local listed and unlisted large corporations, the small and medium – sized and the Chinese invested rises from outside. The result of this paper is the total asset value of Chinese enterprises in Southeast Asia is estimated about US＄1.5 trillion, far more than the estimated amount by the China News Service.

Keywords：Chinese Enterprises；Southeast Asia；Asset；Estimation

---

① 庄国土教授主持国侨办重点项目"华侨华人经济资源研究"课题研究报告，2010 年 11 月。

东南亚跨界华商组织与"一带一路"倡议的建构和实施[*]

刘　宏　张慧梅　范　昕[**]

摘　要　2013年秋，中国国家主席习近平提出"一带一路"的倡议后，引起了广泛的关注和探讨。这些讨论较多的是从宏观层面，如政府、政策、经济等普遍的关注点入手，较少以具体的节点国家以及它们内部的商业和社会组织作为考察对象。笔者认为，这一国家战略的实施，不能只停留在宏观的、一般性的建议上，而是必须落实到每个具体国家、相关组织的操作上。本文以21世纪海上丝绸之路东南亚国家中的重要枢纽新加坡为例，以跨界治理作为分析架构，探讨海外华商组织的发展和制度化进程，及其在新的时代背景下如何与"一带一路"倡议互相契合，进而使历史资源、社会资本和跨界治理在新的发展局势下找到确切的定位。

关键词　"一带一路"　跨界治理　华商网络　新加坡　东南亚

导论　跨界治理与"一带一路"

2013年9月和10月，中国国家主席习近平先后提出了建设"丝绸之路经济带"和"21世纪海上丝绸之路"（简称"一带一路"）的构想。这一倡议提出后，引起了世界各国的关注和回应，相关的研究大量涌现。仅中国

---

[*]　本文原载《南洋问题研究》2016年第4期，第1～10页；本文为国务院侨办资助课题"沿线国家及当地华侨华人视角下的'一带一路'倡议研究"（GQBY2016003）的阶段性成果。

[**]　刘宏，男，南洋理工大学陈嘉庚讲席教授、人文与社会科学学院院长暨南洋公共管理研究生院院长；张慧梅，女，南洋理工大学人文与社会科学学院博士后研究员；范昕，女，南洋理工大学南洋公共管理研究生院教师。

学者对该课题的研究论文就有数千篇之多，这些研究主要从政治、经济的角度进行探讨。然而，大多数研究基本上是从中国角度审视这一课题，这一视角固然重要，但"一带一路"涉及 60 多个国家，当地的视野、感受和参与对这一战略的成功实施与否至关重要。因此，从国内外互动的眼光来思考和分析这一问题非常必要。

国际学界对"一带一路"的研究相对较少，2015 年 6 月在北京举行的第五届亚洲研究论坛上，来自各国的专家学者从本国的利益和视角出发阐释了对"一带一路"的看法。[①] 一些学者还从经济合作与贸易关系的角度来分析"一带一路"的作用。[②] 此外"一带一路"也引起了一些西方学者的关注，[③] 其中也注意到了"一带一路"对东南亚的影响，[④] 但因为语言和视野的局限，他们无法将中国和海外华人的视野融入其分析之中。除学界之外，部分业界人士也关注到"一带一路"的提出对于企业的影响。例如有评论注意到"一带一路"给金融业所带来的新商机。[⑤] 这些评论与研究各有千秋，但笔者认为"一带一路"倡议的实施，不能只停留在宏观的、一般性的建议上，而是必须落实到每个具体国家和相关组织的操作上。"一带一路"倡议的重要基点是古代"海上丝绸之路"，其最主要的一段即是以亚洲内部各个国家为节点而连接起来的。这一历史遗产既重现了古代亚洲内部贸易、文化、移民之间流动的景象，又被赋予了新的时代含义。

作为"一带一路"的倡议者，中国经济的快速发展以及其积极融入全

[①] 与会的印尼、俄罗斯、越南、缅甸等国学者的有关观点，可参见邓之媚《第五届亚洲研究论坛在京举行，专家表示"一带一路"必将创造多赢结果》，http://niis.cass.cn/news/751076.htm。

[②] Feng, Zongxian and Hua Wang, "The Mode of Economic Cooperation in the 'One Belt and One Road' Construction", *A New Paradigm for International Business*: Proceedings of the Conference on Free Trade Agreements and Regional Integration in East Asia, Springer, 2015.

[③] Peter Ferdinand, "Westward Ho – the China Dream and 'One Belt, One Road': Chinese Foreign Policy under Xi Jinping", *International Affairs*, Vol. 92, No. 4 (2016), pp. 941–957; Francois Godement, AgathaKratz (eds.), "One Belt, One Road: China's Great Leap outward", Special Issue, June, 2015; Tim Summers, "China's 'New Silk Roads': Sub-national Regions and Networks of Global Political Economy", *Third World Quarterly*, Vol. 37, No. 9 (2016); Fukuyama, Francis, "Exporting the Chinese Model", *Project Syndicate*, No. 12 (2016).

[④] D. Arase, "China's Two Silk Roads Initiative: What It Means for Southeast Asia", *Southeast Asian Affairs*, Singapore: ISEAS, 2015, pp. 25–45.

[⑤] 鄂志寰、李诺雅：《"一带一路"的经济金融效应分析》，《金融博览》2015 年第 4 期。

球和地区经济一体化的趋势，从根本上重塑了亚洲的经济结构和国际关系格局。对于包括东南亚国家在内的一些发展中国家而言，相比美国的"华盛顿模式"，中国的经济发展模式（或称为"北京共识""中国方案""中国道路"）更具吸引力，促使中国的软实力在地区范围内得到较大提升。另外，东南亚各国是"一带一路"构想实施和推进中的重要节点，而东南亚国家中那些历史悠久、与中国有着长期密切往来、早已构建起自己商业网络的华商组织，更是不可忽视的群体。它们如何在商业层面和民间层面发挥其特点，借助已有的资源，助力"一带一路"倡议的推行，进而达到双赢的局面，是个值得探讨的课题。理解"一带一路"可以从双重视野入手。一是跨界治理的视野。将中国、"一带一路"沿线国家和地区，以及海外华人三者结合起来，放在"亚洲跨界治理"的框架内来思考。二是政策的视野。"一带一路"倡议不仅是中国的政策，我们也要关注到该战略在"一带一路"沿线国家和地区的反响，中国政府为此进行的适应性政策微调，以及资本、人员、技术和信息在该战略实施中的跨界流动。

这种双重视野与习近平思想的重要特征理论与实践并重是一致的。他指出："不谋全局者，不足谋一域。""一带一路"还是中国改革开放战略的延伸与扩展，有助于统筹国内国外两个大局，以对外开放理念推动国内改革深化。因此"一带一路"倡议的定位不仅仅是中国的国家战略，更是习近平"共赢主义"外交新理念的集中体现，将对世界政治和经济新秩序产生至关重要的影响。①

从理论的角度，跨界治理的概念为我们提供了新的方向。一方面，"跨界"的概念使我们的关注点不再仅仅局限于国家的内部，而是放诸一个更具灵活性的地理空间。这一空间涵盖整个东亚（包括东南亚）以及海洋亚洲，其核心内涵是机构、群体和个人在跨越民族国家疆界过程中所形成的观念、认同、秩序、模式以及亚洲现代化。"跨界"并不仅仅是一种开放性

---

① 刘宏、马亮：《"共赢主义"外交新理念与中国崛起》，《人民论坛》2015年11月；刘宏：《习近平经济思想的时代特质》，《人民论坛》2016年1月。有关跨界治理的理念和实践，参见刘宏《跨国网络与全球治理：东亚政治经济发展的趋势和挑战》，《当代亚太》2013年第6期，第121~146页；有关治理的理论分析，详见 Liu Hong and Els Van Dongen, "China's Diaspora Policies as a New Mode of Transnational Governance," *Journal of Contemporary China*, Vol. 25, No. 102（November 2016）。

的地理和文化空间，它同时也提供了一种理解全球化和区域变迁的新路径和新视野。① 另一方面，在传统意义上，谈到政府往往是一种自上而下，有权威性和强制性的体制。因此"管理"就成为核心概念。而"一带一路"是个跨国的倡议，它涉及60多个沿线国家，不可能完全按照中国的理念、政策或者制度来实施，更要注重协调、合作与沟通，而这些也正是"治理"的核心要素。正如习近平在2016年博鳌论坛上所强调的，"'一带一路'战略不是中国一个国家的独奏，而是'一带一路'沿线国家的合唱。'一带一路'建设不是要替代现有地区合作机制和倡议，而是要在已有基础上，推动沿线国家实现发展战略相互对接、优势互补"。因此"治理"的概念能够帮助我们更好地理解和应对目前出现或者将要发生的新现象。

同时，长期以来，作为东南亚华社与政府沟通的桥梁，东南亚华商组织有深厚的历史根基，辅助华商构建和维持了跨界商业网络。在"一带一路"的推行中，东南亚华商组织的作用不可忽视。本文以东南亚国家的华商枢纽新加坡为中心，并结合其他国家的实例，探讨跨界华商组织的历史发展、制度化进程及其在新的时代背景下，如何与"一带一路"倡议互相契合，使历史资源、社会资本和跨界治理几个相关的范畴与实践在新的发展局势下找到确切定位，为"一带一路"倡议的构想和实施提供另一个新的思考维度。同时，文章也将分析不同华商组织结构、领导人及成员的商业背景等方面的差异如何影响他们对"一带一路"的不同反应和参与度。

一 新加坡华商组织的跨界机制及其发展

新加坡是一个多元种族的国家，华人占总人口的75%左右。19世纪中叶，华人大规模移民到新加坡之后，大部分人在务工，少部分人开始从事自己的生意，并逐渐发展出跨国商业贸易，在新加坡与中国之间建立起了跨国商业网络。在这一网络下，新加坡的华人移民与中国之间有着频繁的金钱、货物、文化等方面的往来。例如，侨批业是海外华人和家乡传递书信及汇款的行业，在华人生活（包括政治）中扮演着举足轻重的角色，为

---

① 刘宏：《跨界亚洲的理念与实践：中国模式·华人网络·国际关系》，南京大学出版社，2013。

海外华人与家乡亲人搭建了重要的联系网络。①

随着华商势力的逐渐壮大及彼此之间建立合作的需要，若干规模不一的商会组织应运而生。这些商会组织主要分为两种类型：第一类是以一些跨行业商会（如中华总商会、工商联合总会等）为代表的组织，着重面对跨国市场和区域市场，他们的活动不只局限于新加坡本地，还包括中国、东南亚乃至全球；第二类是以一些特定行业的商会为代表（如建筑商公会、当商公会等），其以本地市场为主，处理的是相关行业在当地的事务。本文着重讨论的是具有跨界功能的第一类商会组织。

在第一类组织中，1906年成立的新加坡中华总商会是东南亚最重要的商会组织之一。时至今日，总商会已发展成新加坡最大的商会组织，涵盖了各籍贯、各行业。从其成立伊始，就逐渐成为促进民间交流的商业组织、华人社团与政府联系的重要桥梁，而且跨行业、跨籍贯、跨国界成为它的明显特征。总商会是国家与社会之间联系的主要渠道，作为华人社会的代表，向政府反映要求，政府也通过总商会来传递政策和一些规定。与此同时，总商会也建立了一套系统化的机制，包括通信、商业资讯出版、商业展览和互访。这套机制为早期新加坡华人社会的商业发展提供了3个重要功能，即作为个人和体制信用的监护者及社会监管机构；提供集体交涉能力，影响相关商业政策；促进经济发展和华人社会的团结。

总商会的成员来自各个行业，所从事的商业活动范围包括新加坡、中国、东南亚以及区域外的国家。因此，总商会成立之后，其所逐渐建立的机制就具有跨国功能，其早期与中国的关系尤为密切，又是中国政府认可的当地华人最高领导机构。如，总商会的首任总理吴寿珍是当时清政府所承认的新加坡侨领之一。商会领导人中，蔡子庸在暹罗（泰国）拥有4个

---

① 关于侨批业和侨批网络的具体研究，可参见张慧梅、刘宏《海外华商网络的多重交织与互动——以新加坡华人侨批和汇兑业为例》，载《"海外华商网络与华商组织"国际学术研讨会论文集》，2015；张慧梅、班国瑞、刘宏：《侨批与政治》，《华人研究国际学报》2016年第8卷第1期，第1~36页；Lane Harris, "Overseas Chinese Remittance Firms: The Limits of State Sovereignty and Transnational Capitalism in East and Southeast Asia 1850s – 1930s", *The Journal of Asian Studies*, Vol. 74, No. 1 (2015), pp. 129 – 151; Liu Hong and Gregor Benton, "The Qiaopi Trade and Its Role in Modern China and the Chinese Diaspora: Toward an Alternative Explanation of 'Transnational Capitalism'", *Journal of Asian Studies*, Vol. 75, No. 3 (2016), pp. 575 – 594；〔日〕滨下武志：《华侨、华人与中华网：移民·交易·侨汇网络的结构及其展开》（日文版），东京：岩波书店，2013。

规模庞大的碾米厂,也是和丰银行的合伙人,1908 年在新加坡的企业营业额就达 600 万新元;陈嘉庚所经营的农工商各企业遍及东南亚各地;胡文虎的万金油事业也分布在东南亚和中国各城市。由于组织特性和领导人的商业背景,总商会从成立伊始就具有跨界特性和相关的机制支撑(如对外联络的部门),成为协助商家沟通新加坡与东南亚其他国家以及中国的桥梁。总商会是新加坡本地、亚洲区域乃至全球商业网络的维系者与协调者。其所建立的机制促进了不同网络层次的形成和发展,它们表现为国与国、地区与地区、组织与组织、机构与商家之间的相互交流。①

20 世纪 70 年代,新加坡中华总商会又带动其会员和商家,发起成立了新加坡工商联合总会。1978 年,旧工商联合总会正式成立。② 新加坡工商联合总会与其他的一些行业公会同总商会一样发挥着类似的作用,即成为华商、华人社会和政府间沟通的平台,它们同样也经历了一个制度化的进程。虽然它们的影响力可能没有总商会那么大,但它们仍是亚洲华商网络制度化进程中不可忽视的力量。而且,重组后的新加坡工商联合总会的跨界与全球化特征比总商会更为明显。

今天,新加坡乃至区域、全球的商业环境都发生了重要变化,新加坡华商组织为此也进行了相应的调整,一些新型的商业网络随之产生。它更多的是依托于科技,不再局限于国与国之间的联结,而是覆盖世界各地。③地处全球经济、文化交流有利位置的新加坡,是这一网络中的一个重要节点。新加坡华商组织的一个重要举措是联系世界各地的华商组织。世界华商大会每两年举行 1 次,旨在为全球华商和工商界提供加强经济合作、促进相互了解的论坛。世界华商大会的发起者和首创主办者就是新加坡中华总商会,首次大会在 1991 年举办。为了确保大会的延续性,新加坡中华总商会联合香港中华总商会、泰国中华总商会组成召集人组织,大会秘书处由 3

---

① 刘宏:《新加坡中华总商会与亚洲华商网络的制度化》,《历史研究》2000 年第 1 期,第 106~118 页。
② 1998 年,时任新加坡总理吴作栋吁请新加坡工商联合总会(Singapore Federation of Chambers of Commerce and Industry)进行重组,一方面增强它对会员的效用,另一方面试图维护新加坡商业团体的利益,进而促进新加坡的国家利益。2002 年,新加坡工商联合总会(Singapore Business Federation)正式注册成立,已成立 24 年的旧工商联合总会宣告解散。
③ 有关华人社团国际化的兴起、特征、动力与作用问题,可参见刘宏《海外华人社团的国际化:动力·作用·前景》,《华侨华人历史研究》1998 年第 1 期,第 48~58 页。

个召集人组织轮流担任,每 6 年一轮,旨在处理华商大会休会期间关于大会的一切事宜。迄今为止,世界华商大会已经举办了 13 届,在十多个国家和地区分别举行(见表 1)。总商会通过世界华商大会这个国际性商业平台,把本地华商与世界各地的商会和华商紧密地联系起来,一是帮助更多本地企业到海外发展,二是鼓励外国商家和本地商家携手合作,以新加坡为基地,拓展第三方市场。①

表 1 历届世界华商大会概览

届数	主办机构	日期	地点	大会主题
第一届	新加坡中华总商会	1991 年 8 月 10~12 日	新加坡	"环球网络"
第二届	香港中华总商会	1993 年 11 月 22~24 日	香港	"华商遍四海,五洲创繁荣"
第三届	泰国中华总商会	1995 年 12 月 3~5 日	泰国曼谷	"加强世界华商联系,共谋经济发展繁荣"
第四届	加拿大中华总商会	1997 年 8 月 25~28 日	加拿大温哥华	"电子通讯与资讯科技对环球市场的影响"
第五届	澳大利亚维多利亚省中华总商会	1999 年 10 月 6~9 日	澳大利亚墨尔本	"新千禧年的挑战——从华商到全球商业"
第六届	中华全国工商业联合会	2001 年 9 月 16~19 日	中国南京	"华商携手新世纪,和平发展共繁荣"
第七届	马来西亚中华工商联合会	2003 年 7 月 27~30 日	马来西亚吉隆坡	"寰宇华商一心一德,全球企业共存共荣"
第八届	韩国中华总商会	2005 年 10 月 9~12 日	韩国首尔	"与华商共成长,与世界共繁荣"
第九届	日本中华总商会	2007 年 9 月 15~17 日	日本神户、大阪	"和合共赢,惠及世界"
第十届	菲律宾华商联总会	2009 年 11 月 19~22 日	菲律宾马尼拉	"加强华商联系,促进世界繁荣"
第十一届	新加坡中华总商会	2011 年 10 月 5~7 日	新加坡	"新格局、新华商、新动力"
第十二届	中国侨商投资企业协会	2013 年 9 月 24~26 日	中国成都	"中国发展,华商机遇"
第十三届	印尼中华总商会	2015 年 9 月 25~28 日	印尼巴厘岛	"融聚华商,共赢在印尼"

资料来源:根据世界华商大会网站信息整理汇编,http://www.wcec-secretariat.org/cn/。

---

① 邢谷一:《打造合作平台 助本地企业进军海外》,《联合早报》2016 年 9 月 20 日。

由上可见，在新加坡本地或亚洲区域的发展进程中，新加坡华商组织不仅是重要参与者，而且也是组织者、策划者。它们建立和逐渐完善的跨界机制使其更能与时俱进，适应今天全球化发展的需求。另外，新加坡华商组织所处的主客观环境，也使它们向周边、区域乃至全球发展的理念更强。作为城市国家，新加坡没有自己的腹地和自然资源，国内市场有限，经济发展主要仰赖转口贸易或旅游业等服务性行业。因此，华商必须走出新加坡，放眼区域乃至全球。在这方面，新加坡政府也积极鼓励和支持企业"走出去"，并成立了一些机构提供帮助。例如，创立于2007年的"通商中国"就希望汇集政界、商界和民间的力量，加强新加坡与中国的联系。另一个机构国际企业发展局（International Enterprise Singapore）推出"国际伙伴计划"（iPartners Programme），拨款支援商家"走出去"开拓业务。① 新加坡最大的国有投资公司"淡马锡控股"的投资涵盖了本国、亚洲国家和亚洲以外国家三大部分。

新加坡是一个华人占多数的国家，华商和华商组织在其历史上一直扮演着重要的角色，华社擅长利用这些网络来拓展自己的业务。因此，中国政府提出的"一带一路"倡议正符合了新加坡华商和华商组织的现实需求，它们亦把握机会参与其中，在协助推动这一倡议的同时，也为自己获取更多的利益。虽然每个华商组织的成立时间、组织构成有所不同，参与的程度和模式亦有所差异，但它们根据自身的优势，在"一带一路"的发展中试图找到各自的契合点。"一带一路"倡议提出后，新加坡华商组织和领袖就表达了自己的态度，同时通过具体行动开始参与其中。

二 跨界华商组织对"一带一路"倡议的回应和参与

"一带一路"倡议提出后，一些新加坡华商组织就在媒体上表示支持。例如，2015年11月习近平访问新加坡之前，一些华商组织的领导人就发表了对新中两国合作及"一带一路"倡议的积极看法。② 除了舆论支持之外，

---

① 有关"通商中国"和国际企业发展局的信息，可登录其网站，http://www.businesschina.org.sg/和http://www.iesingapore.gov.sg。

② 相关观点参见丁子、刘刚、俞爵春《共同的期待共同的祝愿：越南、新加坡两国各界热切盼望习主席访问》，《人民日报》2015年10月30日。

新加坡华商组织还付诸行动。2015年10月，新加坡中华总商会代表团前往北京、天津，与中国政企高层、商贸组织（如中国国际贸易促进委员会、中华全国工商业联合会）探讨"一带一路"带来的商机。2015年3月，新加坡《联合早报》与新加坡工商联合总会联合推出的"一带一路"专网正式上线。专网是联合早报网的特别栏目，以推动新加坡企业深入了解"一带一路"，并为全球华文读者观察"一带一路"，提供新加坡和东南亚的视角。① 2015年11月6日，新加坡工商联合总会与中国银行签署了"一带一路"全球战略合作协议，根据协议，中国银行将在随后的3年内为新加坡工商联合总会的企业会员提供不少于300亿元人民币的意向授信，协助该会的企业会员扩展在中国及区域市场的业务。新加坡工商联合总会与中国银行也将定期举办论坛、商务交流会、商务考察等促进新中两国经贸往来的活动。②

华商组织不同的组织结构及其领导人和成员的商业背景差异，可能会影响到其对"一带一路"的反应和参与度有所不同。同时，不同的发展历程及所形成的运作模式，也使得这些华商组织在参与"一带一路"过程中的模式和活动类型有所不同。新加坡工商联合总会在2002年重组后，组织结构更契合当代商业发展的跨国、跨区域性的要求。例如，总会下属的业务组和委员会就包括全球商业论坛、可持续发展事业群、中小型企业委员会、青年商业领袖联盟。秘书处下属的一个小组负责全球业务与联系。他们自身的定位之一就是作为新加坡企业的代表，协助企业建立双边、区域和多边的关系。此外，该会虽然还具有明显的华商组织的特性，但其理事成员的组成已不局限于华人企业家，而具有明显的跨族群和跨国家的性质。工商联合总会现任会长是著名华商张松声，理事除了新加坡华商之外，还有来自英国、尼日利亚、印度等国的商人。这一构成显示工商联合总会业务遍及世界，总会所需处理的事项和面对的对象也自然更为广泛。

在协助会员处理跨国业务的同时，工商联合总会在带领会员走向国际，建立跨国商业联系的过程中也扮演着重要的角色。例如，2015年，工商联合总会带领32个海外商业考察团访问了亚洲、非洲和东欧的大部分地区，并接待了来自32个国家的108个代表团。③ 2016年9月5日，工商联合总

---

① 卢凌之：《"一带一路"专网正式上线》，《联合早报》2016年3月8日。
② 胡渊文：《中国银行本地成立两全球大宗商品业务中心》，《联合早报》2015年11月7日。
③ 新加坡工商联合总会网站，http://www.sbf.org.sg/。

会商业代表团随同新加坡总理李显龙赴重庆进行商务考察，寻求合作机会。该会是中新（重庆）战略性互联互通示范项目设立后，首个陪同李显龙对重庆进行正式访问的商业代表团。可见，新加坡工商联合总会组织结构和成员组成的跨界性和全球性，使得它的宗旨更能与政府的倡议和需求相契合，也使得它更为积极地参与"一带一路"的具体计划。在这一过程中，工商联合总会的会长张松声也发挥了关键作用。

张松声祖籍福建，生于新加坡，其父是东南亚航运巨子、太平船务的创办人张允中。张松声现任新加坡太平船务（私人）有限公司董事总经理、香港胜狮货柜企业有限公司董事会主席兼首席行政总监、中国远洋控股股份有限公司独立非执行董事。除担任新加坡工商联合总会会长外，他还曾是新加坡政府委任的官委议员。太平船务（私人）有限公司创立于1967年，先后开辟了东南亚、欧洲、美洲、南美洲、非洲等地区的航线，业务遍及全球。太平船务的业务特点使得张松声对于跨国商贸合作有更深入的了解，其商业及政治两重身份也有助于他参与政府组织的活动。他所担任会长的工商联合总会代表团经常随同新加坡政府官员出访。例如，2015年陈庆炎总统访问墨西哥时，工商联合总会是随行代表团之一，同墨西哥对外贸易商业理事会、企发局以及墨西哥贸易投资局举行商业论坛，促进两国企业之间的交流。因此，无论是新加坡工商联合总会一贯的发展宗旨还是太平船务自身的发展轨迹，都与"一带一路"倡议的核心理念即互联互通甚为契合。工商联合总会对于"一带一路"相关宣传和活动的支持相对于其他华商组织更为积极和深入。

新加坡中华总商会的会员组成相对单一，主要是华人企业家。除了举行华商大会以外，总商会的活动重点主要是组织参访、接待、讲座与培训。在新加坡华商组织中，中华总商会与中国的联系最为密切。总商会利用自己110年的发展经验和优势，寻求国际合作。如总商会副会长黄山忠所言，总商会根据已有的经验，继续通过组织考察团、海外代表处、讲座等方式，协助中小型企业开拓区域和国际市场，并利用"一带一路"的机遇，帮助它们将业务开展到更广泛的国家。[①]

新加坡华商组织在新的时代背景下做出转型，积极地参与到区域和全

---

① 邢谷一：《打造合作平台助本地企业进军海外》，《联合早报》2016年9月20日。

球经济发展中。但是，不同的华商组织的参与程度和模式有所不同。首先，华商组织的历史传统和组织构成，使得一些历史比较悠久的组织的活动类型和范围会相对比较固定，而且遵循一定的历史发展模式。由于与中国长期而密切的联系，它们的跨界性主要体现在国内市场和中国市场，其商业交往比较集中于单向性的往来。一些较迟才成立的跨种族和跨国界的商业组织，在结构上已经突破了传统华商组织的建构，它们不再是传统意义上局限为华人企业和企业家为成员的华商组织，而是容纳了不同种族的企业家。这使得他们的眼光和活动都更具全球化，其商业交往呈现辐射性的特征。另外，华商组织领导人的商业背景和个人理念也影响组织的发展趋势。华商领袖本身就拥有丰富的商业资本，他们参与社团组织及政府活动也在积累一定的社会资本和政治资本。社会资本和政治资本的运用最后必将有益于其商业资本的运作。① 因此，华商领袖个人的商业背景和发展目标会影响其所带领的华商组织的发展方向。如果华商领袖个人的商业理念及其公司所经营的业务具有明显的跨界和全球化特征，他所带领的华商组织也相应地具有类似特征。正是商业资本、社会资本和政治资本三者相辅相成，互为作用，才能为企业、华商组织和政府创造多赢的局面。

　　虽然新加坡华商组织的历史背景和发展趋势各不相同，但它们对"一带一路"的倡议持支持和乐观态度。它们长期积累的跨国经验、沟通机制和当地政府的支持，有利于它们与"一带一路"倡议进行有机的对接。但是，这并不意味着这一倡议的实际推动将一帆风顺。相反，它面临着一定的挑战和困境。就华商和华商组织而言，这些挑战来自他们自身的身份认同和政治经济考量、当地的政治环境以及中国政府对他们的定位。正视这些困境有助于寻求有效的策略，应对挑战，解除顾虑，使华商组织这一重要的民间资源成为真正的参与者，从而利用其历史资本和社会资本，协助消除各国间的壁垒，推进"一带一路"倡议的前行。

---

① 有关社会资本的理论及其在海外华人企业家中的实践，参见刘宏《社会资本与商业网络的建构：当代华人跨国主义的个案研究》，《华侨华人历史研究》2000 年第 1 期，第 1～15 页；任娜、刘宏：《本土化与跨国性——新加坡华人新移民企业家的双重嵌入》，《世界民族》2016 年第 2 期，第 44～53 页。

三 华商组织跨界性的移动与定位："一带一路"机遇下的挑战

"一带一路"倡议提出后受到了大部分东南亚国家的欢迎，尤其是华商和华商组织，他们在这一倡议中看到了更多的商机。另外，随之而来的问题和挑战也是他们所必须面对的。① 在居住国方面，华商和华商组织必须面对错综复杂的国家关系，表明自己的政治立场和认同。例如，当菲律宾与中国在南海问题上闹得沸沸扬扬时，菲律宾华人都非常谨慎，菲华媒体极少触碰这一话题。菲律宾华人也希望通过华社的力量来协调、发展两国的关系，摆脱中菲关系的困局。在菲律宾新一届政府上台后，菲律宾菲华联谊总会理事长杨思育就指出，中国"一带一路"倡议的推进，需要两国友好的外部环境作支撑。两国关系紧张也会影响在菲华人的发展。为此，他与华社都积极建言新总统上任后的出访首站应选择中国，推进两国关系发展，与中国政府展开双边对话谈判。②

即使国与国之间没有存在明显的矛盾与冲突，不同国家内部存在的一些问题也会带来影响。例如，马来西亚内部长期存在着马来族群与华印族群之间的民族问题，所以"一带一路"倡议要在马来西亚成功推行，面临的不仅是华人族群，还有马来人族群的关注和困惑。马来西亚前交通部长、大马中国丝路商会会长丹斯里·翁诗杰就提醒"华人社会目前只占大马人口的23%左右，另外有超过70%的马来人，我们必须要真正地放眼在多数民族的身上……希望往后越来越多登陆大马的中资企业，能够走进马来社群，让马来社会能够体会到他们也能从'一带一路'倡议中受惠"。③

海外华商和华商组织可以为中国"一带一路"倡议的推行提供重要的助力，但沿线60多个国家的政治和族群关系状况各不相同，中国在借助华人华侨这一角色时，需要因国而异、谨慎处理。就东南亚国家而言，由于

---

① Liu Hong, "Opportunities and Anxieties for the Chinese Diaspora in Southeast Asia", *Current History: A Journal of Contemporary World Affairs*, November 2016.
② 《菲律宾华人：相信中菲会重回谈判桌》，侨胞网，http://news.uschinapress.com/2016/0712/1071249.shtml。
③ 《翁诗杰吁中资走进马来社群》，诗华资讯，http://news.seehua.com/?p=203401。

发展进程、组织结构、国情各不相同，华商组织必然存在差异性。在过去数十年里，新加坡华商组织在推动和巩固区域网络，以及发展本地经济中扮演着不可或缺的角色，并得到了国家的强力支持。① 但并非每个国家的华商组织的地位都是如此，也不是各国华商都得到了官方的充分信任和支持。例如，近年来印尼华人社会与中国的关系日益密切。仅 2011 年就有 138 个大陆代表团访问印尼，平均每 3 天 1 个。这些代表团经常绕过当地政府，直接寻找华人企业或华人社团。印尼一些学者认为，这种现象难免会引起当地政府的一些忧虑。印尼前外交官李克沃甚至强调，印尼华商不应该更多参与中国的建设发展，而应该首先投身于印尼国内经济建设。② 可见，虽然印尼华人大多数已经归化为印尼籍，但他们的忠诚和认同问题仍然是敏感话题。印尼政府虽然已经消除了歧视性的政策，但主流社会对中国、华人以及中华文化仍有不同程度的顾虑和猜疑。③

如上所述，在处理与各国华商和华商组织的关系时，相关机构有必要充分认识到东南亚华商组织是当地的有机组成部分。土生和归化的东南亚华人，自认，也被认为是当地人，已经不再是"侨胞"身份。当地政府希望所有的国民，是为了本国利益而参与"一带一路"的活动，他们所进行的一切应促进本国与中国关系的发展。④ 所在国的经济利益和自身的商业权益是华商和华商组织关注的前提和重心。因此，须在尊重东南亚各国内部政治现状和具体国情，不干涉各国内政的前提下，推动经济合作，并且让各国都能从中受益，才能达到双赢的局面。沟通与协商基础上的合作是跨界治理理念和实践的精髓。

结　语

当今世界是一个"流动的世界"，亚洲地区内部通过贸易、文化交流和

---

① 刘宏：《跨国网络与全球治理：东亚政治经济发展的趋势与挑战》，《当代亚太》2013 年第 6 期，第 59~91 页。
② 《李克沃呼吁印尼华商——应多参与国内建设》，《星洲日报》（印尼）2012 年 4 月 26 日，http://Indonesia.sinchew.com.my/node/31124。
③ 梁孙逸：《华人华侨如何参与一带一路系列：印尼篇》，http://news.takungpao.com/mainland/topnews/2015-07/3048139.html。
④ 焦东雨：《对话王赓武：东南亚各国希望当地华人为本国利益参与一带一路》，http://m.thepaper.cn/newsDetail_forward 1346605。

移民而建立起来的广泛联系可以追溯到西方殖民者东来之前的数世纪。同样,基于古代"海上丝绸之路"而提出的"一带一路",其最重要的一段是以亚洲内部各个国家为节点而连接起来的。它重现了古代亚洲内部贸易、文化、移民之间的流动景象,并被赋予了新的时代含义。今天的亚洲,彼此之间的联系与交流日益扩大和深化,跨越民族国家边界的贸易和移民趋势也在快速发展。在这种情况下,一个国家的策略与发展必然牵动着其他国家的利益与前途。中国提出的"一带一路"倡议,既有优势和希望,又面临着挑战。一方面,中国已经具备实力带领亚洲国家共建"一带一路";另一方面,亚洲内部各国的权力制衡、利益关系、大国外交、历史问题等又会影响"一带一路"的顺利推进。因此,中国在推进"一带一路"倡议时必须有新的合作模式,"亚洲跨界治理"框架下的多方协调、互惠互利、共谋发展或可作为模式之一。

在这种新的合作模式中,单靠政府力量自上而下进行推动是不够的,多方力量的参与和协助是题中应有之义。如上所述,以新加坡华商组织为例,它们的发展进程凸显了其在跨国商业网络制度化中的活力和关键性,在收集商业信息、保护商业信用、组织相关贸易活动、增强集体交涉能力及减少交易成本等方面,这种制度化组织在亚洲商业网络中扮演了不可或缺的角色。华商组织在长期的跨国商业活动中所建立和逐渐完善的机制充分发挥了其跨国功能,到了 20 世纪 90 年代初,它们又通过世界华商大会和世界华商网络等机制,推动了海外华商的全球化。与此同时,华商组织的会员,本身就是企业或企业的老板,所以它们是东南亚企业的最佳代言人。华商组织所具有的历史资源和自身优势,使它们可以成为"一带一路"倡议在东南亚各国实际推行过程中较合适的对接组织之一。这些华商组织能够借助原有的影响力和资源,让华社和民众更加了解"一带一路"倡议的具体实效,并将他们的诉求反馈给政府部门,协助政府调整政策和策略。它们所具备的跨界特性、跨国机制和商业网络,有助于消除国与国之间的壁垒,借用网络的跨国性打破国与国之间的政治界限,推动合作的顺利进行。

从学术研究的角度来说,"跨界亚洲"的概念或可提供一种理解海外华人与"一带一路"关系的新路径。它以历史性、网络、移民、跨国场域下社会与国家的互动等为主要着眼点,注重它们在制度上、文化上和空间上的相互联系。如何寻求网络与国家的共生,以及在地方—全球化背景下网络与社会、市场的互动作用,这不仅关系到某一特定区域的安全与发展,也关系到广泛的亚洲区域的可持续发展与社会平衡。① 这些都是中国和东南亚在推动或参与"一带一路"倡议,善用华商组织和华商网络的力量时所必须思考的。

中国与东南亚国家的关系一直在迅速地发展,中国是东南亚最重要的贸易伙伴之一。尽管国际上对中国的崛起有不同的解读与反应,但东南亚当地人士大多认为,机遇大于挑战。"一带一路"倡议的目标之一是加强亚洲内部各国的经济合作,推动经济发展的一体化,让亚洲各国都能从中受惠。然而,任何计划在实际推行过程中都不可避免地会遭遇挑战与困难。"一带一路"倡议的提出,对东南亚各国所造成的影响和产生的变化是非均衡性的,不同组织、不同国家会出现不同的反应。这种差异源自组织本身的特征差异,也受各国政治差异的影响。各国政府在展开跨国合作时必定会受到国内政治因素的影响。政府政策和计划要准确地传达到民间和企业,需要良好的沟通桥梁。东南亚华商组织在长期的发展历程中已形成了一套完整的沟通、协调机制,并在东南亚区域乃至全球华商网络中扮演着重要角色。因此,它们将成为"一带一路"建设中重要的元素。当然,华商组织、当地政府和中国政府三者的关系在不同的国家有不同的互动模式。三者在合作中也须正视各国的差异,了解当地民间社会和商业团体的顾虑和利益需求,这样才能有效地消除阻碍,在"跨界治理"的新框架下促进历史资源和社会资本紧密地结合。

Chinese Business Associations in Southeast Asia and the Construction of the Belt and Road Initiative

Liu Hong, Zhang Huimei, Fan Xin

Abstract: The 21st Century Maritime Silk Road and the New Silk Road Economic Belt, which together form the "One Belt, One Road" (OBOR) initia-

---

① 刘宏:《中国—东南亚学:理论建构·互动模式·个案分析》,中国社会科学出版社,2000。

tive, was launched by President Xi Jinping in late 2013. After its launch, the OBOR initiative has attracted a great deal of attentions and debates. Most of these discussions are stemmed from a macroscopic perspective of the government, policy and economy. Little discussions have been from an angle of the countries at stake and the role of their business and social associations. This paper employs Singapore, one of the most important hubs in Southeast Asia as a case study and utilizes trans – Asia governance as a research framework. It also examines the development and institutionalization process of the Chinese business associations overseas as well as how these associations have been incorporated with the OBOR initiative. This article concludes with a discussion of how the historical heritage, social capital and trans – Asia governance could be applied in a concerted manner to promote the OBOR initiative.

Keywords: The Belt and Road; Trans – Asia Governance; Chinese Business Associations; Singapore; Southeast Asia

区域聚焦（东盟国家）

发挥东盟国家华侨华人在"一带一路"中的桥梁作用*

盛 毅 任振宇**

摘 要 "一带一路"是中国为积极应对全球形势深刻变化、探寻经济增长之道、实现全球化再平衡、开创地区新型合作关系而提出的战略构想。东盟是中国开展"一带一路"合作的重要区域,其所在国华侨华人是推进"一带一路"建设的重要力量。要充分发挥东盟国家华侨华人在"一带一路"倡议中的桥梁作用,发挥他们的巨大潜力,推动中国与东盟的经贸、科技与文化交流合作。

关键词 东盟国家 华侨华人 "一带一路" 桥梁

"一带一路"是伟大的战略构想,是合作发展的理念和倡议,是顺应世界多极化、经济全球化、发展和平化、文化多样化、社会信息化的潮流,具有重大意义。"一带一路"贯穿亚欧非大陆,一头是活跃的东亚经济圈;一头是发达的欧洲经济圈;中间广大腹地国家经济发展潜力巨大。东盟在"一带一路"建设中有重要地位:从地域上看,东盟国家(印度尼西亚、马来西亚、菲律宾、新加坡、泰国、文莱、越南、老挝、缅甸和柬埔寨)是"一带一路"倡议中"21世纪海上丝绸之路"的交通枢纽;经济联系方面,东盟10国是中国建设"21世纪海上丝绸之路"中经贸与投资总量绝对不容忽视的一部分;从国家投资方向上看,东盟10国将成为亚洲基础设施投资银行与"丝路基金"重要的投资目标国。

东盟国家在"一带一路"实施中具有如此重要的战略意义,各国的华

---

* 本文原载《东南亚纵横》2015年第10期,第28~31页。
** 盛毅,四川省社会科学院副院长、研究员;任振宇,四川省社会科学院政治学研究所副研究员。

侨华人又是推动各侨居国发展的一支重要力量,因此,研究如何充分发挥东盟国家华侨华人在"一带一路"倡议中的桥梁作用,就显得非常有必要。

华侨华人在"一带一路"倡议中的桥梁作用主要表现在两个方面:一是"一带一路"倡议的实施需要华侨华人到中国通过引进先进的技术、参加投资等途径参加"一带一路"项目的开发建设;二是华侨华人利用其在当地政治、经济、文化等领域的影响力,形成更广泛的民意基础,加强相关国家和地区对中国"一带一路"建设倡议的认同与支持。

一 东盟国家华侨华人具备桥梁作用的四大基础

(一)经济实力

东盟国家华侨华人的经济实力为发挥桥梁作用提供了强大的基础。早在2002年就有统计数据表明,全世界约3000万华侨华人中,居留在东盟各国的就有约2452万人,约占总数的70%以上,其经济实力估计为1500亿~2000亿美元,约占全球华侨华人经济资源的70%以上。[①] 随着经济的发展,许多华侨华人在经济活动中转向工业,带动产业调整,具体如表1所示。

表1 东盟国家华侨华人在所在国的经济实力

国家	分布行业	当地影响
新加坡	制造业、商业、房地产、金融	在新加坡日趋国际化,形成了由华侨、大华、华联分别组成的三大银行集团
马来西亚	钢铁、水泥等重工、建材行业	在发展中形成一批跨国集团企业,在国民经济中占据一席之地
泰国	食品加工、纺织服装业	占该国经济的60%,私人经济的80%
菲律宾	传统商业形态转向现代产业资本	在发展中形成跨国集团公司,遍及该国各个行业
印度尼西亚	"政商型"华人集团偏多	该国经济的重要组成部分,在该经济中扮演主要角色
缅甸	资本弱小、分散	占80%以上
文莱	电子装配、印刷、化工	占据30%以上,该国经济的重要补充

资料来源:胡晓玲《华侨华人在中国—东盟自由贸易区的作用》,《东南亚纵横》2007年第5期。

---

① 《全球华人华侨财富约达1.5万亿美元》,《亚洲时报》(泰国)2002年12月10日。

2014年9月17日,中国国家工商行政管理总局副局长刘俊臣在首届中国—东盟工商论坛上表示,截至2014年8月底,东盟10国来华投资设立企业总计15160户,投资总额2477.72亿美元,注册资本1206.85亿美元[①]。以上可以看出东盟华侨华人在侨居国的雄厚经济实力。"一带一路"倡议的实施正是以经济领域的一系列遵循市场规律和国际通行规则的项目落地来体现的,包括经济社会发展的各个领域,这些领域为东盟各国华侨华人充分发挥市场主体作用提供了机会。

同时,"一带一路"倡议不仅仅是外来投资"走进来",更重要的是中国企业和资金"走出去"。近10年来,中国企业在东盟国家的投资增长迅速。中国商务部数据显示,截至2013年6月底,中国对东盟国家直接投资累计近300亿美元,约占中国对外直接投资的5.1%,主要集中在电力生产、商务服务、批发零售、制造、采矿、金融等领域。截至目前,中国在东盟设立直接投资企业近2500家,雇用当地雇员近12万人[②]。目前,中国是东盟最大的贸易伙伴、出口市场与进口来源地。而东盟是中国第三大贸易伙伴、第四大出口市场和第二大进口来源地。随着"一带一路"项目的实施,中国投资领域的扩大和投资金额的巨幅上升,东盟各国华侨华人可以依托其在产业结构已实行多元化的优势,展开与中国资金和企业的全方位合作。

所以,华侨华人雄厚的经济实力为中国资金和项目的"请进来"和"走出去"提供了强大的经济基础。

(二)组织保障

中国政府和东盟华侨华人组织健全,为华侨华人的桥梁工作提供了可靠的组织保障。东盟各国是世界华侨华人最集中的地区。到2007年,东南亚华侨华人总数约3348.6万(包括250多万新移民及其眷属,约占东南亚总人口的6%),约占全球4543万华侨华人总数的73.5%[③]。同时,东盟各国华侨华人也通过自发成立地缘性组织、血缘性组织、业缘性组织与中国保持密切联系。现在包括东盟在内的海外华侨华人团体的总数有9000多个,

---

① http://www.chinanews.com/gn/2014/09-17/6600315.shtml.
② http://hkstock.cnfol.com/130723/132%X2113%X15598948%2COO.shtml.
③ 庄国土:《华侨华人分布状况和发展趋势》,《研究与探讨》2010年第4期。

其中影响较大的团体有几十个，每个社团都聚集和联系着众多的华侨华人。这些海外侨团融入所在国的社会，成为所在国社会结构的组成部分，深入到社会的各个方面。

（三）政治影响

东盟各国的华侨华人经过几代人的不懈努力，不但在经济上取得很大成功，在政治上也有了一定的影响力。东盟国家中，已经有了以华人为主的政党，在东盟的国家领导人中也频频出现华人的身影。华侨华人在东盟各国中的政治地位和政治生态环境取决于东盟国家的内部因素，也受中国与东盟各国之间关系的影响。另外，中国的繁荣发展也对华人的政治地位和政治生态有积极作用。中国—东盟自由贸易区的建立已经在一定程度上改善了华侨华人的政治生态环境。"一带一路"倡议的提出和实施在政治层面上就是加强政策沟通，加强政府间合作，积极构建多层次政府间宏观政策沟通交流机制，深化利益融合、促进政治互信，达成合作新共识。

（四）文化认同

东盟各国华侨华人文化的兼容并包为"一带一路"的人心相通架起文化桥梁。东盟各国的华侨华人文化具有相对稳定性和动态发展的特点。东盟各国华侨华人文化在长期的历史发展过程中，通过各种形式如华校、华文报纸、宗祠活动、传统节日等，始终保持着中华文化在伦理道德和价值观念等方面的文化传统，这同中国文化模式的转型密切相关。同时，东盟各国华侨华人文化是动态的，在同其他文化的长期交流过程或相互影响过程中，在保留其基本特征的同时会不断地发生变异，不断地吸收其他民族文化的许多因素，不断丰富当地文化，并与原住民文化逐渐融合成为新的混合文化。因此，东盟各国的华侨华人在"一带一路"倡议中起到了文化方面的桥梁作用。

二 东盟国家华侨华人在"一带一路"倡议实施中的三大桥梁作用

"一带一路"是一个系统工程，涉及领域很广泛。结合东盟各国华侨华人的自身优势,结合"一带一路"倡议实施的内容,东盟各国华侨华人可以发挥的桥梁作用主要有以下几个方面。

(一) 经济桥梁作用

东盟华侨华人在居住国具备的经济实力为"一带一路"倡议实施搭建了经济桥梁。经济是"一带一路"倡议实施的重要内容,包括了设施联通、贸易畅通、金融流通。目前,中国与东盟各国经济合作出现了货物贸易快速增长、双向投资稳健增长、金融合作日益密切以及合作领域不断深化四大特征。2003~2013 年,中国与东盟的货物进出口总额年均增长率为 22.56%,2013 年,双边贸易总额为 4436.1 亿美元,较 2002 年的 547.7 亿美元增长 7.1 倍。其中,中国对东盟的出口额为 2441 亿美元,同比增长 19.5%;从东盟进口额为 1995 亿美元,同比增长 1.9%[1]。同时,随着中国与东盟战略伙伴关系的不断深入发展,双方的合作不仅涉及贸易、投资领域,也逐渐扩大到农业、信息产业、人力资源开发等 11 个重点合作领域。同时,双方人文交流空前密切。中国已成为东盟第二大游客来源地。双方的留学生已有近 20 万,每年的人员往来高达 1500 万人次[2]。随着"一带一路"项目的实施,东盟各国华侨华人面临更多的经济发展机会,充分发挥其在资本市场、企业规模上的优势,参与和促进"一带一路"倡议的实施。

(二) 政治桥梁作用

随着东盟各国华侨华人在侨居国政治地位的提高以及政治生态环境的改善,华侨华人为"一带一路"倡议实施搭建政治桥梁。中国历来重视与东盟各国发展友好合作关系,也取得了显著的成绩。1991 年,中国与东盟开始正式对话。1991 年 7 月,中国外交部部长钱其琛出席了第 24 届东盟外长会议开幕式,标志着中国开始成为东盟的磋商伙伴。随着双边关系的不断发展,2003~2013 年,中国与东盟正式建立战略伙伴关系后,双方在经贸、投资、金融等多个领域的合作取得了丰硕成果,被称为中国与东盟双

---

[1] 郭可为:《"一带一路"大战略下的中国—东盟经贸现状与机遇》,《中国经济时报》2015 年 1 月 9 日。

[2] 郭可为:《"一带一路"大战略下的中国—东盟经贸现状与机遇》,《中国经济时报》2015 年 1 月 9 日。

边关系的"黄金十年"。"一带一路"倡议的实施和项目落地为政治互信奠定基础,东盟各国华侨华人可以利用政党、社会团体、主流报纸等载体,为中国与东盟各国在政治互信和政策沟通上做出更大贡献,使中国与东盟双边关系尽早成为"钻石十年"。

(三) 文化桥梁作用

要充分利用东盟华侨华人的文化认同,为"一带一路"倡议实施搭建文化桥梁,加大在文化科技方面的交流和合作力度,主要体现在,利用侨居国华侨华人的宣传,扩大相互间留学生规模,开展合作办学。搭建文化桥梁的领域可以包括中国每年向沿线国家提供1万个政府奖学金名额;沿线国家间互办文化年、艺术节、电影节、电视周和图书展等活动,合作开展广播影视剧精品创作及翻译,联合申请世界文化遗产,共同开展世界遗产的联合保护工作;深化沿线国家间人才交流合作;加强旅游合作,扩大旅游规模,互办旅游推广周、宣传月等活动,联合打造具有丝绸之路特色的国际精品旅游线路和旅游产品等。"一带一路"倡议对促进中国与东盟各国的文化交流、增加国际区域间的合作必将起到巨大作用。

三 发挥东盟各国华侨华人桥梁作用的建议

科学的顶层政策设计可以更好地促进东盟各国华侨华人桥梁作用的发展。政策设计主要的方向是政府部门为代表的官方主导,非政府组织为代表的民间交流助推。

(一) 发挥政府相关部门的作用

"一带一路"是中国的国家倡议,是国际区域新型合作关系的体现,因此,如何激励东盟各国华侨华人的桥梁作用,中国的相关部门应研究和制定出有前瞻性、可操作性的政策,引导东盟国家华侨华人充分发挥桥梁作用。

首先,依靠侨务、政府智库等国家机关和部门,完善和落实工作职能,切实做好东盟各国华侨华人的工作。

侨务部门针对东盟国家华侨华人的主要工作是:调研国内外侨情和侨

务工作情况，向国家提供侨务信息；制订侨务工作的发展规划；审核有关部门和地方制订的直接涉及侨务方面的有关政策；对有关部门和社会团体所开展的侨务工作进行必要的统筹、协调；保护华侨的正当权益；开展对海外侨胞及其社团的团结友好工作；联系海外华文媒体、华文学校并支持其工作，促进海外侨胞在经济、科技、文化、教育等方面与中国的合作交流；依法保护归侨、侨眷的合法权益和海外侨胞在国内的合法权益；会同有关部门拟定有关归侨、侨眷工作的方针政策；开展归侨、侨眷工作；协助有关部门做好归侨、侨眷代表人士的人事安排工作等。

政府智库对东盟华侨华人的主要工作是：对东盟各国华侨华人进行政策研究；同时，充分挖掘海外智力资源，架设与世界前沿科技对接平台，鼓励并积极创造条件让他们参与"一带一路"建设。

其次，大中型国有企业、中国主导的亚洲基础设施投资银行（Asian Infrastructure Investment Bank，简称亚投行，AIIB）、中国—东盟投资合作基金（China – ASEAN Investment Corporation Fund）等具有技术和资金优势的机构，积极与东盟华侨华人合作，为华侨华人企业、项目和个人实施有效的商业模式，为其提供增值服务。

（二）民间非政府组织的交流助推

随着世界多极化、经济全球化、社会信息化深入发展，非政府组织在国家治理和全球治理中的作用和影响越来越大，成为多边国际活动的一支重要力量，为促进各国经济社会发展、维护世界和平稳定发挥了重要作用。

随着中国改革开放的不断深入，东盟国家华侨华人的非政府组织进入中国，在经济、科技、教育、文化、卫生、体育、环保、慈善和社会福利各领域积极开展合作，为促进中国与东盟各国的友好交流、推动中国经济发展和社会进步做出了积极贡献。在长期的友好交流与合作中，东盟华侨华人的非政府组织及其工作人员带来了多元的理念、有益的经验、专业的水准、敬业的精神，值得学习借鉴。东盟各国华侨华人与中国民间交流的形式有侨乡与东盟国家华侨华人的交流、行业商会的交流、民俗文化交流、企业交流会、孔子学校与华校的交流等。总之，东盟各国华侨华人与中国之间的民间交流助推了"一带一路"倡议的实施。

"一带一路"倡议在东盟地区的合作离不开居住国华侨华人的纽带和桥

梁作用，为了更好地实施"一带一路"建设，有必要加强华侨华人和"一带一路"相结合的研究，加强外交工作和侨务工作的联系和合作，促使中国、华侨华人和居住国三方共赢局面的形成。但同时也要意识到，华侨华人的作用受制于中国与东盟各国的双边政治、经济关系的大气候，因此，既要充分发挥华侨华人的桥梁作用，也要慎重对待。

参考文献：

［1］庄国土等：《华侨华人分布状况和发展趋势》，《研究与探讨》2010 年第 4 期。

［2］陈永、游筱群：《东盟国家华侨华人经济发展新特点》，《侨务工作研究》2004 年第 1 期。

［3］《推动共建丝绸之路经济带和 21 世纪海上丝绸之路的愿景与行动》，新华社，2015 年 6 月 27 日。

［4］《华侨华人在东盟国家财富超 1500 亿美元》，中国新闻网，2013 年 10 月 16 日。

［5］《中国—东盟关系发展历程》，新华网，2013 年 6 月 6 日。

［6］郭可为：《"一带一路"大战略下的中国—东盟经贸现状与机遇》，《中国经济时报》2015 年 1 月 9 日。

The Role of Overseas Chinese of ASEAN in "The Belt and Road"

Sheng Yi, Ren Zhenyu

Abstract: The Belt and Road as strategic idea is proposed by China for actively responding to profound changes in the global situation, discovering economic growth path, realizing globalization rebalancing, and establishing regional new partnership. ASEAN is major area of The Belt and Road, its overseas Chinese are also major force for promoting The Belt and Road, therefore, overseas Chinese in ASEAN should to fully play their important role in The Belt and Road, and act as a bridge with great potential to promote cooperation between China and ASEAN in economy, trade, technology and culture.

Keywords: ASEAN Country; Overseas Chinese; The Belt and Road; Bridge

内外统筹
（中国梦与"一带一路"）

中国梦视域中的"一带一路"建设与华侨华人的海外发展[*]

戴雪梅[**]

摘 要 "一带一路"建设和华侨华人的海外发展统一于实现中华民族伟大复兴的中国梦这一具有世界历史意义的伟大事业中。"一带一路"建设凸显了中国梦的世界维度,是全球化时代实现中华民族伟大复兴的中国梦的必然要求。华侨华人的海外发展凸显了中国梦的民族维度,是全球化时代中华民族伟大复兴的中国梦的应有之义。"一带一路"建设在海外的落地与实施,离不开遍布世界各地的6000多万华侨华人的鼎力支持。参与和支持"一带一路"建设,是华侨华人实现自身经济、政治、科技、文化等多方面发展与提升的难得机遇。

关键词 中国梦 "一带一路" 华侨华人 海外发展

2012年11月,以习近平为总书记的新一届中央领导集体承担起了领导中国这艘巨型航母继续破浪前行的重任,提出了实现中华民族伟大复兴的中国梦的有力倡言。也正是从2012年开始,中国经济发展开始进入新常态。数据显示,2012年中国国内生产总值(GDP)增长率从2011年的9.5%迅速回落到7.7%,创下了进入21世纪以来的最低点。进入2013年后,第一季度和第二季度的GDP同比增长率分别为7.7%和7.5%,[①] 国内经济增长基本没有起色。在国内经济增长乏力、世界经济复苏缓慢的情况下,大力发展对外经济合作成为新一届中央领导集体的重要抉择。2013年9月,习

---

[*] 本文原载《毛泽东邓小平理论研究》2016年第12期,第74~78页。
[**] 戴雪梅,上海社会科学院中国马克思主义研究所副研究员。
[①] 《数据简报:1992-2013年中国各季度GDP同比增长率一览》,中国经济网,http://intl.ce.cn/specials/zxxx/201310/18/t20131018_1638921.shtml。

近平在哈萨克斯坦纳扎尔巴耶夫大学发表演讲，倡议欧亚各国创新合作模式，共同开展建设"丝绸之路经济带"这一"造福沿途各国人民的大事业"。① 2013年10月，习近平在印度尼西亚国会发表演讲，倡议中国同东盟国家发展海洋合作伙伴关系，共同建设21世纪海上丝绸之路，实现共同发展、共同繁荣。② 作为一个覆盖众多国家、规模空前的国际合作大战略，"一带一路"建设在海外的落地与实施，离不开遍布世界各地的6000多万华侨华人的鼎力支持。对于华侨华人来说，参与和支持"一带一路"建设，不仅是为实现中华民族伟大复兴事业的中国梦添砖加瓦，也是实现自身经济、政治、科技、文化等多方面发展与提升，实现个人梦想的良机。毋庸置疑，"一带一路"建设和华侨华人的海外发展统一于实现中华民族伟大复兴的中国梦这一具有世界历史意义的伟大事业中。

一 中国梦的世界历史意义

中华民族伟大复兴的中国梦具有个人梦、国家梦、民族梦、世界梦等多重维度，实现中华民族伟大复兴的中国梦是具有世界历史意义的伟大事业。从个人角度来看，实现中国梦意味着13亿多中国人都享有人生出彩、梦想成真、同祖国和时代一起成长与进步的机会，也就是说世界18.60%的人口享有通过辛勤劳动、诚实劳动和创造性劳动创造美好生活的机会，这无疑是对世界文明进步的重大贡献。从国家角度来看，实现中国梦意味着中国在21世纪中叶建成富强民主文明和谐的社会主义现代化国家，即中国GDP占世界比重至少要达到中国人口占世界的比重，人均国民总收入（GNI）超过中等偏上收入国家平均水平、接近高收入国家水平，国际竞争力和创新能力接近高收入经济体，人类发展指数（HDI）接近甚至超过准发达国家水平，选举民主和协商民主齐头并进，社会和谐度稳步提升，从而产生强大的示范效应，推动世界朝着富强民主文明和谐的方向前进。从民族角度来看，中国梦意味着包括两岸四地人民、海外华侨华人在内的中华

---

① 习近平：《创新合作模式共同建设"丝绸之路经济带"》，http://cpc.people.comcn/n/2013/0907/c164113-22840646.html。
② 习近平：《中国愿同东盟国家共建"21世纪海上丝绸之路"》，http://newsxinhuanetcom.world/2013-10/03/c_12s4820s6.htm。

民族的整体复兴，意味着中华民族彻底摆脱近代历史上"东亚病夫"的标签，成为屹立在世界民族之林前列的优秀民族。从世界角度来看，中国梦体现了"家国天下"的博大情怀，它所指向的不仅是中国、中国人民和中华民族，而且延展至世界，深信中国人民的梦想同世界各国人民的梦想互为依归，相信中国能成功避免陷入"国强必霸"的"修昔底德陷阱"，有力推动实现持久和平、共同繁荣的世界梦。

二 "一带一路"建设凸显中国梦的世界维度

"一带一路"建设凸显了中国梦的世界维度，生动展示了向着民族复兴目标奋勇前进的中华民族在日益强盛起来的同时，其关切正自觉地从相对狭隘的民族主义诉求扩展到更为宽广的世界主义视野。包括中国在内，"一带一路"建设目前主要覆盖的 65 个国家，2015 年人口总量约为 44.9 亿，约占全球总人口的 63%；2015 年 GDP 约为 24.5 万亿美元，约占全球经济总量的 32.5%。这 65 个国家经济发展水平不一，包括 12 个发达经济体、36 个发展中经济体和 17 个转型经济体。这 65 个国家政治体制多样，包括 26 个议会制共和制、17 个总统制共和制、5 个君主专制政体、4 个议会制君主立宪制、3 个半总统共和制、3 个人民代表大会制度、2 个二元制君主立宪制、1 个民主共和制、1 个代表团制、1 个贵族共和制、1 个联邦制、1 个共和制（政教合一）。这 65 个国家的人类发展指数差距较大，新加坡最高为 0.912，阿富汗最低为 0.465。这 65 个国家有 50 多种官方语言、70 多个主要民族和约 20 种主要宗教。而正在为实现中国梦第二个百年目标努力奋斗的中国，尽己所能地推动"一带一路"建设，旨在使这 65 个在经济发展、政治体制、文化教育、语言文字、民族构成、宗教信仰等方面均有较大差异的国家共同发展，共同打造政治互信、经济融合、文化包容的利益共同体、命运共同体和责任共同体，无疑充分体现了中国梦以推动人类文明进步为己任的世界维度。

三 华侨华人的海外发展凸显了中国梦的民族维度

华侨华人是中华民族大家庭的当然成员，也是中华民族伟大复兴的重要主体。历史已经证明，从中国同盟会的创立到其开展的一系列反清武装起义，从黄花岗起义、辛亥革命、五四运动、中共创建、国民革命到抗日战争，广大华侨华人既出钱又出力，为中国梦第一个百年目标的实现做出了重要贡献。新中国成立后，在为中国梦第二个百年目标奋斗的过程中，无论是新中国成立初期广大华侨华人掀起的支持新中国建设的强大热潮，还是改革开放时期华侨华人支持祖国经济、政治、文化、社会、生态全方位复兴的诸多贡献，都充分证明了华侨华人是民族复兴的重要在场者。而华侨华人的海外发展作为全球化时代中华民族伟大复兴的中国梦的应有之义，天然地与主动走出国门的宏伟的"一带一路"建设相辅相成，统一于实现中华民族伟大复兴的中国梦这一具有世界历史意义的伟大事业中。

（一）"一带一路"建设与华侨华人的政治发展

虽然中国政府鼓励华侨华人在祖（籍）国积极参政议政，为中国发展献计献策，但华侨华人的政治发展主要是指他们积极投入住在国（地）政治活动，成为完整意义上的住在国（地）公民。2013年"一带一路"倡议的提出，既是中国强大的重要标志，也是强大的中国乐于为世界发展贡献中国力量、中国智慧的明证。而一个自身强大和胸怀世界的祖（籍）国，也为华侨华人在住在国（地）从事政治活动提供了重要支撑。

回顾犹太人在欧美反差强烈的经历，可以为华侨华人政治发展提供重要借鉴。众所周知，善于经商的犹太人在中世纪和近现代欧洲之所以无力自保，屡遭驱逐和迫害，在很大程度上就是因为犹太人被欧洲各国禁止参军和参政。而犹太裔美国人之所以在美国如鱼得水，在很大程度上则是因为他们在美国这个移民国家初创时把握住了政治发展机会，以宗教式的热情参与政治。例如，虽然美国大选时18岁以上公民的投票率不足50%，但其中犹太裔美国人的投票率则高达90%。在立法系统，美国参议院长期有10~15名犹太裔参议员，众议院10%左右的席位属于犹太裔美国人。在行政系统，尼克松和福特时期的国务卿基辛格，任期跨越6届美国总统的前美联储主席格林斯潘，克林顿时期的国务卿奥尔布赖特、国防部部长科恩，奥巴马时期的白宫办公厅主任伊曼纽尔、白宫国家经济委员会主席萨默斯、美联储主席伯南克等，都是犹太裔美国人。在司法系统，联邦最高法院的9位现任大法官中，有4位是犹太裔美国人。此外，美国犹太人还积极进行政治捐款，并拥有"美以公共事务委员会"（AIPAC）、"美国主要犹太人组织主席会议"（JCPA）等颇具影响力的"院外集团"。

或许正因为中国"一带一路"建设所产生的积极影响，2014年1月印尼人协议长西达尔托·达努苏卜罗托在遗憾地指出"华人已经惯于投入工商业界"这一事实的同时，呼吁印尼华族消除顾虑，投入政界，参与社会、民族和国家生活的各个领域，成为"完整印尼公民"。① 印尼华侨华人应该抓住这一机遇，乘势而上，在政治上谋求更大发展。虽然正如孙中山曾经指出的，第一代华侨之所以不畏艰辛，背井离乡，是因为他们秉持个人"发财主义"的信念，看到"内地生活不足"，遂"谋生活于海外"，为了个人发财而"无险不冒"。② 这种基于经济发展的个人"发财主义"思想在华侨华人中代代相传，激励着华侨华人勤劳致富，成为住在国（地）大多数人眼中的富裕群体，同时也不幸成为潜在的仇富对象，衍生出了一场场排华浪潮。而投入政界，对住在国（地）政治施加积极影响，是富裕起来的华侨华人自保的重要手段。当然，按照孙中山的设想，更根本的举措应该是变少数人发财为人人发财，即组织一个奉行"民生主义"的"良好政府"，责无旁贷地承担起领导国民实现人人发财的重任。③ 这实际上也给华侨华人参政提出了比自保更进一步、更为高远的目标，即改良政府，推动建立一个致力于全民共同富裕的良好政府。

反之，华侨华人积极投身住在国（地）的政界活动，也将有助于"一带一路"建设在其住在国（地）的落实与实施。例如，在中国与印尼合作的雅万高铁项目中起重要作用的印尼交通部部长伊格纳斯·佐南（Ignasius Jonan），其中文名为杨显灵，祖籍为中国福建。④ 无论是2014年高铁项目被总统因故取消的墨西哥，还是中国投资约14亿美元的科伦坡港口城项目因2015年总统更迭而被无端停工一年的斯里兰卡，华侨华人不仅总数不多，而且大都远离政治。

令人欣喜的是，进入21世纪以来，随着中国崛起态势越来越明显，华

---

① 《印尼高官呼吁华人积极参政成为"完整印尼公民"》，中新网，http://www.chinanews.comhr/2014/01-08/s712s42.shtml。
② 《孙中山全集》（第8卷），中华书局，1986，第504~505页。
③ 《孙中山全集》（第8卷），中华书局，1986，第505页。
④ 李克难：《印尼华人参政辛酸史》，《凤凰周刊》2016年第12期。

侨华人在住在国（地）参政议政的热情也逐渐高涨，正在摆脱"沉默者"的传统形象。例如，2011年11月，祖籍广东的李孟贤成为旧金山这个美国当年排华法案发源地的第一位华裔民选市长，极大地激发了华裔的荣誉感。印尼华裔钟万学在2012年9月当选为雅加达省副省长，2014年11月接替总统佐科·维多多担任雅加达省省长，政绩斐然，并于2016年3月作为独立候选人谋求竞选连任雅加达省省长。在2015年的英国大选中，共有来自保守党、工党、自民党和绿党的11位华裔候选人参选，人数之多创下历史纪录。其中，保守党候选人麦大粒（Alan Mak）成功当选为下议院议员，打破了"华裔当不上英国议员"的魔咒。在2015年澳大利亚新南威尔士州大选中，华裔珍妮·梁成为该州首位华裔下议院议员。

然而，需要注意的是，就对祖（籍）国的态度而言，华侨华人的政治立场并不统一，既有亲共的，也有反共的，既有亲华的，也有反华的，还有亲台的。而台湾绿营势力迫不及待地推出以"台侨"取代"华侨"、废除悬挂在台湾地区学校和机关里的孙中山遗像的"去孙中山化"等种种"去中国化"举动，恰恰为大陆争取和感召华侨华人提供了良机。虽然新中国成立后，中国共产党在对待华侨华人的态度和政策上曾经犯过错误、走过弯路，但改革开放30多年来，对华侨华人的态度和政策越来越开明、务实，为"一带一路"建设在海外的落地与实施奠定了良好的基础。

（二）"一带一路"建设与华侨华人的经济发展

"一带一路"倡议是中国向世界描绘的一幅宏大的发展愿景，它以探寻后危机时代全球经济增长之道、实现全球化再平衡、开创21世纪地区合作新模式为使命，[①] 旨在将沿线国家打造成政治互信、经济融合、文化包容的利益共同体、命运共同体和责任共同体。

经济基础决定上层建筑，"一带一路"建设的基本着眼点还是沿线国家的经济合作与发展。中国政府基于改革开放过程中鼓励华侨华人积极参与国内经济发展的成功经验，充分认识到华侨华人是推动"一带一路"建设不可或缺的独特力量，多方引领华侨华人参与"一带一路"建设，以共享经济发展的新机遇。而华商作为华侨华人的主要组成部分，也深刻认识到

---

① 王义桅：《"一带一路"的三重使命》，《人民日报》（海外版）2015年3月28日。

"一带一路"建设能助推自身事业的进一步发展，愿意为"一带一路"建设在其住在国（地）的落地与实施献计献策。

为了在经济全球化时代促进中外经贸交流和合作，提升华商形象与国际影响力，使华商事业在21世纪进一步繁荣与进步，国务院侨办早在2006年就开始举办两年一度的"华商领袖圆桌会"，以增进全球华商精英及其社团组织的联系、互动和合作，凝聚共识，创新发展。① 从2011年起，根据泰国正大集团董事长、中国侨商投资企业协会会长谢国民的提议，国务院侨办推动"华商领袖圆桌会"纳入博鳌亚洲论坛框架，变为一年一度的"华商圆桌会议"，"侨"的声音和"侨"的元素由此开始融入亚洲顶级论坛。② 从2015年起，又进一步引入华人智库专家，将会议变更为博鳌亚洲论坛"华商领袖与华人智库圆桌会"，而"一带一路"建设也成为该圆桌会议的聚焦点。在2015年3月的"华商领袖与华人智库圆桌会"上，香港亚洲金融集团主席陈有庆认为，"一带一路"倡议是中国政府在世界经济持续低迷、中国发展进入新常态背景下提出来的，其根本意义在于形成新的经济增长动力，将为海外华侨华人提供难得的发展机遇。③ 2016年3月的"华商领袖与华人智库圆桌会"上，香港经纬集团有限公司董事局主席陈经纬提出，广大华商应该"精准对焦"，发挥"引进来"和"走出去"的积极作用，做中国企业进入"一带一路"沿线国家的桥梁纽带。④

为了更好地为"一带一路"建设服务，国务院侨办还积极探索构建全球华商组织联系合作新机制，在2015年7月举办了首届世界华侨华人工商大会高端论坛，邀请了世界79个国家和地区、211个华侨华人工商社团和专业协会的300名海外嘉宾与会，盛况空前。李克强总理会见了全体代表，高度赞扬一代代华侨华人为中华民族的独立和解放、为中国的改革开放和现代化建设做出了特殊的重要贡献，并殷切希望华侨华人在中国着眼于保持经济中高速增长和迈向中高端水平"双目标"，以及着力打造大众创业、

---

① 《首届华商领袖圆桌会上海召开》，http://www.chinaqw.com/news/2006 10/08/50159.shtml。
② 于晓：《博鳌亚洲论坛首次举办华商圆桌会议》，《侨务工作研究》2011年第3期。
③ 《"华商领袖与华人智库圆桌会"在博鳌举行》，http://www.gqb.gov.cn/news/201s/0331/3s412.shtml。
④ 张茜翼：《"华商领袖与华人智库圆桌会"在博鳌举行》，http://finance.ifeng.com/a/2016 032s/14291027_0.shtml。

万众创新和增加公共产品、公共服务"双引擎"的新时期，充分发挥华商在资金、技术、管理、商业网络等方面的优势，并结合自身专业成就卓著、政商人脉广泛、熟悉当地法律规则等特点，当好促进中国经济转型发展的"生力军"，架起中外经济合作共赢的"彩虹桥"，同时打造华商在世界上的"新形象"。①

同样，华商作为华侨华人的主要组成部分，也希冀借力"一带一路"建设，谋求自身经营事业的进一步发展。例如，靠农业起步的泰国正大集团，1979年在深圳投资建立了中国第一家饲料厂，是改革开放时期进入中国的第一家外资企业。30多年来，伴随着中国改革开放的进程，正大集团作为中国饲料行业的"黄埔军校"，② 在引领中国饲料行业快速发展壮大的同时，还积极涉足电信、石化、房地产、医药、零售、金融、机械和传媒等领域，成功跻身东南亚规模最大和最具影响力的企业集团之列。"一带一路"倡议提出后，正大集团积极响应，董事长谢国民希望借此机会将投资拓展到泰国铁路建设领域，并大力加强与国内在高铁技术、融资、建设等方面的合作。③ 美国华商会会长邓龙把"一带一路"建设比喻为海外华商事业的"润滑油"，期待"一带一路"建设推动其经营的商业再上一个台阶。④ 马来西亚中华大会堂总会长方天兴深信，随着马新高铁、泛亚铁路、马中产业园等项目的推进，马来西亚钢铁业将在配合"一带一路"建设起舞的过程中焕发新的生机。⑤ 旅法华侨华人希望在"一带一路"建设中寻找商机，实现餐饮、贸易和低档产品加工等传统支柱产业的转型升级。⑥

---

① 丁峰：《李克强会见首届世界华侨华人工商大会全体代表》，http://news.xinhuanet.com/politics/2015-07/06/c_1115833826.htm。
② 于芳妮：《正大集团的中国情结》，http://www.jingji.com.cn/html/news/djxw/43999.html。
③ 《谢国民：惠及沿线国家"一带一路"获赞》，http://finance.chinairn.com/New/2015/03/30/171956532.html。
④ 陈舒：《美国华商会会长："一带一路"战略是海外华商事业的"润滑油"》，http://news.xinhuanet.com/fortune/2015-11/10/c_1117095821.htm。
⑤ 王尧：《做中外友好合作的"金丝带"——第八届世界华侨华人社团联谊大会侧记》，《人民日报》2016年6月16日。
⑥ 《欧洲时报："一带一路"来了 华侨华人大有可为》，中新网，http://www.chinanews.com/hh/2015/06-01/7314150.shtml。

(三)"一带一路"建设与华侨华人的科技发展

在经济全球化时代,科学技术无疑是各国必须重视的第一生产力。"一带一路"建设以知识密集型、技术密集型产业为主导,对华侨华人在科技方面的发展提出了新的要求,并为华侨华人中的高科技人才进行科技研发和创新提供了广阔的舞台。

100多年来,华侨华人逐渐摆脱了19世纪末20世纪初知识水平低下的廉价劳工群体形象,涌现出了越来越多的科技人才。在20世纪90年代,伴随着知识化、信息化的热潮,高科技的华侨华人社团从无到有,1992年、1995年、1999年分别成立了中国旅美科学技术协会、美国华人生物医药科技协会和华源科技协会。总体来看,高科技华侨华人社团主要集中在北美,包括美国的硅谷、大华府、纽约、休斯敦、西雅图、洛杉矶、波士顿、芝加哥等地区,以及加拿大的多伦多。① 美国自从1959年创立美国国家科学奖、1980年创立美国国家技术创新奖以来,迄今为止,共有12位华人获得这两个美国最高科技奖项,其中获得美国国家科学奖的是陈省身(1975年)、吴健雄(1975年)、杨振宁(1986年)、李远哲(1986年)、林同炎(1986年)、朱经武(1988年)、卓以和(1993年)、丘成桐(1997年)、冯元桢(2000年)和钱煦(2011年),获得美国国家技术创新奖的是卓以和(2007年)和胡正明(2015年)。

北美特别是美国作为全球的高科技中心,吸引着越来越多的华侨华人和新生代留学生以北美为起点,投身科技领域。他们在北美接受电子信息、医药生物、航天航空、先进装备制造、新材料、新能源、污染控制、环境保护、海洋开发、现代农业、现代服务业等高新科技领域的前沿高等教育之后,有相当一部分人会选择回国创业和就业,在直接为国内经济创新发展做贡献的同时,实现个人梦想。而那些留在北美从事科技工作的华侨华人,也可以通过参与中国中央和地方政府推出的多种多样的招才引智平台计划,如千人计划、百人计划、侨梦苑、华创会、中国·海峡项目成果交易会、引凤工程等,推动国内经济科技跨越式发展。而"一带一路"建设

---

① 王辉耀、苗绿:《海外华侨华人专业社团的新特点与新作用》,《华人研究国际学报》2014年第6卷第1期。

覆盖众多国家，华侨华人通过参与"一带一路"建设，可以把他们掌握的科技知识与技能辐射到除了中国和住在国（地）之外的数十个国家，前景值得期待。

（四）"一带一路"建设与华侨华人的文化发展

"一带一路"建设以政策沟通、设施联通、贸易畅通、资金融通、民心相通为主要内容，其中民心相通是"一带一路"建设的社会根基，旨在通过传承和弘扬丝绸之路友好合作精神，广泛开展文化交流、学术往来、人才交流合作、媒体合作、青年和妇女交往、志愿者服务等，为深化双边、多边合作奠定坚实的民意基础。① 显然，"一带一路"沿线国家的华侨华人，一方面与"一带一路"倡议首倡国中国的人民同文同种，另一方面与住在国（地）人民朝夕相处，在推动中国与沿线国家的民心相通方面，有着不可替代的作用。而华侨华人能成为"一带一路"建设民心相通的桥梁和纽带，首要前提是他们必须有作为华侨华人的文化认同，进而在祖（籍）国文化与住在国（地）文化的碰撞和冲突中，通过谋求多元文化的融合促进文化发展。

然而，在排华氛围浓厚的国家，曾经有很多华侨华人不敢公开承认自己的华裔身份。例如，印尼 2000 年的人口调查显示，仅有约 170 万名华裔，占印尼人口的 0.9%，而真正的华裔数量应该是这个统计数字的好几倍。他们之所以不愿意承认自己是华裔，是因为对 1998 年针对华侨华人的"黑色五月暴动"记忆犹新。② 要彻底化解华侨华人的这种心结，作为祖（籍）国的中国就必须在经济、政治、文化、社会、生态文明建设上取得全面进步，以富强、民主、文明、和谐的国家形象屹立在世界的东方，为华侨华人提供坚强的后盾。

可喜的是，进入 21 世纪后，中国在经济连续 30 多年高速增长、国力迅猛增强的同时，积极创新侨务工作，对华侨华人的向心力和凝聚力已大为增强。例如，以增进世界人民对中国语言和文化的了解、发展中国与世界

---

① 国家发展改革委、外交部、商务部：《推动共建丝绸之路经济带和 21 世纪海上丝绸之路的愿景与行动》，http://news.xinhuanet.com/finance/2015 - 03/28/c 1114793986 2. htm。

② 崔向升：《华裔人士，有朝一日当印尼总统？》，http://qnck.cyol.com/html/2012 - 08122/nw.D110000qnck_20120822_2 - 05. htm。

各国的友好关系、促进世界多元文化发展、为构建和谐世界贡献力量为宗旨的孔子学院，创办10多年以来，已经遍布世界134个国家和地区。许多华侨华人把孔子学院作为下一代学习祖（籍）国语言文化的重要场所，视之为了解祖（籍）国文化、维系民族情感的纽带。①

四 中国梦将证实"黄福论"

"一带一路"倡议提出后，国外有一些反华势力借机煽动新的"中国威胁论"，蓄意阻挠"一带一路"建设。② 事实上，100多年前，当针对中国的"黄祸论"甚嚣尘上的时候，孙中山曾经旗帜鲜明地反对"黄祸论"，首倡"黄福论"。在孙中山看来，"黄祸论"认为拥有众多人口和丰厚资源的中国一旦觉醒并采用西方方式与思想，就将对全世界造成威胁，因此最明智的政策是"尽其可能地压抑阻碍中国人"。孙中山据此批评了"黄祸论"在希望中国衰亡这一点上是不道德的，在无视"中国人的本性就是一个勤劳的、和平的、守法的民族"这一点上是政治不公正的。最重要的是，孙中山通过展望中国觉醒和建立开明政府之后的经济发展前景，针锋相对地提出了"黄福论"。他指出，"国家与国家的关系"就像"个人与个人的关系"，而"一个人有一个穷苦愚昧的邻居"显然不比"他有一个富裕聪明的邻居"合算，因此当中国"全国即可开放对外贸易，铁路即可修建，天然资源即可开发，人民即可日渐富裕，他们的生活水准即可逐步提高"时，对外国货物的需求"即可加多"，国际商务"即可较现在增加百倍"，"黄祸"就由此变成"黄福"。③

历经百年，孙中山提出的"黄福论"正在为中国梦所证实。已经成为世界第二大经济体的中国并没有止步于国际贸易，而是主动倡行"一带一路"建设，积极走出国门与众多沿线国家携手共创美好未来，这是广大华侨华人全方位发展与提升自身的难得机遇，也是全球化时代实现中华民族伟大复兴的必然要求。

---

① 毛振华：《孔子学院成为传播中华文化重要窗口》，http://news.xinhuanet.com/world/2014 - 6/20% 1111234120. htm。
② 吴志成：《"一带一路"建设需要直面五大挑战》，《上海证券报》2015年7月16日。
③ 《孙中山全集》（第1卷），中华书局，1981，第253～254页。

The Construction of "One Belt One Road" and the Development of Overseas Chinese: A "China Dream" Perception

Dai Xuemei

Abstract: Both "One Belt One Road" construction and the development of overseas Chinese are embodied in achieving the "China Dream" of revitalizing the nation. The former highlights the international dimension of the Dream as a necessity for bringing forward Chinese revitalization in the age of globalization, while the latter underlines the ethnic dimension of China Dream as an obligation for the revitalization in the times of globalization. The settlement and implementation of "One Belt One Road" construction is impossible without the support of about 60 million overseas Chinese from all over the world. Their participation and support of the construction is in return a rare opportunity to develop and heighten up their strength in the aspects of economy, politics, technology and culture.

Keywords: China Dream; The Belt and Road; Overseas Chinese; Overseas Development

安全研究

海外华侨华人的安全研究
——基于族群安全和个体安全的视角*

王九龙**

摘　要　本文试图从"族群安全"与"个体安全"的视角研究海外华侨华人的安全。本文认为海外华侨华人的族群安全是一种"离散族群安全",离散族群的安全特点区别于民族国家体系内部土生土长的族群安全。本文首先从族群安全的角度分析了为什么海外华侨华人作为一个离散族群其安全经常受到威胁,并从个体安全角度分析了当前海外华侨华人个体安全受到的威胁来自哪里;并对如何消除针对海外华族的族群安全和个体安全的威胁提出了建议。论文最后还指出华人"族群安全"与"个体安全"与华人的族群身份联系密切,且与华人族群与个人的发展水平息息相关。

关键词　华侨华人　族群安全　个体安全　离散族群安全

安全研究是国际关系研究的一个重要领域,安全研究的范畴主要分为传统安全研究和非传统安全研究。传统安全研究视国家为最重要的安全研究对象,致力于主权、领土的安全,而非传统安全研究则将重点转向超越国家差异基础之上的人和社会的安全。[①] 本文认为族群安全是非传统安全研究的一个重要指涉对象,华侨华人作为一个离散群体(Diaspora),其离散族群的身份使得其安全问题具有更多的复杂性和独特性,同时华侨华人的个体安全问题也因其特殊的离散族群身份而具备独特性。本文拟从族群安全与个体安全的角度去分析海外华侨华人的安全问题。

---

*　本文原载《印度洋经济体研究》2014年第2期,第139~156页;本文为教育部人文社科重点研究基地重大项目"海外排华、反华的演变及其应对"(13JJD810003)的阶段性成果。
**　王九龙,暨南大学国际关系学院国际关系专业博士研究生。
①　何忠义:《"非传统安全与中国"学术研讨会综述》,《世界政治与经济》2004年第3期。

一　概念界定

对学术名词的讨论促使我们寻找某一学术名词最核心的含义，而这些最核心的含义就是该学术名词区别于其他名词的最重要的特征。本文所涉及的概念包括了华侨、华人、族群、离散族群、安全、族群安全、个体安全。下面，笔者将对其进行一一界定。

华侨。华侨在国内是一个法律概念，华侨是指定居在国外的中国公民。①"定居"是指中国公民已取得住在国长期或者永久居留权，并已在住在国连续居留两年，两年内累计居留不少于18个月。中国公民虽未取得住在国长期或者永久居留权，但已取得住在国连续5年以上（含5年）合法居留资格，5年内在住在国累计居留不少于30个月，视为华侨。中国公民出国留学（包括公派和自费）在外学习期间，或因公务出国（包括外派劳务人员）在外工作期间，均不视为华侨。②

---

① 1990年9月7日，第七届全国人民代表大会常务委员会第十五次会议通过的《中华人民共和国归侨归眷保护法》第二条规定"归侨是指回国定居的华侨（Chinese Overseas），华侨是指定居在国外的中国公民。"1980年9月10日，第五届全国人民代表大会第三次会议通过了《中华人民共和国国籍法》，本法第三条规定"中华人民共和国不承认中国公民具有双重国籍"；第五条规定"父母双方或一方为中国公民，本人出生在国外，具有中国国籍；但父母双方或一方为中国公民并定居国外，本人出生时即具有外国国籍的，不具有中国国籍"；第十三条规定"曾有过中国国籍的外国人，具有正当理由，可以申请恢复中国国籍；被批准恢复中国国籍的，不得再保留外国国籍"。因此，在国外任何持有中国护照者，只要具有定居性质，即是华侨。其子女如没有外国国籍，也是华侨（庄国土：《东南亚华侨华人数量的新估算》，《厦门大学学报》（哲学社会科学版）2009年第3期）。认定华侨身份的关键是如何理解中国公民"定居海外"。2009年4月24日，国务院废除了1984年印发的《关于华侨、归侨、华侨学生、归侨学生、侨眷等身份解释（试行）》的通知与2005年发布的国务院侨办关于印发《关于对华侨定义中"定居"的解释（试行）》的通知，取而代之的是新的国务院侨务办公室关于印发《关于界定华侨外籍华人归侨侨眷身份的规定》的通知，该规定第一条为：华侨是指定居在国外的中国公民。

② 1984年，国务院侨办印发《关于华侨、归侨、华侨学生、归侨学生、侨眷等身份解释（试行）》的通知，其第二条规定"国外定居"是指"已取得所在国的居留权，或虽未取得所在国居留权而事实上已在当地居留谋生"。2005年，国务院侨办印发《关于对华侨定义中"定居"的解释（试行）》第一条规定"定居是指中国公民已取得住在国长期或永久居留权"；第二条规定"中国公民虽未取得住在国长期或者永久居留权，但已取得住在国连续5年（含5年）以上合法居留资格，并在国外居住，视同定居"。2006年，浙江省人民政府发布的《浙江省华侨权益保障暂行规定》第二条规定"华侨是指已取得住在国长期或者永久居留权；以及虽未取得住在国长期或者永久居留权，但已取得住在国连续5（转下页注）

华人。对于华人（Ethnie Chinese，Chinese Diaspora）的定义，在学界有很大的争论。学者庄国土认为，华人乃是"在一定程度上保持中华文化（或华人文化）和中国人血缘的非中国公民"。① 据庄国土教授的定义，区分一个具有华族血统的人是不是华人的标准为看他是否还保有中国文化特征。如果一些具有华族血统的人他们的文化已被当地文化同化融合，则其不再是华人。王赓武认为可以"把华人的定义扩大到包括那些祖先主要是中国人以及那些仍自以为与中国有关系而感到自豪的人"。② 笔者认为不具备中国国籍，具有华人血统，认同华人社会的华裔均可以被视为华人。③

族群。族群（Ethnic Group）是一个人类学的概念。学者李勇认为，族群是相互分享共同的历史、文化或族源的人群。④ 马克斯·韦伯对族群的定义为"某种群体由于体制类型、文化的相似，或者由于迁移中的共同记忆，

（接上页注②）年（含5年）以上合法居留资格，并在国外居住的中国公民"。据此，有学者提出对于以上针对华侨的宽泛的解释没将中国公民国外的定居资格和定居事实结合起来，与1990年《归侨归眷权益保护法》（2000年修订）第二条"华侨是定居在国外的中国公民"有不一致之处。且"从移民法角度解释'定居国外'是指同时具备在外国的定居资格和定居事实两项条件，而不是两者之一，其强调的是定居资格持有者与定居地的紧密联系"；"回国居留的有外国定居资格的中国公民没有体现'侨'，不应该被认定为华侨。"（刘国福：《侨务法律制度研究》，法律出版社，2012，第19页）

① 庄国土：《东南亚华侨华人数量的新估算》，《厦门大学学报》（哲学社会科学版）2009年第3期。
② 王赓武著，姚楠编《东南亚华人——王赓武教授论文选集》，中国友谊出版公司，1986，第139页。
③ 另外新加坡学者廖建裕认为，保有华族血统的华裔都可以看作华人，"我所指的华人是华裔，即有华族血统而未完全同化的人士"。在廖建裕的定义中，廖先生仍加入了文化的因素，必须是未被同化的华裔才是华人。美国学者C. 威廉·斯金纳认为"华人的确切含义首先取决于其社会认同，而不是该种族在法律上或者文化上的特征。在印尼，倘若一个体自我认同为华人，他本人以华人社会的一员行事，而且向华人社会认同，那么他就是华人"。关于华人定义的再讨论，请详见曹云华《变异与保持：东南亚华人的文化适应》，台湾：五南图书出版股份有限公司，2010，第26~34页。
④ 丘进主编《华侨华人蓝皮书2012》，社会科学文献出版社，2012，第122页。族群是一个不同于民族（Nation）的概念，笔者认为民族的概念要大于族群的概念，族群是民族之下衍生出来的子群体。民族具有整体性、主体性，而族群具有特殊性、离散性。族群相较于民族往往具有更多的特点属性。一个民族可以根据其地理位置分布而分散为多个族群。有时，族群与民族又是重合的。巴里·布赞认为"在现代用法中'民族'被界定为一个大的人群，他们共享相同的文化，或许相同的种族和遗产。由于民族是共同的历史的塑造，因而在一些核心区域，它们一般构成了人口的主体"。（巴里·布赞：《人、国家与恐惧——后冷战时代的国际安全研究议程》，中央编译出版社，2009，第74页）

而对他们共同的世系抱有一种主观的信念，这种信念对于非亲属社区关系的延续相当重要，这个群体就被称为族群"。① 在韦伯对族群的定义中，有一点必须引起我们的注意，即"迁移"中的某一群体的"共同记忆"。笔者认为具备相似的血统、文化、共同历史记忆且生活在某一特定社会中的人群即可称为族群。② 因此在本论文中，笔者认为具有中华血统，保有中华历史记忆，认同华人社会的居住在世界各国（地区）的一群人，即可以被称为华族。同时笔者在本论文中将用华族一词来统称华侨、华人、华裔。

离散族群。离散族群（Diaspora）这一原本只用来特指犹太人悲惨命运的名词现在已被广泛运用。中国大陆一般用"Overseas Chinese"来指代华侨华人，如笔者当前所在的华侨华人研究院的英文翻译为"Academy of Overseas Chinese"。但是这样的用法会引起歧义。如陈志明教授所言，我们现在用 Chinese Overseas 来表达海外华人，但是在英文的句子构造中，这个用法往往被视为不对，被认为是 Overseas Chinese 的误写，所以有时笔者也无奈地用 Diaspora 这个概念。③ 同时笔者认为 Overseas Chinese 可以同时用来表达海外两个华族群体，一个是华侨，一个是华人。故如果我们用一个称谓来表达海外整体之华族，则笔者认为用 Chinese Diaspora 较为恰当，不会产生歧义。Chinese Diaspora 意指海外华族的整体。

厦门大学的李明欢教授将 Diaspora 翻译为"流散族群"，而笔者在本论文中还是使用最常见的翻译，即"离散族群"。有学者认为现代流散族群系由移民及其后裔构成的少数族群，他们在移居国生活、工作，但与祖籍国保持强烈的情感上和物质上的联系。④ 民族主义研究者威廉·萨弗兰认为现代流散族群有六个基本特征：①以故乡为中心迁移到两个以上边缘地区；②保持对故乡的记忆、想象和迷思；③认为自己不会或不可能被移入国接

---

① Marx Weber, "The Ethuic Group," in Parsons and Shils et al. eds. *Theories of Society*, Vol. 1, Glencoe Illinois: The Free Press, 1961, p. 306. 转引自孙九霞《试论族群与族群认同》，《中山大学学报》1998 年第 2 期。
② 《麦克米伦人类学词典》对族群的定义为"指能自我区分或是能被与其共处或互动的其他群体区分出来的一群人，区分的标准是语言的、种族的、文化的……族群的概念联合了社会的和文化的标准，且族群性的研究的确集中在族群间的互动及其认同的文化和社会的关联过程中"。参见孙九霞《试论族群与族群认同》，《中山大学学报》1998 年第 2 期。
③ 陈志明：《国际视野与海外华人研究》，《广西民族学院学报》2003 年第 1 期。
④ 李明欢：《Diaspora：定义、分化、聚合与重构》，《世界民族》2010 年第 5 期。

纳；④相信有朝一日时机成熟就可回归故乡；⑤愿献身于故乡的复兴；⑥与故乡源远流长的联系深深扎根于群体意识中。① 2004 年，耶鲁大学出版的《离散族群百科全书》中对离散族群的定义为："因不同原因而散居于一个以上地点的人群，他们虽散居各地，却可能共同怀揣回归故乡的理想，他们无法完全同化于移居国，并且可能与居住于不同地方的同一族群保持各种各样的联系。"② 李明欢教授认为华人属于一种"劳工型"的离散族群。③ 传统意义上的离散族群带有一种悲剧（流离、悲苦、无奈、苦难、受压迫）的色彩，这样的一种色彩是适应于华人的。笔者想熟悉华人移民史的人定与笔者有此同类之感，即华人之移民史乃是一部充满血与泪的历史。④

安全、个体安全、族群安全。安全（Security）研究是国际关系研究领域的一个重要研究课题，传统上人们认为安全指的就是国家的安全，国家安全是安全研究的中心，其关注的话题有主权、领土、军事威慑、裁军、战争、区域安全、国际安全等。进入 20 世纪 80 年代以后，人们开始倡导非传统安全的研究。如巴里·布赞所言，我们应将安全的概念扩大化，安全不仅仅指国家安全，还有其他维度的安全。笔者认为安全是一种免受威胁的状态。安全这一概念将"威胁—消除威胁"这两个词紧密地联系在一起。⑤ 巴里·布赞认为安全是"对免于威胁的自由的追求，以及国家和社会在应对其认为是敌对的变革力量时，维持独立认同感和完整功能的能力。

---

① 李明欢：《Diaspora：定义、分化、聚合与重构》，《世界民族》2010 年第 5 期。
② 李明欢：《Diaspora：定义、分化、聚合与重构》，《世界民族》2010 年第 5 期。
③ 李明欢：《Diaspora：定义、分化、聚合与重构》，《世界民族》2010 年第 5 期。
④ 从 19 世纪 50 年代到 20 世纪 20 年代，"契约华工"成为中国人移民的主要方式，这一时期也是中国苦力贸易最兴盛的阶段。根据陈泽宪先生的研究，从 19 世纪中期到 20 世纪前期，出国契约华工超过了 265 万人。其中，运往东南亚地区的有 170 多万人。（陈泽宪：《十九世纪盛行的契约华工制》，《历史研究》1963 年第 1 期）契约华工又被称为"猪仔"，中国苦力贸易又被称为"猪仔贸易"，因为华工所受的待遇与畜生无殊。第一，运载出洋的时候，许多华工被关在仓底，与运输猪豚无异；第二，华工到埠后，驱入新客馆，馆中设一大栅栏，以圆木柱排立而成，把他们关闭在内，好像关猪一样，因而称为"猪仔"；第三，华工被称为猪仔含有极端蔑视之意，客头认为他们像猪一样蠢笨，容易欺骗，同时认为他们像猪一样驯服，可以任人摆布。总之，这种贸易把人的尊严降低到了畜生的地位。（朱杰勤：《东南亚华侨史》，中华书局，2008，第 246~247 页）在工作之地，这些中国华工，像奴隶似地被对待。
⑤ 〔俄〕B. M. 库拉金：《国际安全》，纽菊生、雷晓菊译，武汉大学出版社，2009，第 1 页。

安全的底线是生存，也包括对于生存条件的一系列实质性问题的关注。"①赫德利·布尔认为："在国际政治中，安全并不仅仅只是平安（Safety），平安既是客观的，也是主观的。"② 阿诺德·沃尔夫斯认为："安全，在客观的意义上，表明不存在对所获得价值的威胁，在主观的意义上，表明不存在担心这样的价值会受到攻击的恐惧。"③ 帕特里克·摩根提到："安全是'免受伤害和感到免受伤害，'免受伤害和感到免受伤害一样重要'。"④ 总体来讲，安全就是免于伤害，这种伤害既有主观的，也有客观的，既有物质的，也有精神的。

安全具有不同的领域，根据遭到威胁、需要保护的对象的不同，安全有作为个体的"一个体的安全"、"一群人的安全"（例如：民族群体）、"社会安全"、"国家安全"、"地区安全"或一些国家的"集体安全"（如构成某个地区或某个联盟的那些国家），以及作为一个整体的国际社会的"全球安全"之分。⑤ 笔者认为若将海外华侨华人的安全作为一个整体来研究，则海外华侨华人的安全乃是"一群人的安全"，笔者称之为"族群安全"（Ethnic Group's Security）。当对海外华侨华人安全分析还原到具体之个体的时候，则我们要从"个体安全"（Individual Security）的角度去审视海外华侨华人安全。

个体是组成国家和社会的最基本的单位。人类结群组成国家和社会的目的之一便是为了要保护个体安全。巴里·布赞认为个体安全乃是一种社会问题，个体安全涉及方方面面的因素——生命、健康、地位、财富、自由，它的内涵要复杂得多，并且其中的许多因素一旦失去，将无法复原

---

① Barry Buzan, "New Patterns of Global Security in the Twenty - First Century", *International Affairs*, Vol. 67, No. 3, July 1991, pp. 432 – 433. 转引自王帆、卢静《国际安全概论》，世界知识出版社，2010，第 345 页。
② 〔英〕赫德利·布尔：《无政府社会：世界政治秩序研究》，世界知识出版社，2003，第 14 页。
③ Roger Carey & Trevor C. Salmon, *International Security in the Modern World*, St. Martin's Press, 1992, p. 13. 转引自朱明权《国际安全与军备控制》，上海人民出版社，2011，第 6 页。
④ Patrick M. Morgan, *International Security: Problems and Solutions*, CQ Press, 2006, pp. 1, 263. 转引自朱明权《国际安全与军备控制》，上海人民出版社，2011，第 6 页。另据作者对美国加州大学王灵智教授的采访，王教授认为马来西亚政府实行的马来人特权制度，使得在马来西亚的华人感觉到伤害，华人沦为马来西亚的"二等公民"。为此，马来西亚赴美的华人留学生大概有三分之一不回马来西亚，因为他们觉得在马来西亚受到歧视。
⑤ 〔俄〕B. M. 库拉金：《国际安全》，纽菊生、雷晓菊译，武汉大学出版社，2009，第 1 页。

(比如生命、四肢、地位等)。在社会中,每一个体都面临着大量的威胁、危险和疑惑。个体面临的绝大多数威胁源于这样一个事实,即他们生活在一个不断产生社会、经济和政治压力(这些压力是无法避免的)的环境之中。① 学者朱明权认为,个体安全乃是"个体在社会和文化生活中具有选择和行动的自由,享有充分的公民权利和人权的保护"。② 笔者认为个体安全乃是个体免于威胁(这种威胁可能来自国家或者其他族群或者他者)的状态,个体享有自由的发展的机会。

在消极层面,族群安全意指某一族群能够免于其他实体(族群、国家)的威胁(如免于暴力的攻击、威胁),并且某一族群可以免于歧视、压迫(如免于法律的压迫、限制,不会因为种族、宗教而受到歧视);在积极层面,族群安全也意味着某一族群具有获取过上体面生活的权利,族群成员能够获取全面发展的机会,如获得良好的教育、医疗救济和住所③,族群的自主权不会受到迫害。族群不同于国家,其乃是一个文化性、历史性、血统性的实体,而国家却是一个政治性的实体,其最大的特点是拥有主权。族群无主权,族群与政治性的国家有一定的分离。族群与国家的关系也是多样的。有单一民族国家,如日本、丹麦、瑞士等。也有多民族国家,典型的如美国、中国、俄罗斯等。通常是,一个国家内部往往具有多个族群。因为族群不具备国家的性质,所以其所受的安全威胁不属于传统安全范畴的军事安全和政治安全,而属于非传统安全的类别。族群安全是一种次国家层次的安全,族群安全的主体是族群。故笔者认为海外华侨华人的安全属于非传统安全的范畴。族群安全应当归类为非传统安全,族群安全亦应当成为非传统安全研究的一个对象。巴里·布赞指出,由于许多地方民族和国家并不是重合的,因而非国家集合体——尤其是民族——也是安全分析的重要单元。④ 在纳粹德国侵占欧洲时期,犹太人——这一历史最悠久

---

① 〔美〕巴里·布赞:《人、国家与恐惧——后冷战时代的国际安全研究议程》,闫健、李剑译,中央编译出版社,2009,第37~38页。
② 朱明权:《国际安全与军备控制》,上海人民出版社,2011,第6页。
③ 笔者对于族群安全的定义受启于帕特里克·摩根对社会安全的定义,在此特别申明。详见 Patrick M. Morgan, international Security: Problems and Solutions, CQ Press, 2006, 转引自朱明权《国际安全与军备控制》,上海人民出版社,2011,第13~14页。
④ 〔美〕巴里·布赞:《人、国家与恐惧——后冷战时代的国际安全研究议程》,闫健、李剑译,中央编译出版社,2009,第24页。

的离散族群，其安全受到了最严重的威胁与迫害，600万犹太人被希特勒领导的纳粹德国屠杀。1994年，卢旺达爆发内战，胡图族对西图族展开有计划的屠杀，80万~100万人死于此次种族灭绝事件。在1992~1995年的波黑战争中，原南斯拉夫联邦内的两大族群塞尔维亚族与波斯尼亚族不断相互残杀，发生在此次战争中的斯雷布雷尼察大屠杀被认为是第二次世界大战以后欧洲最严重的一次屠杀行为，联合国海牙国际刑事法庭将此次屠杀定义为种族灭绝。种族灭绝是族群安全受到威胁的最极端的例子。

二 基于族群安全角度的海外华侨华人安全分析

（一）离散族群安全的特点

历史上海外华族的族群安全经常受到迫害。澳门大学的黄枝连教授写道，在过去500年里，南洋华侨华人先后遭受到西班牙人、荷兰人及日本人的血腥屠杀和欧美人士普遍的种族歧视。而近世的冷战时代，他们也在泰国、缅甸、越南、马来西亚、菲律宾以及印尼等国，遭受到当地政府及暴民的种族歧视—种族迫害—种族屠杀。[①] 东道国政府针对华族采取的种族迫害、种族屠杀严重损害了海外华族的族群安全。并且笔者认为海外华族的安全为一种特殊的族群安全，即"离散族群安全"。"离散族群安全"是"族群安全"中的一种，由于海外华侨华人这一特殊族群具备"离散身份"的特点，故其在族群安全方面所受到的威胁程度与民族国家内部体系的族群安全会形成区别。主要的区别有以下几点。

第一，离散族群的数量在居住国往往是少数，而少数族群在一国内更容易受到迫害。故在一些有强烈族群冲突的国家，不同的族群都试图保持自己本民族在人口上的绝对优势，以使自己始终处于支配地位，这也会增加主体民族的安全性。在新加坡，由于马来人和印度人的出生率高于华人，新加坡政府采取从世界各地引进优秀华人的策略，来弥补新加坡华人由于

---

① 黄枝连：《发展范式新论》，澳门大学出版中心，2012，第486页。

出生率所造成的人口比例下降。① 在以色列，以色列人为了保持对国家的绝对有效控制，对境内巴勒斯坦的人口数量进行控制，以色列人要保持人口的绝对多数。以色列领导人长期以来强调在其边界内维持犹太人多数地位不受挑战的重要性。以色列非常担忧从以色列流进流出的犹太人和巴勒斯坦人，非常担忧巴勒斯坦人和犹太人的出生率，非常担忧以色列在1967年之前的边界线之外所进行的扩张可能导致更多的阿拉伯人生活在他们当中。例如戴维·本·古里安就曾宣称："任何犹太人妇女就自己的情况而言，只要没有生养至少4个健康的孩子到这个世界上，她就没有为自己的民族尽责，就像士兵逃避兵役一样。"②

第二，离散族群的安全易被主权国家忽略。离散族群的分布往往是跨越国界的，离散族群游离在主权国家体系之外，离散族群不仅远离自己祖籍国的主权体系，而且在居住国亦是处在国家体系的边缘。以华侨为例，华侨是保留中国国籍的华人，他们无居住国的国籍，故其在政治上处于边缘游离状态。生活在主权国家体系之外的离散族群其安全常常不能受到祖籍国政府的保护，而在居住国，当地国的主权政府往往对于离散族群的安全毫不关心，甚至加以迫害。

第三，离散族群往往与祖籍国保持密切的联系，故离散族群与民族国家体系内部的非离散族群相比，其社会关系网络会更加复杂，其身份特征也会更加复杂。但是这也给离散族群带来了一些安全威胁，一个典型的安全威胁则为，离散族群往往被居住国的政府怀疑其对当地国家的政治忠诚程度。在忠诚度方面，离散族群往往是不被信任的，这里会涉及双重忠诚问题。在冷战期间，世界各地的华人被东南亚当地政府怀疑为中华人民共和国共产主义的"第五纵队"，因而遭到一定程度的迫害。

第四，离散族群往往在经济与政治地位上处于边缘状态。在居住国，政治权力经常由居住国的主体民族掌握，离散族群常常被排斥在政治权力

---

① 在1980~1990年期间，新加坡公民中的华人、马来人和印度人的增幅非常不同，分别为16.2%、21.6%和36.2%。20世纪90年代，新加坡公民的三大种族人数均以不同的幅度增长。增幅最小的依然是华人，仅为12.9%，这主要是由华人人口出生率不断下降所引起的。增幅最大的是印度人，达22.2%。马来人的增幅居中，为18.7%。以上数据引自〔新加坡〕苏瑞福《新加坡人口结构的变化》，《南洋资料译丛》2008年第4期。
② 〔美〕约翰·米尔斯海默、斯蒂芬·沃尔特：《以色列游说集团与美国对外政策》，王传兴译，上海世纪出版集团，2009，第117~118页。

之外。在经济上，离散族群也可能处于贫困或被剥削的状态。在传统的移民方式中（与现在的投资移民相比），人们常常是为了寻求更好的生活条件才会选择移民，故移民群体本身在祖籍国可能就处在贫困的状态，他们所受教育程度不高，又没有专业技能，故移民离散群体在居住国中经济地位可能处在底层。在当代世界，移民离散群体的产业往往也处在产业结构的低端层次，其经济能力具有更多的脆弱性，故当经济出现萧条之时，他们的经济会受到更严重的打击，在欧洲的海外华侨华人就面临这样的困境。根据欧洲华侨华人社团联合会（以下简称欧华联会）于1998年发布的《欧洲华侨华人社会报告书》中的统计，餐饮业是华人在欧洲谋生的主要行业，是西欧，特别是英国、荷兰、德国、法国等国家华人经济的支柱。英国80%以上华人靠餐饮业为生，德国有中餐馆和华人快餐店6000~7000家，全德80%以上的华侨华人靠餐饮业为生。① 在经济萧条之时，华人的低端产业往往受到更大的冲击。据《中国新闻网》报道，2008年金融危机以后，处在低端服务业层次的华商遭遇前所未有的打击。"仅意大利米兰、罗马两个城市，一个月之内，华人餐馆、店铺、网吧等转让数目就增达40多家，连以往运营情况良好的店铺都换面易主。各报纸上出售和转让的信息比比皆是"。② 华人经济虽在海外取得了很好的成就，但是我们也必须正视华人经济的弱点。一个很大的弱点就是华人经济整体来讲还处在产业结构的下游，华人经济扮演的不是产业升级者或产业革命者的角色，而在更大程度上只是一个生意人的角色。

离散族群的这些特点往往会加剧其所受到的安全威胁。离散族群作为少数群体更容易受到主体民族的迫害，其游离在主权国家体系之外使其不能受到祖籍国政府的有效保护，由于离散族群与祖籍国保持密切的联系，故其在居住国政治忠诚度受到怀疑，离散族群在居住国往往处在政治经济地位的边缘。所有的这些特性都加剧了离散族群安全的受威胁程度。

（二）历史上华人离散族群的安全遭遇

下面笔者将先对历史上华人离散族群（Chinese Diaspora）安全受到重

---

① 欧华联会编《欧洲华侨华人社会报告书》，1998年7月，第3页。
② 《2009年世界华商发展报告》，中国新闻网，http://www.chinanews.com/zgqj/news/2010/05-20/2293583.shtml。

大威胁或者已经造成重大迫害的事件进行梳理,然后再分析海外华人族群安全为什么受到这些威胁,其特殊性在哪里。

1595 年前后,西班牙殖民政府对华侨进行残酷的迫害。仅 1594 年至 1597 年 3 年间就将我国在菲侨居的 2 万华侨驱逐出境,并对在菲华侨实行各种限制政策。① 有学者统计西班牙在菲律宾的殖民政府对华族施行暴虐和落后统治,自 1603 年至 1762 年 160 年间,先后驱逐和屠杀华人 5 次。华人社区每每临难之后急剧萎缩。②

1740 年 10 月,荷兰殖民者在印尼爪哇制造"红溪惨案",上万名华侨被杀。③

1855 年澳大利亚制定排华法案。1855 年之后,澳大利亚各届政府开始制定排华法案,向华人征收人头税,限制华人的移入。1881 年,新南威尔士和维多利亚继续实施排华法。1901 年之后澳大利亚实行"白澳政策",1901 年联邦政府通过了《语言测验法》,以此限制华人。④

1882 年美国制定排华法案。同年,美国国会通过了排华法案,从此进入了长达 60 年的排华时期。1892 年的吉里法案,继续禁止华工进入美国。1924 年的移民法,限制中国人进入美国的数量。⑤

1885 年加拿大制定排华法案。1923 年加拿大联邦议会通过了禁止华人入境的《华人移民法案》,法案规定中国或具有中国血统的人,以后不许以移民身份进入加拿大;现居留加拿大的华人,其家属不得来加居留;除了商人、外交人员、留学生外,其他华人禁止入境。

1954 年,菲律宾为限制华人零售业,菲政府颁布华侨不得从事任何直

---

① 毛起雄:《我国古代侨务立法初探》,《华侨华人历史研究》1997 年第 4 期。
② 丘进主编《华侨华人研究报告 (2012)》,社会科学文献出版社,2012,第 129 页。
③ 颜清湟:《清朝对华侨看法的变化》,庄国土译,《南洋资料译丛》1984 年第 3 期。荷兰殖民者为了限制巴达维亚的华人数量,采取排华的政策并且残酷对待城内的华人。荷兰总督惧怕华人反抗,决定清除巴达维亚的所有华人,于 1740 年 10 月对华人进行大屠杀,造成"红溪惨案",有一万名华人在此次事件中被屠杀。而中国清王朝对此置之不理,对荷兰也不兴师问罪。清政府视移居海外的华人移民为弃民。详见朱杰勤《东南亚华侨史》,中华书局,2008,第 55~57 页。
④ 黄昆章:《澳大利亚华侨华人史》,广东高等教育出版社,1998,第 42 页。
⑤ 位于旧金山港湾内的一个孤岛——天使岛,更是中国人移民美国血与泪的见证,华人在进入美国之前被困入天使岛,遭受各种非人道的待遇,移民官员通过各种途径人为阻碍中国人移民美国。有人统计,自 1910 年至 1940 年,有约 18 万中国移民被拘禁于此。李春辉、杨生茂主编《美洲华侨华人史》,东方出版社,1990,第 222 页。

接销售货品于消费者的《零售商菲化案》。该法案的实施造成华人零售商业的衰落。①

1959年，印尼政府突然发布第10号总统令，规定在省、县自治区和州首府以外地区经营的外侨零售商必须在1960年1月1日之前停业，由印尼民族企业家或印尼人组织的合作社接管经营。②

1962年10~11月，中印边境战争期间，印度政府采取大规模迫害华侨的政策，如1962年10月31日，印度总统颁布了针对华侨的"一九六二年外国人法（实施和补充）条例"，对所有华侨进行了全面的监视和管制，剥削了华侨正常活动的自由。③

1965年"9·30事件"中，印尼当局指控华人支持印尼共产党，因此有大量华人被屠杀。军事政变后，苏哈托专制政府颁布了很多排斥华人的法令。④

1969年，马来西亚"5·13事件"中，华人族群遭到当地最大族群马来族的迫害。

1975年，在印度支那地区的柬埔寨、越南排华。1975年越南统一以后，

---

① Wickberg Edgar, *The Chinese in Philippine Life* 1850 – 1898, New Haven: Yale University Press, 1965, pp. 48 – 61. 转引自丘进主编《华侨华人研究报告（2012）》，社会科学文献出版社，2012，第149页。

② 由于印尼华侨中零售商者众多，此令一出，顿时令数十万华侨生计无着。同年8月，印尼政府又突然宣布将面值为500盾和1000盾的大钞贬为50盾和100盾，华侨小零售商们刚刚从被迫变卖商店中获得的一点现款眨眼睛又被剥夺了90%。迫于无奈，数以十万计的印尼华侨不得不离开自己长期甚至是几代人辛勤营造的家园。丘进主编《华侨华人研究报告（2011）》，社会科学文献出版社，2011，第14页。

③ 1962年11月20日，中国发表停火声明后，印度政府下令拘捕全部的阿萨姆邦和西孟加拉邦的华侨和有中国血统的人。到1963年2月，印度政府已拘禁华侨2308人（张秀明：《被边缘化的群体：印度华侨华人社会的变迁》，《华侨华人历史研究》2008年第4期）。在印度政府排华政策的打击下，许多华侨商店被迫关闭，华侨在银行的资产被冻结，华文报刊、学校被查封。大批华侨华人被驱逐、逮捕、流放或关进集中营（杨保筠：《〈加尔各答的华人——孟加拉之虎〉简介》，《华侨华人历史研究》2000年第1期）。

④ 如1966年6月7日，印尼政府颁布《解决华人问题的基本政策》，主张消除华人的种族特性，对华人实行同化政策。禁止一切华文教育，废除已有的华文学校。政府鼓励华人加入伊斯兰教；要求华人改名换姓；禁止使用华语和华文；禁止华文书刊的进口和发行；禁止进口和流通华语录音带、录像片和影片。直到20世纪90年代，随着东南亚国家与中国大陆、台湾、香港地区经贸关系的迅速发展，提高了华文的实用价值和经济价值，印尼政府才放松了对华人教育的管制，1994年政府取消了禁止公共场所使用华文的禁令。参见温北炎、郑一省《后苏哈托时代的印度尼西亚》，世界知识出版社，2006，第226~228页。

越南政府一方面采取社会主义计划经济政策，越南政府采取的新制度与在越南的华侨华人私人工商经济相冲突，故越南政府开始大规模有系统地排斥迫害华人。①

1998年，印度尼西亚再次出现大规模的排华运动。在这次大骚乱中，华人成为主要被攻击的对象，华人集中地商业区和住宅区被破坏、抢劫、焚烧。社会大骚乱中被强奸的妇女大多数为华人，社会大骚乱以后大批华人女青年纷纷出国避难和治疗心理创伤。②

（三）华人族群出现安全风险的原因

为什么华族的族群安全会经常受到威胁呢？为什么华族在海外的生存和发展总受到居住国的限制和歧视而不能自由地发展？笔者认为，不同地区华人的安全所面临的受威胁程度是不一样的，威胁出现的原因也是不一样的。有的是出于种族歧视，有的是因为政府的干预迫害，有的是因为战

---

① 对于越南政府为什么采取排华的政策，有如下分析：一方面，越南政府采取亲苏政策，与中国变为敌对关系，中越两国关系恶化，国际关系的变化使得越南政府迫害华侨华人。厦门大学的陈衍德教授这样论述道：在经济上，越南当局对以西贡堤岸为中心的南方华侨的迫害可分为几个方面加以论述。第一，封闭所有银行，冻结或没收存款；封闭所有进出口和贸易公司。这是在西贡解放后立即实施的，损失最大的是华侨。第二，越南的社会主义改造运动也使得华人遭受了重大损失，如1975年9月9日发动了"打击买办资产阶级、扫荡垄断市场"行动，所有被登记为"买办资产阶级"的华侨，其财产一概被没收充公。1978年3月23日开始的废除资本主义私营工商业运动则使占南方华侨人口一半的小工商业者和小商人遭到限制人身自由、财产登记并被低价征购的厄运，之后还被限期强制迁往"新经济区"从事农业劳动。同年4月15日的扫荡露天市场运动，又使数以十万计的西贡小摊贩的生意遭到取缔，其货物被强制征购后，大部分人（主要是华侨）也被遣送到"新经济区"。另外，作者还论述道：1975年9月23日和1978年5月3日两次以新币兑换旧币的方式"合法"地掠夺华侨的财产，使华侨遭到惨重损失。接管华侨社团的产业，华校、华文报社、华人医院、华侨社团所拥有的房地产和其他产业均遭到当局的强制接管。向输出难民索取财物，这是排华的一种最极端的手法。当华人无法忍受非人待遇纷纷申请离开越南时，当局乘机敲诈勒索，每人须向公安局支付一笔固定费用，外加乘船费、燃料费及其他费用（这些费用多以黄金支付）。华人难民的总数难以估计，仅中、美、加、澳、法五国接收的越南难民即达100万人，其中约有50%是华侨、华人。此外，还有数十万人在逃亡中葬身大海。而越南华人的损失，除不动产之外，至少在30亿美元以上。详见陈衍德《从排斥到接纳：越南华人政策的转变——1975年以后民族关系变动中越南华人处境》，《世界民族》2008年第6期。由此可见，越南政府的政策对在越华侨华人的安全构成了最大的威胁。

② 详见温北炎、郑一省《后苏哈托时代的印度尼西亚》，世界知识出版社，2006，第234~236页。

争。但是统观华侨华人在海外的发展大概有以下几种原因。

第一，在当代民族国家体系建立以前，中国政府不能有效保护海外华侨华人的安全，历史上明朝政府和清政府认为移居海外的华族不再是中华的子民，不把海外华侨华人的利益作为国家利益来看待。如清朝统治者起初因袭明朝视华侨为"弃民""罪犯""潜在的汉奸"的偏见。时隔不久，转而视华侨为"政治犯""谋反者""叛逆"。① 当时的中国王朝不但不保护海外华族的安全利益，反而在一定程度上损害海外华族的安全和利益。当然在清朝晚期以后，清政府改变了原先迫害华侨华人的态度，为了利用华人的力量推动清朝的现代化改革，清政府废除了原有的迫害华侨华人的法令，并重新颁布了保护海外华侨华人的法令。

第二，海外华族经济权力与政治权力的不对称，政治权力的缺失使得华族不能用政治权力来保护自己。在西方殖民者统治东南亚时期，西方殖民者特意设计了东南亚的政治经济结构。如英国对马来半岛的统治采取的是"分而治之"的策略，即在政治上给予马来人以特权，而在经济上给予华人以特权。② 其结果则是在东南亚诸国形成一种"复合社会"（Plural Society），即在不同人种的共同体里面，即使混合在一起也不能相互融合，他们只是在市场（经济）领域中相互交流，从外表来看，他们在同一个政治单位中共存着，但他们不能形成共同的社会意识。经济与政治不能形成互补，而埋下族群冲突的祸根。在东南亚，复合社会的上层为白人或者是白人与当地女子而生的混血儿，第二层为外来移民，他们主要是从中国、印度而来的。作为寄居者，不管他们经济实力有多大，他们没有政治权力。因此在华人族群中，产生了经济力和政治上的影响力分离的现象。原住民为最下层的人。J. S. 弗里瓦尔对此的一段经典描述为"这个体种混杂的社会，欧洲人、华人、印度人和土著人居住混杂，但相互并不融合。作为个体，他们有时碰面，但这只会发生在做买卖的市场上。在这个多元社会里，不同种族的人在同一政治框架内相互独立地毗邻而居"。③ 这也是一种种族隔离制度。第二次世界大战以后，东南亚诸国摆脱殖民统治以后，当原住

---

① 〔澳〕颜清湟：《清朝对华侨看法的变化》，庄国土译，《南洋资料译丛》1984年第3期。
② 陈晓律：《马来西亚》，四川人民出版社，2000，第54~56页。
③ J. S. Furnivall, *Colonial Policy and Practice*, New York University Press, 1956, pp. 304-305. 转引自丘进主编《华侨华人研究报告（2012）》，社会科学文献出版社，2012，第124页。

民取得政治统治权之后，华人族群与原住民的矛盾开始显现。学者王子昌提到，二战后在马来西亚，主要的矛盾不是马来西亚民族主义与英国殖民主义之间的矛盾，而是马来西亚民族主义与华人族群的矛盾，马来西亚的民族主义势力主要的矛头乃是针对华人。①

东南亚是海外华侨华人分布最多的地方，而在东南亚华人族群的问题也最为复杂。第二次世界大战结束以后，殖民势力退出，东南亚新兴民族国家建立，东南亚欧洲殖民体系下的"白人—华人—土著"的族群分层，迅速被"土著—华人"的族群二元分层和对立所取代。与多族群社会中居支配地位的族群同时掌握政治和经济权力不同，此种族群分层有着先天结构性缺陷，即政治权力（土著）和经济权力（华人）差不多是分离的。其结果则是在由土著族群主导的激进民族主义政策下，华人无论在哪方面都遭遇到由于排华和同化政策所带来的族群压迫感。② 在东南亚，华人族群与当地土著民族相比拥有经济上的优势，土著居民的发展不如华族，这给当地的原始居民造成了一种华人侵略的印象，并且当地居民对华人也形成了一种恐惧感。同时，华人由于不能掌握政治权力，不能通过政治途径来保护自己，所有这些都使得华人的安全遭受重大威胁。艾米·查在《边缘上的世界》一文中论述道，大量的财富在那些拥有市场支配力量的少数民族手中，然而民主却让政治权力集中在大多数的贫困民族手中，这就成了潜在的种族灾难的发动机。由于市场与民主制的利益被不同的种族所分享，这样就不能在社会内形成市场与民主的互补。种族之间互相追逐市场与民主，这样的社会存在着高度的不稳定性与易燃性。那些没有取胜希望的少数民族在市场中积累了大量的社会财富，自然也就煽动了那些长期贫困的大多数民族的嫉妒与憎恨。③ 这也许就是政治学上的"多数民主暴力"，少数人的权利不能得到民主制度的保护。第二次世界大战以后，东南亚以及北美洲各国的华侨华人大部分已加入所在国的国籍，成为东道国正式的国民并取得公民权。但是华侨华人所在的东道国家仍然采取歧视、压迫、

---

① 王子昌：《东盟外交共同体：主体及表现》，时事出版社，2011，第 12~13 页。
② 丘进主编《华侨华人研究报告（2012）》，社会科学文献出版社，2012，第 124 页。
③ Chua Amy, "A World on the Edge," *Wilson Quarterly*, Autumn 2002, Vol. 26, Issue 4, p. 62. 转引自曹云华、许梅、邓仕超《东南亚华人的政治参与》，中国华侨出版社，2004，第 71 页。

排斥的政策，使得华族不能获得"机会平等"的权利，使得华族感觉受到伤害，这对海外华侨华人的安全构成了明显的、公开的威胁。

同时离散族群超越国家的边界，其作为外来族群，居住国的政治权力对他们来讲往往是封闭的，尤其是在不民主的国家。在专制国家或威权体制的国家，海外华人作为一个移民族群，其参与当地政治的难度极大，故华人的活动范围可能仅限于经济领域。

第三，华族与居住国主体民族在文化、经济上的竞争与冲突，引发当地民族的"免疫反应"，而此威胁到了海外华族的安全。族群带有明显的文化特性，而塞缪尔·亨廷顿将其定义为，文化指人们的语言、宗教信仰、社会和政治价值观，是非观念和好坏观念，及反映这些主观价值观的客观的制度设计和行为方式。① 当这样的一个文化实体离开其原始居住地或者其文化发祥地时，此族群所具备的文化理念（语言、宗教信仰、社会和政治价值观等）也将随着族群的转移而转移。故国际移民的流动不仅仅是"人"本身的流动，还有文化的流动，也因为此，亨廷顿在《我们是谁——美国国民特性面临的挑战》一书中强烈地表达了他所担心的，当大批墨西哥人移民美国时，这些说西班牙语的族群会对"白人-盎格鲁-撒克逊-清教徒"文化产生冲击。印尼苏哈托政府时期，对华人采取强迫同化政策，强迫华人放弃本民族的特点，要求他们同化到当地民族中去。如政府要求禁止使用华语和华文，禁止华文媒体，禁止华文教育，鼓励华人加入伊斯兰教等。学者温北炎认为，此策略破坏了印尼各民族的团结，引起华人的不满和反感。② 政府强制推行的同化政策会引发被同化民族的"认同危机"，而引发"认同缺失"，这是对族群文化安全构成的严重威胁。③

当族群到达一个新的地方以后，这个新定居的移民族群群体还会引起东道国经济权力的流动、政治权力的流动以及社会权力的流动。当新的族群与旧的族群产生一种"文明冲突"，并且当新移入的族群威胁旧族群已有的经济权力和政治权力时，新旧族群在此时便极有可能爆发冲突，从而引发族群安全问题。厦门大学李明欢教授写道：一旦大批普通移民开始意识

---

① Samuel Huntington, *Who We Are? The Challenges to America's National Identity*, New York: Simon & Schuster Paperbacks, 2004, p. 30.
② 温北炎、郑一省：《后苏哈托时代的印度尼西亚》，世界知识出版社，2006，第257页。
③ 王帆、卢静：《国际安全概论》，世界知识出版社，2010，第75页。

社会安全是指个体可以免于社会的伤害，如暴力犯罪（偷盗、抢劫、强奸等）。无论是早期的华人移民还是当代的华人移民，他们移民的相同动机都是为了寻求更加安全的环境，由于近代中国在一定程度上发展的落后和西方资本主义的繁荣与稳定，在中国，很多中国人由于无法获得安全的环境，比如经济上遭遇贫困、政治上受到迫害、社会治安不好，而选择移民。据陈达先生对20世纪二三十年代的中国移民做的社会调查，因为经济贫困而出国的人数占当时出国总人数的70%。① 新中国改革开放以后，在20世纪80年代的出国潮中，浙江、福建、广东以及东北等省的大批贫困农民选择出国谋生，他们也是为了寻求经济安全的保障而选择出国的。可喜的是，移民出国的华人靠着自己勤奋节俭的努力获得了财富。一些中国人也是为了逃离政治迫害而离开中国，如在清朝晚期，一些革命分子被政府通缉，他们不得不离开中国生活在海外。下面笔者将考察海外华人个体当前的安全状况。

（一）华族个体安全现状

首先，经济安全方面，海外华人取得了一定的成功。无论是在东南亚、北美、欧洲、拉丁美洲还是非洲，海外华人的经济状况从二战之前的贫困逐渐走向富足和强大。以美国为例，美国联邦人口调查局2006年11月公布的2005年美国社区调查显示，华裔作为全美最大的亚裔人口群体，其家庭收入、人均收入都超过全美平均水平，也超过白人、非洲族裔和西语的各项统计。家庭平均收入全美是4.6242万美元，华裔为5.9571万美元，印度裔为7.3575万美元。平均个人收入，全美平均为2.5035万美元，华裔为2.9396万美元，印度裔为3.3431万美元。高薪职业状况，全美从事管理、专业和技能工作的人口为34.1%，华裔为53.9%，印度裔为61.8%。贫困率，全美是10.2%，华裔为9.9%，印度裔为6.1%。② 当然在整个世界范围内，华人产业与欧美日发达国家和地区相比，还处在较低的层次。低端产业更容易受到经济萧条的冲击且收益空间狭小。这是华人经济必须面对和要改进的。

---

① 陈达：《南洋华侨与闽粤社会》，商务印书馆，2011，第58页。
② 朱慧玲：《近三十年来美国华侨华人职业与经济状况的变化及其发展态势》，《八桂侨刊》2007年第1期。

其次，政治安全方面，华人所受到的政治迫害将越来越少，但也可能面临危机。在早期殖民地社会（如英属马来西亚、荷属东印度、法属印度支那、美属菲律宾）和很多民族国家建立之初（如印尼、马来西亚、越南、缅甸），甚至包括发达的民主工业化地区（如美国、加拿大），移居这里的华侨华人其政治安全得不到保障，政府损害华人权益的事情时有发生。但是第二次世界大战以后随着宪政体制的发展和完善，海外华人个体的政治安全得到了越来越好的保障。但是由于华人个体的特定族群身份，在中国官方意识形态与西方迥异的情形下，中国与世界很多国家在某种程度上处于敌对状态，这使得海外华人的个体安全有时会遭遇侵犯。如美籍华人自中国回美国后大部分都会被联邦调查局（FBI）叫去谈话，盘问在中国跟什么样的人接触，做了哪些事情。① 这显然是对个体安全的侵犯。

最后，社会安全方面，笔者认为海外华人个体所遭受的最大安全威胁来自社会中的暴力犯罪。对华人的暴力犯罪行为构成了当前海外华人个体安全的最大威胁。当地社会的治安危机以及当地穷人觊觎于华人的财富是造成海外华人个体安全遭受威胁的最大原因。华人主要分布在第三世界，而在第三世界由于经济发展较为滞后并且具有结构化的不公平，针对华人的暴力犯罪频发。这严重危害了华侨华人的个体安全。以南非为例，笔者所在单位的老师于 2013 年 9~10 月赴南非考察，他们所采访到的每一位华人都有被抢劫的经历。由此可以看出南非地区华侨华人个体安全的严峻形势。2012 年 1 月，外交部领事司司长黄屏在接受人民网专访时称："最近这几年非传统安全因素发展得更加迅猛，这几年处理过不少中国公民在海外被绑架的案件，中国船员被海盗袭击的事件，现在比以前多很多。领事司成立以来每年处理的此类事件都达三万件。"② 由此可见，华人的个体安全经常遭到暴力犯罪的威胁。

（二）个体安全产生的原因

二战以后，华人在经济上取得了重大的成就，华人离开贫困的故乡在

---

① 笔者采访美国加州大学伯克利分校终身教授王灵智。
② 请参见《外交部领事司司长黄屏谈"中国领事保护工作"》，人民网，http://fangtan.people.com.cn/CB/147550/16891776.html，2012 年 1 月 16 日。

海外寻求财富，为自己获取经济安全。但在政治与人身安全方面，华人个体的安全时常遭受威胁。首先，政治上的国家安全与个体安全有着内在的矛盾和冲突，国家之建立是为了保护个体安全，但是国家建立以后其有时不但不能保护个体的安全，反而会侵犯个体的安全。如很多国家制定过歧视华人的法律，这些显然是国家权力对华人个体权利的侵犯。社会的犯罪率与一个地方的发展程度是相关的，在华人个体时常遭受暴力犯罪侵犯的地区，也是发展落后且极不平等的地区，如南非的黑人群体。

四　如何应对针对华族族群安全与个体安全的威胁

安全研究的目的是在了解威胁的情况下，积极地去预防威胁和消除威胁。当今世界，针对海外华人族群安全和个体安全的威胁仍然存在，如何消除针对海外华人族群安全和个体安全的威胁应予以考虑。

在族群安全方面，第一，华族应积极参与迁居国的政治。积极参与政治活动有利于华族进入当地国的主流社会，并运用政治权力来保护华族，使华族免受伤害。华族在居住国应当形成一个团结的政治共同体，合法追求自己的政治权利，"权力的分享"（Power Sharing）是一种绝佳的减缓族群冲突的方式，[1] 华人参政便是与当地族群分享权力的一种方式。第二，华侨华人要学会利用国际公约来保护自己。从某种角度来讲，《世界人权宣言》《公民权利和政治权利国际公约》《经济、社会及文化权利公约》等这些国际公约制定的目的则是为了推动人类的普遍发展以及保障族群与个体的安全。海外华族应当学会利用这些人类公认的准则来保护族群和个体的安全。第三，海外华族应倡导反对种族主义，奉行族群平等的准则。当前在很多国家，仍然存在隐性的种族主义和种族歧视，华族也是这一方面的受害者，在当地国沦为二等公民。因此华族应当倡导反对种族主义，主张以公民权为基础建立平等的族群关系。第四，在华族经济实力较强的国家，如印尼、菲律宾、马来西亚，华族应致力于帮助消除当地居民的贫困，只有族群之

---

[1] Collins Alan, "The Ethnic Security Dilemma: Evidence from Malaysia," *Contemporary Southeast Asia*, Dec., 1998, Vol. 20, Issue 3.

间经济平等时，族群之间的冲突才会得到真正的消除。①

在个体安全方面，第一，经济上华人应积极转变自己所处的经济结构，由低端层次转进到高端层次，追求产业链上的制高点。华人不应只满足于一个生意人的角色，而应致力于产业升级，这会让华人经济掌握更多的主动权，从而带来更多安全的保障。第二，政治上华人应主动应对政治侵权行为，权利是靠争取得来的。欧洲人与美国人的反抗精神造就了他们的宪政体系，使得政府尊重基本人权。故华人应改变自己的政治文化，反抗不合理的政府行为，积极保护自己的合法权益。第三，在社会治安方面，这需要当地国加快和追寻更加公平合理的发展，减少贫困，推行普遍教育，以降低当地国的犯罪率。这才是根除针对华人暴力犯罪的基本解决之道。

五 讨论与总结

本文从"族群安全"和"个体安全"的角度分析海外华侨华人安全，海外华侨华人的族群安全属于"离散族群安全"，它与民族国家体系内部土生土长的族群安全问题有很大的不同。离散族群的一些特点加剧了离散族群安全的受威胁程度。如离散族群数量上占少数，而少数族群在一国之内往往是弱者；离散族群游离于主权民族国家体系之外，其一方面受不到国家主权的限制，另一方面也受不到国家主权的保护；离散族群与故乡有密切联系，社会交往网络更加复杂，他们的"双重忠诚"容易被当地民族和国家怀疑不忠，故在某些危机爆发时，离散族群很有可能被当作发泄的对象；离散族群在居住国的政治与经济方面往往处于边缘状态。

就本议题而言，还有以下问题需要学术界进一步探讨。在个体安全研究方面，华人是少数族裔中的例外吗？即华人族群的个体安全状态较好还是与其他族裔相同，这是一个需要继续研究的问题。华人"族群安全"与"个体安全"与华人的族群身份联系密切，这是华族特有的现象，也是其他

---

① 王赓武教授认为，影响华族与东南亚当地民族关系的最重要的因素是经济因素。王教授认为华人在经济领域占据支配的地位，这把他们和当地人民分割开来。要改善华族与当地居民的关系必须消除这种经济差距。王赓武、姚楠编《东南亚华人——王赓武教授论文选集》，中国友谊出版公司，1987，第204~205页。转引自曹云华《变异与保持：东南亚华人的文化适应》，中国华侨出版社，2001，第68~69页。

族裔共有的现象。对这些问题的研究将有助于我们更好地理解华人族群的安全问题。

A Study on Overseas Chinese Security
—*Perspectives from Ethnic Security and Individual Security*

Wang Jiulong

Abstract：This paper tries to analyze the Overseas Chinese security issue from the perspective of ethnic security and individual security. Overseas Chinese ethnic security is a kind of "diaspora's security", which is significantly different from the indigenous ethnic security within a nation - state. this paper tries to define many confusing concepts such as Huaqiao, Huaren, ethnicity, diaspora, security, ethnic security, individual security, in order to make sense of the essential content of every concept. Then, this paper respectively analyzes why the Chinese diaspora's security is often threatened and what is the most important threat for Chinese diaspora's individual security. Besides, this paper offers several suggestions about how to reduce and eradicate the threat which threatens the Chinese diaspora's ethnic security and individual security. The conclusion of this paper argues that Chinese diaspora's ethnic security and individual security are closely linked with the identification of Chinese diaspora and the level of development of the Overseas Chinese.

Keywords：Overseas Chinese；Ethnic Security；Individual Security；Diaspora's Security

"21世纪海上丝绸之路"背景下的海外华商风险管理研究

——基于印度尼西亚华商的分析*

卢文刚　黎舒茜**

摘　要　随着经济全球化的发展和中国不断深化改革开放,"走出去"战略鼓励了越来越多的中国公民和企业走出国门,海外华商的数量与日俱增。但华商由于当地及自身经济、政治、文化、社会等原因,面临着许多人身及财产风险,尤其是华商聚集的东南亚地区,多年来袭击华商的事件不断见诸媒体。本文以历史上东南亚地区排华反华尤为严重的国家印度尼西亚为例,通过对华商与其关联群体的梳理分析,从中分析印尼华商群体所需承担的主要风险及其产生的主要原因,并针对每一关联群体的风险特点给出相应的风险防范及应急管理的对策建议,以期减少东南亚地区尤其是印尼华商和华侨华人的人身及财产风险,更好地实施"一带一路"倡议。

关键词　海外突发事件　风险管理　东南亚　华商　印度尼西亚

一　问题的提出

21世纪以来,随着经济全球化和中国改革开放的发展,中国政府实施"走出去"战略方针,鼓励和支持中国企业对外投资和跨国经营,引发了中

---

* 本文原载《探求》2015年第5期,第89~99页;本文系2014年国家社科基金重大项目"中国南海问题主张的国际传播战略与国际话语权体系研究"(编号:14ZDB164)、科技部2014年国际合作招标项目"中美在共同应对全球挑战背景下的新技术与新兴产业合作潜力分析"(编号:2014KJBMDZM05)、国务院侨办2011~2012年度项目"涉外侨务突发事件监测预警体系研究"(编号:GQBQ2011020)的阶段性研究成果。

** 卢文刚,暨南大学副教授、硕士生导师、国际关系专业博士研究生、应急管理系主任,主要研究方向为应急管理、涉外危机治理;黎舒茜,暨南大学应急管理专业2013级硕士研究生,主要研究方向为应急管理。

国企业海外投资贸易的新热潮。而中国沿海居民由于所处地理优势，在古代就频繁与世界各国进行贸易往来，往返于各国之间，有些甚至长期定居海外，在国外从事商业贸易，我们称这些商人为海外华商。东南亚是中国的近邻，也是华商最为集中的区域。据统计，世界华商500强中约三分之一分布在东盟，在东南亚地区上市企业中，70%都是华人的上市公司。[①] 然而由于东南亚地区华商经济实力雄厚，拥有着举足轻重的经济和社会地位，因此其所面临的风险也越来越大，人身和财产安全问题不得不受到重视。2005年2月，在菲律宾，"摩托车党"枪杀了一名华商并劫走100万比索现金；[②] 同月，菲律宾一名华商又惨遭劫杀并被劫走20万比索现金；[③] 同年6月，菲律宾华商吴友人的妻子也遭劫杀。[④] 2005年8月10日，一名华人学童突遭五六名武装歹徒劫持；[⑤] 2006年1月，菲律宾华商一家三口遭到歹徒劫杀；[⑥] 同年3月28日下午，两名中国广东籍商人在泰国南部遭受枪击，其中1人死亡，1人受伤，袭击者身份不明。[⑦] 2006年4月12日，一名新加坡华裔珠宝商被人发现惨死在印尼某酒店客房，身中28刀；[⑧] 2008年11月14日至15日，印尼的中国工厂遭到当地暴民无端袭击，损失严重；[⑨] 2009年9月17日，一名来自中国的商人在马来西亚槟城一处停车场被劫财，身

---

① 《2009年世界华商发展报告》，中国新闻网，http://www.chinanews.com/zgqj/news/2010/05-20/2293574.shtml。
② 《菲律宾计顺市华商遭"摩托党"劫杀一死一伤》，新浪网，http://news.sing.com.cn/o/2005-02-05/10545054399s.shtml。
③ 《海外华商：为什么受伤的总是我》，凤凰网，http://finance.ifeng.com/news/hqcj/20060105/1052654.shtml。
④ 《持中国护照女华商菲律宾遭劫杀中领馆高度关注》，中国新闻网，http://www.chinanews.com/news/2005/2005-06-09/26/584569.shtml。
⑤ 《绑架风复炽华人首当其冲》，中国新闻网，http://www.chinanews.com/news/2005/2005-08-11/26/610682.shtml。
⑥ 《菲律宾华商一家三口家中劫杀身亡身中多处刀伤》，中国新闻网，http://www.chinanews.com/news/2006/2006-01-10/8/676100.shtml。
⑦ 《两名广东籍商人在泰国遭不明身份者枪击1死1伤》，中国广播网，http://www.cnr.cn/news/t20060329 504186319.html。
⑧ 《华裔珠宝商惨死》，新浪网，http://news.sina.com.cn/x/2006-04-17/14028718830s.shtml。
⑨ 《中国在印尼承包工厂遇袭事件警方已锁定24嫌犯》，中国新闻网，http://www.chinanews.com/hr/yzhrxw/news/2008/11-18/1454200.shtml。

中数刀，最终抢救无效死亡。① 2013 年 3 月 17 日，一名中国商人于柬埔寨被歹徒枪杀②……面临如此高发、频发的袭击华商事件，在华侨华人数量不断增长的大环境下，华商人身及财产风险的识别与防范面临重大挑战。

2013 年 10 月，习近平主席提出了"21 世纪海上丝绸之路"倡议，这是在新的国际国内形势下，我国深度参与世界政治经济发展的重大举措，也是我国参与全球经济治理能力提升、推动全球治理转型承担自身义务的重大举措。随着海外安全形势不断发展变化以及走出国门的中国企业和公民人数的上升，相关的突发安全事件势必会不断增加③，保护海外中国公民的生命财产安全和合法权益日益成为一项艰巨的任务，其面临的形势和挑战也非常严峻④。海外华侨华人的人身及财产安全问题一直都受到我国政府的高度重视，尤其是华侨华人最为集中的东南亚地区，由于历史、政治、经济、宗教、文化等因素，当地华人的人身和财产安全面临着各种风险。而在东南亚地区国家中，印度尼西亚的华侨华人约有 1000 万，约占印尼总人口的 4.6%，是全球华侨华人数量最多的国家，但同时也是世界上民族问题较多和历史上排华尤为严重的国家之一。在印尼曾发生过举世震惊的"九卅事件""五月暴动"等恶性排华活动，印尼曾被列为中国人最不喜欢的国家之一，由于历史遗留的排华势力仍然存在，现阶段的国际环境多变且不稳定，因此本文将以印度尼西亚为例进行具体分析阐述，探讨印尼华商人身及财产风险及突发事件应急管理。

二 基于印尼华商关联群体的风险分析

本文从风险可控程度的角度将风险划分为两类：客观事件风险和主体行为风险。客观事件风险是指由于外部环境相关的因素发生变化而引发的风险，如自然灾害风险。主体行为风险是指因各个利益相关群体的特定行

---

① 《一名 29 岁男性中国商人在马来西亚遭劫杀》，中国网，http://www.china.com.cn/international/txt/2009 - 09/18/content 18554189.htm。

② 《柬埔寨遭枪杀华商家属吁中使馆促柬警方尽快破案》，中国日报网，http://www.chinadaily.com.cn/hqgj/jryw/2013 - 03 - 29/content_8629915.html。

③ 卢文刚：《国家治理能力视域下的涉外涉侨突发事件监测预警研究——基于越南撤侨事件的分析》，《暨南学报》2014 年第 6 期，第 90~99 页。

④ 蒋凯：《海外中国公民安全形势分析》，《太平洋学报》2010 年第 10 期，第 83~89 页。

为的后果直接或间接导致的风险事件，如领导决策、个体素质等①。本文着重研究主体行为给在印尼华商所带来的风险，因此主要基于对与华商有利益联系的几大主要群体进行分析阐述，梳理出关联群体与华商之间的关系（见图1），从中排查出印尼华商群体承受的主要风险源及其产生的原因。

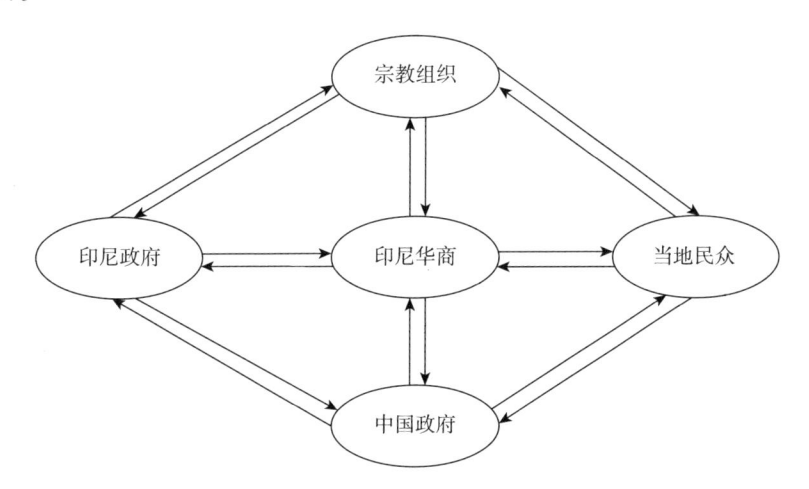

图 1　印尼华商与关联群体的关系

（一）印尼政府方面

1. "离间式"管理政策

由于历史上一些时期印尼政府对华人群体实行"分而治之"的政策，因此当地华人很难融入当地原住民群体中。从荷兰殖民时代开始，当地政府就实行"政经分离"，让华人统治华人，华人的活动区域也限定为市区内的固定场所，不让华人与原住民融合。而在日本占据时期，华人与原住民所支持的对象不同，华人支持抗日，而原住民则帮助日本侵略者侵犯华商财产，致使华商与当地居民的矛盾加重。印尼独立运动成功之后，印尼的国家领导人为转移公众目标，化解国内政治危机，不仅没有正确引导印尼原住民对华态度，反而利用排华、反华的思想让民众将攻击目标转嫁到华人身上，故意离间华人与原住民的关系，加深双方矛盾。印尼前

---

① 何旭东：《基于利益相关者理论的工程项目主体行为风险管理研究》，博士学位论文，中国矿业大学，2011。

总统哈比比也承认,"五月暴乱"可能是有组织的,令华人成为受攻击的目标①。

政府为转移公众视线,实行"离间式"的管理政策,帮自己度过政治危机,利用历史原因留下的"分而治之"的对华政策,使华商无法融入当地的文化风俗,挑拨华人与当地居民的关系,加深双方间的矛盾,推动了当地歧视华商、"排华"、"反华"等恶性事件的发生,增加了华商的人身和财产安全风险。

2. "封杀性"政党政策

印尼独立之后,由于民族主义作祟,当地居民认为华人是"外来成分",应当加以排斥,认为要限制华人的权利以及活动范围②。对于当地居民对华人的偏见,印尼政府不仅没有加以疏导,反而狭隘地从维护本国当地居民的角度出发,将华人列为政治异端,不允许参加任何政党活动。由于华人不能组建自己的政党,因而被排斥在政治权力之外,没有发言权,即使在正当权益受到侵害时也无法运用法律武器捍卫自己的平等地位,维护自己的权益。

在印尼,华商一旦遇到经济、民事纠纷等问题,如果没有华人政党挺身而出为其捍卫权益,那么华商这个群体也就无法真正享受民主权利,从而华商就不得不承担经济利益风险和民主权利风险。

3. "经济印尼化"政策

由于华商在印尼的私营经济方面扮演着重量级的角色,加之华商的经济地位被错误高估,一些印尼民众认为华商阻碍了印尼民族经济的发展,因此历史上印尼政府为扶植印尼族裔的产业,发展民族经济,限制和没收华商的财产,出台了一系列打击、排斥甚至消灭华商的政策。印尼政府在1952~1980年期间颁布各种排斥华商参与经济领域的政策法规,严格限制了华商经营的进出口业、零售业等发展,具体的法令和条例如表1所示③。

---

① 侯俊玮:《论印度尼西亚排华问题》,《安阳师范学院学报》2008年第4期,第50~52页。
② 郑达:《马来西亚与印度尼西亚华人政策比较》,《华侨大学学报》(哲学社会科学版)2009年第1期,第81~86页。
③ 温北炎:《试析印尼对华人的政策》,《东南亚研究》1987年第4期,第95~98页。

表1　1952~1980年期间印尼政府颁布的排华经济政策

时间	名称	具体规定	对华商影响
1952年	"堡垒政策"	印尼原住民资本占企业资本的70%及以上的属堡垒进口商，政府给予各种特权和优先权	外籍商（主要是华商）的进口总值从59.8%下降到23.8%
1954年	关于限制碾米企业的第42号条例	企业资本必须是印尼籍民的财产，除印尼籍民外不得由别国籍民掌执，有关企业的一切权力均不得落到印尼籍民以外的别国籍民手中	华商经营的碾米厂纷纷倒闭
1957年	关于外侨税的第16号紧急法令	外侨家庭成员每年的税款是：家长1500盾，未成年成员375盾，初生婴儿也须纳税。外侨收入不足维持自身与家属的生活者，移民厅可将他们驱逐出境	加重了华人的经济负担
1958年	外资工商业登记条例	外资企业登记中的27种企业，包括纺织厂、烟厂、印刷厂、冰厂、橡胶厂、碾米厂、仓库业、巧克力厂等在一定年限内须移交给民族工商业者经营。并且规定凡领取营业执照者，须缴纳定额的保证金	规定中的企业大部分由华商经营，将所有产业移交出去这一行为对华商造成了严重的经济损失和打击
1959年	总统第10号法令	外侨经营的小零售商（又称亚弄商）一律限于年底结束	30多万华人倾家破产，流离失所；10多万华人被迫离开印尼，返回中国大陆
1968年	《国内资本投资法》	只允许外侨企业资金在商业领域活动10年，不能像外资那样享有转汇和转移资金的权利	华商的商业活动被限制
1974年		所有和印尼族裔合资的企业，10年内印尼族裔须占有75%的股份，外资和非印尼族裔不准参加优先发展企业的投资，或只对他们开放非常有限的部分	合资企业中的华人股份被限制
1980年	总统第14号及14A号决定书	凡是承包额达2000万盾至5000万盾的项目，只能由印尼族裔企业家经营。5000万盾至1亿盾的项目，印尼族裔承包商提出的投标价比其他民族商可略高10%（1979年是5%）。非印尼族裔承包商中标，应吸收印尼族裔承包商分包	华人企业家的营业范围受到限制

在颁布以上一系列排华的经济政策后，大批华商离开印尼回到中国大陆，印尼经济也因此出现混乱和萧条局面，苏哈托政府开始意识到华商在印尼经济中的重要地位，于是将之前的限制排斥政策转变为限制利用政策，利用印尼华商的投资和丰富的从商经验推动印尼经济的发展。虽然印尼华

商现在的经济地位日益提升,但仍然是印尼政府利用的工具。从一些公开的资料也可知道印尼华人的经济状况:大企业家约170人;中等规模的企业家约5000人;零售及餐馆、商店经营者约25万人;其他为农民、渔民、工厂工人、公司职员等[1]。由此可知大多数印尼华商都是属于社会较低层次的谋生者,需要在当地政府与原住民的排斥中艰难生存,经济地位是脆弱的、不牢靠的,对社会的稳定性和政府的经济政策具有强烈的依附性,因此大部分的印尼华商所需承担的经济风险仍然很大。

(二) 印尼民众方面

1. 固有的偏见

印尼当地部分居民对于华人种族本身就带有一定的偏见。二战前,印尼是荷兰的殖民地,荷兰殖民者将印尼居民分为三个等级:欧洲人为上等公民,华人为中等公民,原住民为低等公民,而且华人在经济领域方面能够获得各种优惠。这种在社会地位和经济实力上的差距让印尼当地的一些居民感到不满,他们认为华人也是剥削和压榨印尼原住民的罪魁祸首之一,所以在荷兰殖民者被赶跑后,华人自然而然成了被攻击的目标。印度尼西亚调查学会曾对印尼原住民进行过一次调查,有10%的受访者不希望和华人做邻居;有32.13%的人认为太多华人要求庆祝自己节日的权利,有42%的人认为华裔不应该勉强进入他们认为华人不该进入的领域。[2]

2. 经济地位差异

早在印尼还未独立的时期,当地华人的主要谋生手段是经商,因此形成了遍布印尼全国的经济网络。然而当地的原住民仍然主要是靠农业为生,较之华商当地的民族经济发展较晚。由于华商起步较早,在商贸领域优势较大,因此其与当地原住民的经济地位差距非常明显。1984年曾进行过统计,华人经营的商业共有21.6万家,占印尼总商家的25.6%,华资银行超过70家,占印尼民营银行的80%,但与此同时华人仅占印尼人口总数的4%[3]。由

---

[1] 陈燕南、乔云:《印度尼西亚华人及其经济地位》,《南洋资料译丛》2013年第3期,第73~76页。
[2] 宋泳:《战后印尼排华问题研究》,硕士学位论文,暨南大学,2000。
[3] 《2007年世界华商发展报告》,新华网,http://news.xinhuanet.com/overseas/2008-01/16/content 7430830.htm。

于华商的财力雄厚,社会上不乏一些过度渲染的舆论,如"华人控制印尼经济"等言论将贫富差距问题归咎于华商,激化了印尼当地居民,特别是贫穷阶层民众的排华、仇华心理,当社会底层民众在生存问题上挣扎无望时,便将绝望、愤怒的情绪发泄在富裕的华商身上,由此发生多起针对华商打砸抢烧的事件,华商的人身与财产安全受到严重威胁。

当地民众除了针对华商的仇富心理,还有特有的经济妒忌心理。外来移民的侵入和控制并非特定部族或种族的垄断权,但是一切种族或部族倘若在多数状况都作为失败者的话,他们就会感到这种垄断权[1]。由于印尼社会过度宣扬华商在印尼经济中的重要地位,当地一些居民便认为华人是侵入和控制印尼民族经济的种族,产生了对华商的经济妒忌心理。因此也造成了部分中下层的印尼居民与华商形成敌对状态。

当然,当地原住民的群体还包括当地民族经济的企业。由于与华商是竞争者的关系,当地的民族企业当然希望华商受到各种政治、经济和社会方面的限制,从而便于自己能够迅速抢占市场。印尼当地的民族企业,特别是印尼军方和政府官僚及其后代所在的企业能够运用政治上的优势实行对自己利好的政策,同时也会推动政府出台限制华人的经济政策,打压华商势力,另外还利用印尼的民族主义势力,煽动普通民众的排华情绪,因此对从事相同行业的华商造成了巨大的财产损失风险。总统苏哈托在执政期间,变相延续了苏加诺时代打压华商的政策,以"经济原住民化"为借口为原住民企业提供片面优惠,利用政治优势为其家族及亲信在商业中牟取暴利,他的家族资产曾达到450亿美元,构建起了庞大的家族式商业网络。

(三)宗教组织方面

印尼是世界上最大的伊斯兰国家,伊斯兰教是印尼社会中占有统治地位的宗教。但是一般认为伊斯兰教是一个排他性较强的宗教,其教义的核心是只能信仰安拉,"除安拉外,别无神灵。"越是虔诚保守的穆斯林,对其他宗教文化的容忍越是有限。[2] 印尼华商的宗教信仰各有不同,比较多样,如佛教、基督教、道教、儒教等,而且中国古代影响力较大或者是神话中的

---

[1] 周南京、梁英明:《印度尼西亚排华问题》,北京大学亚太研究中心,1998,第250页。
[2] 《1965年印尼排华事件30万华人遇难》,新浪网,http://news.sina.com.cn/w/2008-01-09/18021470486s.shtml。

人物也得到许多华商的崇拜，特别是经商的华人注重金钱利益，尤其尊奉关羽和财神。而且来自中国不同地区的人也有各自信奉的神灵，如客家人信奉大伯公，闽南人信奉妈祖，海南人信奉天后娘娘，木匠尊奉鲁班祖师等。[1] 伊斯兰教的极端分子无法容忍宗教信仰的不同，往往因宗教的差别与华人产生冲突，因此华商的人身和财产风险也因为宗教信仰的差异而增大。

（四）中国政府方面

中印（尼）两国的外交政策不仅对两个国家的经济、政治、文化等方面产生影响，而且也关系到印尼华侨华人的生存状态。因此在研究印尼华商风险时必须在中国政府对印尼外交侨务政策上做分析阐述。历史上，中印（尼）关系变化起伏很大，可分为以下几个时期。

1. 疏淡时期

新中国的建立激起了很多海外华侨华人的爱国热情，他们积极投身于祖（籍）国的建设当中。但是，这引起了包括印尼在内的一些东南亚国家的恐慌，在当地国出现了严重的排华反华事件。[2] 由于"双重国籍"的问题未能得到解决，印尼当局对在印尼的华商实行了许多限制性、排斥性的政策，中国政府为解决该问题，于1954年与印尼签订了《中华人民共和国政府与印度尼西亚政府关于双重国籍问题的条约》。

2. "九三事件"后的冰点时期

印尼军方认为中国支持印尼共产党发动政变，即使中国对此进行了否认，但执政的印尼军方相信中国与政变有关，这直接影响到两国的关系。而中国方面对于印尼的排华、反华活动极为不满，两国关系极度恶化。中国驻印尼大使馆多次受到印尼武装部队和暴民的袭击。[3] 与此同时，中国处于"文化大革命"时期，1967年10月31日，北京的红卫兵也冲进印尼使馆进行捣毁活动。因此，中国与印尼两国的外交关系中断，一直处于冰点

---

[1] 周兆呈：《中国对印尼外交政策中对华人问题的考虑（1965－1997年）》，《华侨华人历史研究》2001年第2期，第1页。

[2] 黄丽嫦：《中国与印尼关系发展中软实力的提升及华侨华人的推动作用》，硕士学位论文，暨南大学，2010。

[3] 周兆呈：《中国对印尼外交政策中对华人问题的考虑（1965－1997年）》，《华侨华人历史研究》2001年第2期，第1页。

时期。在此冰点期，面对印尼轰轰烈烈的排华活动，中国政府考虑到两国外交政策和经费支出压力，对印尼华侨华人提出了"劝留"政策，希望侨民能够在当地长期生产生活，并未明确是否接侨，只是表示对于极端困难的归难侨采取"按籍安置"的救济政策。印尼华商在印尼受到欺压和排斥，同时又失去了祖（籍）国的保护，处于孤立无助的状态，华商的生命、财产得不到应有保障，其商店、住房、仓库、汽车等财物成为抢夺和烧毁的目标。人身和财产风险极大，受到严重的伤害和损失。

3. 复交后趋于正常化时期

"文化大革命"之后，中国政府采取比较灵活的外交政策，特别是实行改革开放政策之后，宽松的气氛为推动两国交流提供了更多的机会。与此同时，马来西亚、菲律宾、泰国先后与中国建立了外交关系，对中印（尼）关系正常化起到了外部推动的作用。出于对稳定社会局势、发展两国经济文化交流与合作的考虑，1989年2月，苏哈托同意实现中印（尼）关系正常化。1990年8月8日，中印（尼）关系恢复正常。① 中印（尼）两国恢复邦交至今，外交关系不断密切，但在中国和印尼复交后双边官员讨论的课题中，几乎没有涉及印尼华人的问题，其原因有两种：一种是印尼的华人问题已经不再是两国邦交的阻力，不需再提及；另一种是印尼的华人问题的历史纠纷太多，双方都不愿再公开提及，避免损害两国关系。由于双方对此都有回避之势，而中国也坚持"不干涉他国内政"的原则，因此目前印尼华人一旦遭受到袭击只能作为印尼内政事务处理，中国无权干涉，其人身及财产风险的保护也仅限于印尼政府。

（五）华商自身方面

1. 过度炫富

一些中国人爱面子、爱摆阔、爱炫耀已经成为一种生活标签。华人买下土地，印尼人只能在地里劳作帮华人打工；华人乘坐的是上等车厢；工厂里的老板大多也是华人。② 一旦有了钱，不少华商总喜欢穿一身名牌，座驾必须是名车，身边必须有保镖护卫等，一系列的"大款"做派与当地生

---

① 李艳辉：《战后中国与印尼的关系》，《南洋问题研究》1994年第2期，第14~22页。
② 侯俊玮：《论印度尼西亚排华问题》，《安阳师范学院学报》2008年第4期，第50~52页。

活艰苦的普通民众对比起来，容易让人"眼红"，产生嫉妒心理，一旦这种心理形成共鸣，华商的人身风险和财产风险就会增加，偷盗华商事件、抢劫华商事件、劫持华商人质事件发生的概率也会增加。

2. 缺乏参政意识

参政维权意识薄弱也是导致印尼华商所处风险巨大的一个因素。在印尼许多华商之所以离开中国是为了谋生，大多没把印尼当祖国，认为印尼只是一个挣快钱的地方，注重经济而轻视政治。华人参政议政的意义在于能够在原住民与华人产生冲突时起到缓冲作用，有利于给种族矛盾留有回旋的余地，有利于控制形势①。然而印尼政府在政治上对华人实行的是"封杀性"的政党政策，不允许华人参政议政，使华人维权的方式和途径受到阻碍。

3. 错误的优越感

由于殖民地时期"分而治之"的政策，华人聚集的区域并未对当地原住民开放，华人的生活、习俗自成体系，华人与当地原住民两大群体未能相互交流，相互融合。而华人的社会经济地位高于原住民，也加重了华人大汉族主义的优越感，扩大了文化上的差距，许多华人认为原住民缺乏教养和文化，工作懒惰，过分强调中华传统习俗，客观上造成了许多隔阂和间隙。文化上的差距和不融合也成为华商受到当地人袭击的一个推动因素。

三 印尼华商风险防范与应急管理对策

要避免或减少印尼华商人身及财产风险，未雨绸缪，做好突发事件的预防准备，需要从以上四大主要关联群体以及华商自身五个方面系统进行风险防范与管理。

（一）印尼政府

印尼政府是处理和解决民族矛盾的主要和主导性角色，当局应当发挥国家机器的作用，做好调解民族关系的工作，化解原住民与华人之间的误

---

① 卢文刚：《国家治理能力视域下的涉外涉侨突发事件监测预警研究——基于越南撤侨事件的分析》，《暨南学报》2014年第6期，第90~99页。

解，保障社会秩序安定、经济稳定发展、民众关系融洽。印尼政府可采取以下措施对华商的人身及财产风险进行防范。

1. 积极改善民族间的关系

印尼政府必须继续推进民主化进程，营造多元种族的宽松环境，树立多元民族、多元文化的意识，废除具有种族歧视性质的政策法令，特别是针对华人的限制性与排斥性政策。对于民族问题的处理过程要公开透明，健全预防和处理民族关系的机制、体制，严厉惩戒加深、激化民族矛盾，影响国家安定团结与经济发展的错误行为，正确处理好民族关系的危机。

2. 加强国内立法

通过立法，用法律来明确各职能部门在处理类似"五月暴动"的民族关系危机时的职能与角色，确保当局能够按照既定的应急计划采取快速、正确的行动，最大限度地保障公民的基本权利。印尼是一个受军方统治很深的国家，军队与警察的职责权限需要通过法律的形式来界定，什么时候出动警察，什么时候出动军队，都需要以法律文件为准，严格按照法定程序维持秩序，尽量避免和减少原住民与华人间的冲突，防止排华事件进一步扩大。

3. 积极发挥媒体的作用

通过媒体舆论引导大众思维，树立起各民族大团结的意识，消除印尼原住民对华商的偏见，肯定华商对印尼发展的正能量和贡献，树立起华商的正面形象，鼓励民族经济与华商友好合作达成共赢。

（二）当地民众

首先，社会上的大团体、大组织等公知主流在看待华人的态度上必须要客观、公正，从而给当地老百姓起到示范带头作用，消除印尼原住民对华人的偏见和误解，同时还要积极宣传华人对印尼整个国家的积极影响，帮其塑造正面形象。比如印尼企业联盟主席 Soegeng Sarjadi 希望其他族群不要误解华人控制经济，应当明确实际上掌握 50% 经济活动的是印尼国有企业。华人当中虽有不少富裕的人，但有数千至 1 万名华人只能维持最低限度的生活，工人阶级和贫困阶层人口也逐渐增多。另外印尼伊斯兰协会的做法也值得借鉴，他们倡导不能对华商的为人及其成果持有偏见，片面地给予负面评价。以上两个例子说明，民间力量能够有效地推动民族矛盾的缓解。民间组织可通过开展论坛、公开演讲、游行示威等方式向政府与国会提出废除有违平等自由思想的政策法令的要求。尤其是社会的上层精英人士应当做出榜样，如政界领导、大企业家、影视明星等，应当向公众宣传华人的正面影响，呼吁民族之间要平等互助、和睦相处，大力反对挑唆离间者进行民族分裂，企图制造国家混乱的行为[①]。

（三）宗教组织

印尼有多个宗教，其中伊斯兰教是主要宗教。政府实行宗教信仰自由政策，因此给予了民众选择宗教信仰的自由，但同时又规定民众不可以没有宗教信仰，也就是说在印尼每一个人都必须拥有自己的宗教信仰。因此在历史上排华氛围如此浓厚的一个国家，华人社会中需要拥有一个宗教组织，它能够以宗教为由将具有相同信仰的人聚合在一起，起到凝聚华人社会的作用，同时也能够为华人与印尼土著民族交流互动提供一个有效平台，增强华人对社会公共事务的影响力。而且世界上宗教的共性都是鼓励人们向善，宗教组织应当发扬宗教精神，秉承教义，向信徒宣传宗教的平等博爱的主张，反对将华人等族群妖魔化。如伊斯兰教主张平等、和平，反对暴力，各民族间、各宗教间相互尊重，和睦共处；天主教主张博爱，用爱心对待强暴，不主张以暴制暴。因此，宗教组织可呼吁信徒向善，与拥有不同信仰的人们和平共处，共同努力解决多元民族、多元宗教的问题，避免因信仰差异产生冲突。

（四）中国政府

1. 加强海外安全工作

完善领事保护和外交保护工作，推动中印（尼）政府在权益维护、保持正常社会秩序等方面的协定，为印尼华商从事商业经营营造一个良好的环境，保护华商的人身安全以及合法权益。发挥中国驻印尼大使馆的作用，增强保护华商的防御能力，提高突发事件监管水平，引导印尼华商遵纪守法、加强自律，同时严厉打击华商内部的不法分子，维护印尼华商的良好

[①] 周南京、梁英明：《印度尼西亚排华问题》，北京大学亚太研究中心，1998，第250页；黄丽嫦：《中国与印尼关系发展中软实力的提升及华侨华人的推动作用》，硕士学位论文，暨南大学，2010。

形象。

2. 展示传播中国正能量

我国是拥有五千年文明的古国，向来以和为贵，但一些外国人不了解中国文化，对中国有所误解。因此我国应当发扬中国文化的魅力，宣扬中华民族的美德，全方位地展示中国正义、务实、求同存异、和平的正面形象，消除印尼原住民对华人的误解，共同推进和平与和谐发展。

（五）华商自身

以上四方面都属于外部风险因素，而华商自身的风险防范工作是应急管理最重要的部分。很多时候的矛盾与冲突都是由于华商缺乏自我保护意识，无法通过有力武器维护自身合法权益而造成的。因此，为切实保护好印尼华商的人身及财产安全，华商自身的努力是必不可少的。

1. 积极融入当地社会

华商与印尼原住民之间的矛盾往往是由于双方不了解对方的民俗习惯，缺乏交流和理解。因此作为移民族群，华人应当主动了解当地的风俗，学习当地语言，融入当地社会中，加强与当地居民的沟通，尊重印尼的本土文化，增强双方的认同感。同时也要认真学习当地的法律法规，避免因不了解法规而做出违法的行为，为自己和他人的工作生活造成不必要的麻烦。

2. 积极参政议政

印尼华人要积极参与所在国政治生活，寻求或建立一个为华商群体发声的政党组织，表达自己的意见，这样才能表达和保障华商的正当权益。积极参与政治生活能够为印尼华商呼吁建立平等有效的法律保障机制以及唤起华人圈利用法律武器维护自身权益的意识提供发声平台，有利于印尼华商监督执法，改善华人在法律上获得平等但事实上仍遭受歧视的现状，同时也防止政局发生变化或社会发生动荡时，华商缺乏法律保护而成为统治集团斗争的牺牲品和被不法分子欺凌的对象[①]。

3. 加强华商内部团结

积极发挥行业协会或商会的作用，通过团体力量共同协调解决华商群体面临的问题，维护华商的合法权益。印尼政府为了保护本土企业的利益，

---

① 周南京、梁英明：《印度尼西亚排华问题》，北京大学亚太研究中心，1998，第250页。

容易在经济上对华商做出很多限制，比如有些行业就规定只能由原住民来经营，对外国人从事的行业和领域设限等。另外，市场竞争不断加剧，竞争对手与华商之间的价格战也使得华商损失惨重。因此，华商在面对这些不法侵害时无法维护自身利益的情况下，应当加强团体协作，利用五缘（血缘、亲缘、商缘、学缘、地缘）网络，把当地华商们团结起来，增强华商应对困难、解决矛盾和维护自身权益的能力。

4. 树立华商正面形象

印尼华商需要保持忧患意识，切忌铺张浪费，不要过分炫富，时刻防范贫富差距所造成的积怨。应当积极回馈社会，参与公益慈善活动，发扬"取之于民，用之于民"的美德，改变社会对华商为富不仁的片面印象，消除部分当地民众的仇富心理。

5. 增强法律意识

中国人向来都喜欢"大事化小、小事化了"，自身权益受侵害时也宁愿"破财免灾"，不愿意通过法律途径、运用法律武器保护自己，最终反而助长不法分子的嚣张气焰。因此华商应当增强法律意识，遇到侵犯自身权益的行为要坚决抗争，保护自己，将损失的可能性和严重程度降至最低。

四 结语

在我国进一步全方位深化对外开放，实施"21世纪海上丝绸之路"重大倡议，实现"中国梦"的大背景下，中国的发展，将给全世界带来越来越多的机遇，也给中国商业发展提供更加广阔的舞台。随着外国政府和企业对中国市场和投资日益依赖和重视，越来越多中国商人将走出国门，开拓海外国际市场。随着东盟自由贸易区和东盟一体化的不断发展，海外利益在我国国家利益结构中的地位不断上升，东南亚华商尤其是印尼华商的重要性日益凸显，其人身与财产安全必须受到高度重视。由于当前国际环境空前复杂，恐怖主义、抢劫烧杀等行为日益猖獗，同时出国人数不断增多，华商的经济实力不断增强，因此印尼华商也面临着更为复杂的各种风险隐患，有关华商的安全性事件势必有所增加，保护华商的人身及财产安全具有重要的时代意义。做好海外突发事件应急管理工作，保护华商的生命财产安全将是一项长期而艰巨的任务。我国国内应急管理的相关政策研究和保护机制还不成熟，对于海外突发事件应急响应机制更亟须完善，我国应借鉴一些发达国家的先进经验，进一步加强海外公民人身和财产安全应急管理的预案编制，健全和完善涉外应急管理的体制、机制以及法制，从而降低海外华商面临的风险，在最大程度上保护华商的合法权益。

Risk Management of Overseas Chinese Businessmen under the Background of Maritime Silk Road in 21st Century
—Based on the Analysis of Chinese Businessmen in Indonesia

Lu Wengang, Li Shuqian

Abstract: With the development of economic globalization, Chinese government pushes the going-out strategy, thus the number of Chinese businessmen going overseas is increasing rapidly and continuously. However, due to economic, political, cultural, social and other reasons, Chinese businessmen are facing many personal and property risks, especially in Southeast Asia where is the gathering place of Chinese businessmen. In recent years, there are lots of anti-Chinese events in Southeast Asia reported by newspaper. This paper takes Indonesia as an example to assess the risks. It finds out the relationship among Chinese businessmen and other relevant groups to illustrate the causes and prevention measures of those risks so that we can manage to reduce Chinese businessmen's personal and property risk in Southeast Asia and to successfully implement the Belt and Road Initiatives.

Keywords: Overseas Emergencies; Risk Management; Southeast Asia; Chinese Businessmen; Indonesia

根治民粹土壤 建设海上丝绸之路
——兼论排华与民粹主义的关系[*]

刘益梅[**]

摘　要　在世界政治一体化、经济全球化的现代化浪潮中，民族主义和种族主义有再度抬头和蔓延的趋势，身处异乡的侨民往往成为冲突和摩擦的直接受害者。文章主要从国际排华事件中民粹主义的表现以及形成原因分析了民粹主义思潮给海外华侨华人带来的危害。民粹主义自身的专制化、排外性、破坏性、反市场化等特点使得"21世纪海上丝绸之路"在建设的过程中面临不少问题，因此，提升丝绸之路国家的政治互信、消除周边国家民众的疑虑、激发沿线各国人民合作的积极性和主动性，对于根治民粹主义土壤、繁荣丝路文化具有重要的现实意义。

关键词　排华　民粹主义　海上丝绸之路　文化认同　族裔对立

在世界政治一体化、经济全球化的现代化浪潮中，在各种文化交流出现碰撞冲突、经济出现利益摩擦以及少数国家推行强权政治的背景下，民族主义和种族主义呈现再度抬头和蔓延的趋势。如 2013 年发生在莫斯科南部的大规模排外骚乱、2014 年 5 月发生在越南的针对华商的打砸抢事件等，都表明民粹主义正在一些国家抬头并引发社会分裂，身处异乡的侨民往往成为冲突和摩擦的直接受害者。长期以来，学界习惯于用"文明—宗教—种族三位一体"[①] 的冲突论来解释，事实上，这种将国际关系完全归结为文

---

[*] 本文原载《新疆社会科学》2017 年第 1 期，第 58~64 页；本文系商业发展研究院课题"海上丝绸之路建设中的民粹主义研究"的阶段性研究成果。

[**] 刘益梅，社会学博士，上海商学院文法学院、上海商学院国际移民研究所副教授。

[①] 〔美〕塞缪尔·亨廷顿：《文明的冲突与世界秩序的重建》，周琪译，新华出版社，2010，第 341 页。

明关系和宗教关系的做法是一种"还原主义"的简化，体现的是西方学界的"片面"和"偏见"。① 究竟如何看待排华事件中的民粹主义倾向，如何根治民粹主义土壤、建设当代丝绸之路，这是本文要讨论的问题。

关于民粹主义的研究，国内学者主要集中在对俄国民粹派的历史活动与理论的分析上，如胡绳的《毛泽东新民主主义论再评论》；对于俄国以外的民粹主义实践与理论的关注主要有：俞可平的《现代化进程中的民粹主义》、胡伟希的《中国近现代的社会转型与民粹主义》以及徐贲的《九十年代中国知识分子的民粹政治和后现代犬儒主义》；从理论上对民粹主义进行较为详细论述的专著主要有：林红的《民粹主义——概念、理论与实证》以及保罗·塔格特的《民粹主义》；此外，还有部分学者从传播学的角度把民粹主义与具体新闻事件结合起来论述。至于把民粹主义与排华问题联系起来讨论的，笔者鲜有见到。

一 排华事件中的民粹主义倾向

首先需要了解民粹主义的内涵。② 作为现代性的一种表现形态，它总是出现在社会转型时期，出现在阶层矛盾、地区矛盾、各利益群体之间的冲突较为激烈的地区。一方面，民粹主义强调民众在社会历史进程中的作用，主张依靠平民大众对社会进行激进改革，把民众的愿望、需要、情绪当作考虑问题的出发点和归宿；另一方面，民粹主义反对精英，因而往往成为部分统治者和精英，尤其是一些在野的政党或集团，获取大众支持、对群众实施操纵和控制夺取政权的一种意识形态手段。无论从历史角度还是从现实情况来看，民粹主义本质上是民众对不安全感的回应，这些不安全感要么来自经济利益的威胁，要么来自抽象的身份认同危机，或者两者兼而有之。

1. 底层或草根：排华运动的参与主体

社会底层历来是受压迫、受剥削最深的阶层，他们具有强烈的反抗精神，是挑战现行不公正和不平等的重要力量，一旦这些"人民"参与了政

---

① 段得智：《宗教学》，人民出版社，2010，第376页。
② 〔英〕保罗·塔格特：《民粹主义》，袁明旭译，吉林人民出版社，2005，第30、126页。

治，他们对权力的要求比其他任何人都强烈，也更愿意付出重大的牺牲。在民粹主义者的视野里，头脑敏锐的知识分子、官僚以及一些特殊的少数派社会集团，如移民、种族团体等都不属于"人民"的范围。① 少数利益集团的存在使得一些不明真相的民众认为，他们的利益和要求被那些傲慢自大的精英、腐败的政府和吵闹的少数群体践踏了，像"移民"这样的特殊利益集团一直是民粹主义者重点排斥的对象，由此也不难理解为什么华侨华人在国外一直会遭到"民众"的排斥。在历史上发生的一系列排华、反华事件中，参与的主体往往是那些对"移民"等社会集团有着怨恨之辞的草根阶层。

为了制造公共舆论环境，民粹主义者常常利用媒体制造一些能引起轰动效应的标题，把一些问题引入公共话语体系，从而激发民众的情绪。② 此外，互联网的普及使得民众极易受到多元、自由的文化价值观和意识形态的影响，他们常常会针对一些社会问题发表尖锐的、批评性的民族主义言论并投入具体的政治活动中，这使得近年来排华事件的草根性有愈演愈烈的趋势。2014年5月发生在越南平阳省、河静省等地的游行示威活动演变为一场针对中资企业和华商的打砸抢烧严重暴力事件，参与者多为普通民众，他们被一些别有用心的人利用，从而把一场看似普通的游行示威演变为暴力恐怖事件。"被主流社会歧视的边缘人经历、底层的生活经历与挫折感使他们对占有社会稀缺资源的精英阶层产生一种强烈的抵制、怀疑乃至憎恶情绪，当他们看到某种社会不公现象时，就会把个人遭遇到的挫折与他所看到的社会不公平联系起来，并自认为是'底层民众利益的代表者'，产生一种'为民请命'的使命感。"③ 民众往往打着维护国家利益和民族利益的旗号对华人实施暴力。这是一种典型的民粹主义的宣泄，也在一定程度上暴露出国家和社会治理中法制不彰的现状。

2. 集体无意识：排华运动中参与主体的非理性表达

作为民粹主义社会基础和力量来源，依赖于精神力量和道德感召的普

---

① 〔英〕保罗·塔格特：《民粹主义》，袁明旭译，吉林人民出版社，2005，第30、126页。
② Daniele Albertazzi and Duncan McDonnell, eds. *Twenty-First Century Populism*: *The Spectre of Western European Democracy*, Printy and Bound in Great Britain, by CPI Antony Rowe, Chippenpham and Eastbourne, p. 56.
③ 唐小兵：《底层与知识分子的民粹主义》，《南风窗》2008年第3期。

通大众是一个非常简单的同质主体,他们一般只关注与自身利益有关的具体问题的解决,而对于社会秩序的维护、社会公平及社会正义等社会问题的认识相对浅薄,理性思考的能力也相对缺乏,缺乏明辨是非的能力。民粹主义者用道德主义而非实用主义的思维方式①在普通民众中进行精神动员和情感召唤,从而达到与大众潜意识中的抱负和希望一致以便达到大众参与的目的。如1998年5月14日在印尼发生的排华运动。印尼军队以及一部分暴民对在印尼的华人实施了惨无人道的屠杀:暴行持续3天之久,死伤华人数万,很多暴徒有执行纵火抢掠和强奸华人妇女的任务,有消息指出暴民每强奸一名华人妇女就能得到2万印尼盾(约2.5新元)作为报酬。在短短的50小时,人口1000万的印尼首都雅加达市内有27个地区发生暴乱、全市有5000多家华人商店和房屋被烧毁、近1200人死亡、468名妇女遭强奸(其中最小的年仅9岁)。同样,玩"民族主义"和民粹主义的越南政府操弄民意,致使2014年排华事件的暴民不分台资、陆资,甚至不分韩企、日企,乱砸乱烧一气,这是典型的不理智行为。《华尔街日报》评论说,目前还不清楚,非华人工厂遭到袭击是因为被错当成华人工厂,还是因为中国"钻井平台事件"点燃了越南人对所有外国企业的普遍怨恨。其最终结果是"给外国企业和本地经济造成损失,让无辜生命被戕害、人权被践踏"。勒庞在研究群体行为与理性判断之间的冲突中认为:"是幻觉引起的激情和愚顽激励着人类走上了文明之路,在这方面人类的理性没有多大作用。虽然理性的意志与义务的责任感可以规制不合理的利己欲望、引导正确的发展方向,但是,在同人类的各种作为文明动力的感情——譬如尊严、自我牺牲、宗教信仰、爱国主义以及对荣誉的爱……的对抗中,理性在大多数时候都不是赢家。"②

二 排华事件中民粹主义倾向的原因试析

本杰明·墨菲特认为,相对来说,越富裕的国家民粹主义越看重政治身份和社会文化诉求;在相对贫穷的国家,民粹主义者则更在乎社会经济

---

① G. Lonescu and E. Gellner (eds.), *Populism: Its Meanings and National Characteristics*, London: Wendenfeld and Nicolson, 1969, p. 166.
② 〔法〕古斯塔夫·勒庞:《乌合之众》,冯克利译,中央编译出版社,2004,第93~94页。

诉求，较少关注民族身份。由于民粹主义在不同的国家和地区表现各异，这就使得我们在对排华事件进行分析时必须具体问题具体分析。

1. 经济领域的竞争引发了族裔间的阶层对立

"排外"应该是民粹主义情绪的一种非典型表现形式，它往往只存在于弱国或弱势民族之中，应属于弱国特有的民粹主义表现形式。[①] 任何一种制度模式的选择都无法避免因个体之间的竞争而形成的差异，每一个国家都不可避免地存在弱势群体。华人与当地居民在财富积累以及职业选择上的不同使得在有些国家"往往是华人当老板，当地人当雇员。于是当地民族自觉或不自觉之中就形成了这样一种印象，即华人富有，当地人贫穷，而且当地人的贫穷是由于华人的剥削而造成的"[②]。有些学者对华人在某些国家特定时期所具有的经济上的"强势"与其他族裔的所谓"弱势"的片面渲染和夸大，使得一些族裔在为自己的弱势地位担忧的同时，对华人的嫉妒、不满和仇恨也在与日俱增，他们要求平等、公平、反抗压迫等带有正面价值意义的民粹主义诉求会很快引起回应。如越南曾经打着"社会主义改造"的旗号禁止华侨从事渔业、林业、印刷业等多种职业，还把许多华侨遣送到荒无人烟的"新经济区"任其自生自灭。作为统治阶级释放压力的替罪羊，每当国内爆发经济危机时，华人就成为当局转移视线的替罪羊，一些国家在政策上出现的不同程度的排华抑华现象也是这种诉求的反映。

2. 文化认同障碍加剧了族际之间的社会排斥

经济竞争确实在一定程度上深化了族群之间的对立，但究其实质却是文化上的差异。民粹主义的生成与文化认同有着紧密联系。贫困一直是世界各国面临的主要社会问题之一，随着社会贫困现象的继续存在甚至严重化，一些社会成员被排斥在社会体系之外，这种排斥既有种族的，也有社会关系的，极大地影响了他们的集体认同意识，从而为民粹主义酝酿了不满情绪。众所周知，社会秩序的维护是国家通过社会控制的手段进行的，而社会控制的重中之重主要体现在对下层社会的防御和控制。当社会不同阶层在同一社会空间"相遇"时，要想确保既有的社会秩序和治理秩序不

---

① 杨阳：《民粹主义情绪热度与价值诉求》，《人民论坛》2014年第4期。
② 曹云华：《变异与保持——东南亚华人的文化适应》，中国华侨出版社，2001，第92~93页。

受冲击，其中一个最主要的路径是在尽可能改善他们的阶层处境的同时大力传播主流价值观，使他们能够形成稳定的政治与文化认同。

早期华侨虽然移居国外多年，然而他们在思想、生活以及社交中仍然固守传统，华侨华人所信奉的宗教如道教、佛教以及民间宗教信仰等，是生活在异国他乡的华侨华人寻求精神安慰的一种重要精神资源，与信仰西方宗教文化的当地族裔之间的差异使得当地居民对华裔族群产生敌视情绪。"华人是那么迷恋于其祖先的习惯，以至不管与各国的土著在海峡内多少代的交往，他们还是会坚持其祖先的方式与习俗。"① 因此，无论是在华侨华人众多的东南亚，还是北美、澳大利亚的白人政权，在赞赏华侨华人的勤勉、节俭、重视家庭和社会伦理、重视子女教育、善良和顺从本性的同时，往往会进一步放大华人与当地族裔之间的鸿沟，使得华人与当地居民之间的族际冲突在一定程度上难以避免。美国激进的种族主义者亨利·乔治认为，黑人虽然没有文化，但是可以教育的孩子，与黑人相比，中国人是"头脑敏锐但心胸褊狭的成年人"，是"地地道道的异教徒，无信、放荡、怯懦、残忍"②。他认为，作为异教徒的华人对美国白人基督徒会产生严重的道德威胁，因此，排华就变成了一项"神圣化"的事业。美国的一些政治精英甚至认为："亚洲的反基督教的宗教，对于允许亚洲人自由进入美洲可能构成一种不可克服的障碍。当只有少数亚洲人在这里的时候，偶然出现一个崇拜偶像的庙宇也许没有什么重要性；但是，如果不加防止，不要很久亚洲移民就会来得很多，到了那时，这些人就将要求允许他们按照他们的东方教义来敬神礼拜。"③ 宗教信仰上的排斥不仅使得民族矛盾和种族冲突频繁、激烈，而且华人具有的理智、勤勉、对普遍真理的热情与执著等特质足以让其他族群艳羡和不安，排斥乃是最有效也是最能顺应民粹主义浪潮的捷径。

尽管各国在法律上禁止种族、出身、信仰等方面的歧视，但是事实上的不平等始终存在，社会排斥所造成的消极公民仍然大量存在，民粹主义

---

① 〔澳大利亚〕颜清煌：《东南亚华族文化：延续与变化》，周添成译，载吴晶主编《华侨华人研究论丛》第 7 辑，中国华侨出版社，2002，第 208 页。
② 黄超：《"文明冲突论"的三种历史形态——美国〈排华法案〉的意识形态反思》，《武汉大学学报》（人文社会科学版）2013 年第 4 期。
③ 黄超：《"文明冲突论"的三种历史形态——美国〈排华法案〉的意识形态反思》，《武汉大学学报》（人文社会科学版）2013 年第 4 期。

的社会基础仍然十分深厚。因此，一旦局势动荡或出现民族骚动，消极公民往往会表现出一种政治上的激进与狂热，极力煽动本已存在的反华情绪，使华人成为他们发泄不满的替罪羊。

3. 知识精英的理论刺激："模范少数族裔理论"的影响

1966 年，加州大学的威廉·皮特森教授（Wiliiam Peterson）用"模范少数族裔"赞扬通过努力提高了自身社会经济地位和教育地位的日裔；同年 12 月，该理论同样被用来赞扬华裔美国人在社会经济方面的突出成就，百年来亚裔遭受的排斥与歧视瞬间变成了鲜花与掌声。冷静下来思考就会发现，其实"模范少数族裔"理论的出现有其特殊的政治背景，它实际上是服从和服务于某些人的政治目的。该理论不仅实际掩盖了华裔中存在的许多问题，而且由于它"被用来批评那些倡导以激烈的抗议活动来改善其社会状况的美国黑人与拉丁裔民权运动活动家"①，从而造成了主流社会的恐慌和对亚裔的仇视。不仅如此，"模范少数族裔"理论还引起了其他族裔，尤其是非裔，对亚裔的仇恨。"亚裔工作太过努力，以至于占领了我们的市场，取代了我们的工人；学习太过刻苦，以至于占领了我们的学校，取代了我们的学生。"② 亚裔是"例外"的少数族裔，是所在国其他族裔劳工的梦魇，排斥是最简单的途径。因此，"模范少数族裔"理论实际上把亚裔从其他族群与白人主流社会中分离出来，使亚裔处于一个易受攻击、排斥的位置。这种攻击既有来自白人主流社会对亚裔的愤怒，又有其他族裔对亚裔的仇视。生活在美国的亚裔经常会被当成"精英"而遭到排斥和打击。

4. 政治精英权威阶层的自觉与设计

精英主义是民粹主义潜藏着的逻辑。③ 在民粹主义大行其道的年代，"平民主义"完全有可能成为"精英主义"的装饰品。不过需要注意的是，普通民众由于在政治上基本无行政权力、经济上一般仅能维持生存、文化上缺乏教育机会和表达自己的能力，因此，积累起来的愤恨和不满如果没有精英阶层的投入和精心设计、没有精英阶层的大力支持，平民大众不可

---

① 李其荣：《华人新移民与后工业美国社会——兼论"模范少数族裔理论"》，载《国际移民与海外华人研究》，湖北人民出版社，2005。
② Gary Y. Okihire, *Margins and Mainstreams: Asians in American History and Culture*, Seattle: University of Washington Press, 1994, p. 141.
③ Nadia Urhinati, "Democracy and Populism," *Constellations*, 5 (1), 1998, p. 113.

能形成对强大的现行体制的冲击；而把这种愤恨的自发情绪提高到自觉水平、把排华问题上升至国家层面，则是精英分子的使命。在美国政党政治中，民主党和共和党为争夺执政权，每到选举的时候，许诺"排华"便成为两党政客取悦下层选民、拉选票的手段。1876~1888年，美国两大政党的竞选纲领里都有"排斥华人"的内容，这最终促成了1882年《排华法案》的出台。美国政治文化天然带有民粹主义的基因，因此我们可以看到：每当美国爆发经济危机时，华人就成为他们转移视线的替罪羊；每当选举年来到的时候，许诺"排华"便成为美国两党政客取悦下层选民、拉选票的手段，生活在美国的华人经常会成为白人发泄不满的出气筒。精英阶层是民粹主义政治动员的设计者和主导者，民粹主义的形成与精英阶层的觉醒与设计有必然的联系。

三 建设海上丝绸之路，预防民粹主义

在民粹主义生成条件和潜藏机会充分的当代社会，国际社会仍然存在针对华侨华人的排华以及反华现象，在海上丝绸之路倡议的提出和建设中，我们要看到民粹主义具有的理想化色彩的批判意识常常使其道德主义的思维模式陷入非理性的逻辑中，从而出现集体无意识。由于海上丝绸之路的建设需要沿线各国华侨华人以及民间力量的支持和拥护，因此，在建设海上丝绸之路的过程中，要想把民间力量更有效地凝聚起来、避免建设过程中较高程度的对抗性，就必须警惕海上丝绸之路沿线各国的民粹主义情绪，消解其潜在的危机，反对激进的民粹主义。

2013年10月，习近平提出与东盟国家共同建设"21世纪海上丝绸之路"倡议；2014年3月5日，国务院总理李克强在政府工作报告中提出抓紧规划建设"丝绸之路经济带"和"21世纪海上丝绸之路"，自此，"21世纪海上丝绸之路"成为重要的国家发展战略。"海上丝绸之路"是陆上丝绸之路的延伸，在传承古代海上丝绸之路和平友好、互利共赢价值理念的基础上，注入了新的时代内涵，合作层次更高，覆盖范围更广。

毫无疑问，"21世纪海上丝绸之路"构想是弘扬中华文明、实现"中国梦"的重大构成部分，对于加强我国与周边国家的经贸交往和人文交流具有重大而深远的意义。然而，历史遗留问题、现实的矛盾和摩擦以及中国崛起

所形成的巨大压力，使得中国与周边国家之间缺乏政治互信而使中国建设"21世纪海上丝绸之路"面临困难和阻碍。如何加强周边国家之间的政策沟通，形成连接东亚、西亚、南亚的交通运输网络，增强抵御金融风险能力，加强沿岸国家人民的友好往来，增进相互了解等，都是非常重要的问题。

海上丝绸之路的建设需要从国际社会吸取各种支持力量并把这种力量有效地凝聚起来，民间力量的广泛参与将是海上丝绸之路建设的重要保证。然而民粹主义的非理性、社会批判性以及将社会问题的简单化等，使得民间力量的参与面临一定程度的阻力。因此，我们应该正确看待民粹主义，在看到其正面价值的同时，更要警惕它的消极意义，反对激进的民粹主义。

1. 要防止民粹主义对市场文明的批判与破坏

"21世纪海上丝绸之路"在传承古代海上丝绸之路和平友好、互利共赢价值理念的基础上，将串起连通东盟、南亚、西亚、北非、欧洲等各大经济板块的市场链，这对于形成全方位的对外开放新格局，促进我国与沿线国家的友谊、合作与共赢，具有重大而深远的意义。然而我们应该看到，"21世纪海上丝绸之路"在给周边国家带来机遇的同时，也会在一定程度上引发民众的不安：因为如果新的机制带给平民的仍然是某种剥削形式，或者对其所习惯的生活方式和劳动习惯的破坏程度超过他们的承受能力时，就可能引发尖锐的社会紧张甚至冲突，民粹主义的消极的抗拒性就可能出现；尤其是当大众被某些魅力型领袖控制并利用的时候，民粹主义往往成为反民主的专制手段。正如俄国民粹派当年宣称的：谁不和我们在一起，谁就是反对我们；谁反对我们，谁就是我们的敌人；对敌人应该用一切手段加以消灭。针对海上丝绸之路建设的市场化要求，必须防止民粹主义对市场文明的批判与破坏。

2. 警惕民粹主义推动的排外性、抵抗外部控制的活动

在中国与东盟各国以及海上丝绸之路所经国的互联互通中，"21世纪海上丝绸之路"主要是提供一个通道和平台，它的发展和繁荣需要大量民间自发力量的积极参与，让民间力量按照市场需求、自身兴趣进行运作，才能更好地达到互利共赢以及可持续的目的。而聚集着4000多万华侨华人的海上丝绸之路沿岸是海外华商经济最发达的地区，华侨华人具有融通中外的独特的经济、文化、社会优势，他们熟悉中国和住在国的社会、法律和文化，是联结中国和周边国家的天然桥梁；此外，华侨华人长期以来通过自身努力积累了大量财富和资本，是当地经济非常重要的支柱，建设"21世纪海上丝绸之路"华侨华人可以发挥重要作用。但是在发挥华侨华人等民间力量的作用的同时，要看到沿线经济欠发达国家和地区人民的仇富心理。日益扩大的贫富两极分化使得阶层之间的隔阂和敌意越来越大，因为财富阶层往往被认为是依靠权力寻租等非法手段获得本来属于广大人民的资源，仇富心理使得他们会因为自己所在阶层的恶劣地位而感到不满，这种不满一旦通过激进的手法释放出来将会产生非常大的负面效应。因此，在"21世纪海上丝绸之路"建设的过程中，要想广泛地发动民间力量就必须警惕激进民粹主义所推动的排外性的抵抗外部控制的活动，因为它往往会成为强硬或扩张型民族主义的催化剂。

3. 注意民族民粹主义造成的社会信任的缺失

"国之交在于民之亲"，虽然经济贸易仍然是"21世纪海上丝绸之路"的基础，但是其战略构想也是人民友好交往、文化交流的重要通道，将进一步促进中国与周边国家的文化交流。因此，在建设"21世纪海上丝绸之路"时，要注重打好"侨牌"和"文化牌"，通过召开多层次、多形式的交易会、恳亲会、联谊会等，引导华商和侨资企业、海外华侨华人专家学者回乡开展经贸、科技和文化等多方面的交流合作；通过华侨的努力使沿线国家人民了解中国、了解现行政策，把社会文化交流提升到足够的高度，营造有利于合作共赢的环境，从而为构建更广阔领域的共赢关系创造新的机遇。

中国的崛起令东盟国家一些人士对中国倡导"21世纪海上丝绸之路"抱持疑虑，他们在对中国可能形成的经济威胁产生忧虑的同时，也担心这一倡议背后会隐含某种特别的政治意图，而这种政治意图一旦被别有用心的政客利用就容易产生民族民粹主义倾向。民族主义与民粹主义有着复杂的关系，当民族主义被放到特定的社会范畴中考察时，它在某种意义上就成为民粹主义的社会触发器。① 所有形式的民粹主义都有一种民族关怀，可以说"所有民粹主义或多或少是一种民族民粹主义"②。在民族主义激发之时，实际上民粹主义已潜藏其中，它最后很可能发展成为"民粹民族主义"或"民族民粹主义"，强调民族统一和民族认同、抵制和排斥外国力量的民

---

① 林红：《民粹主义——概念、理论与实证》，中央编译出版社，2007，第138页。
② Pierre-Ahndre Taguieff, "Political Science Confronts Populism," *Telos*, Spring 1996, p. 38.

族主义会在适当的时空条件下成为民粹主义。经历过民粹式民族主义运动的精英们意识到"人民"的政治威力。民粹民族主义的一个鲜明特征就是它将"民族"等同于"人民"。① 在"21世纪海上丝绸之路"建设的过程中,应该注意民族民粹主义所造成的社会信任的缺失。

"海上丝绸之路"是连接中国与东盟各国的一条共同发展、共同繁荣的合作共赢之路,一条增进理解信任、加强人文交流的和平友谊之路。如何提升政治互信、畅通民意表达、消除周边国家人民的疑虑、建立中国与周边国家的利益共同体,应是减少对华敌对情绪、激发丝路各国人民合作积极性和主动性的关键,也是促进社会公平、根治民粹土壤的关键。

Remove Radical Populist Soil and Construct the Maritime Silk Road

—Analysis on the Relationship between Chinese Exclusion and Populism

Liu Yimei

Abstract: In the wave of modernization of political integration, economic globalization of the world, the nationalism and racism have the resurgence and spread trend, the emigrant group in foreign country often become the direct victims of the conflict and friction. The article analyzed the harm which is populism exerted on overseas Chinese based on expression and causes of populism in international anti-Chinese incidents. Due to characteristics of tyranny, exclusion, destruction and anti-market of populism, the "Maritime Silk Road" is facing many problems in the process of construction. Therefore, promoting political neutral-trust among neighboring countries, eliminating doubts neighboring countries, inspiring enthusiasm and initiative of cooperation of all countries along the road, have important practical significance to remove populism and flourish prosperity of the Silk Road culture.

Keywords: Chinese Exclusion; Populism; Maritime Silk Road; Cultural Identity; Ethnic Antagonism

---

① 俞可平:《现代化进程中的民粹主义》,《战略与管理》1997年第1期。

《21世纪海上丝绸之路研究》辑刊征稿启事

《21世纪海上丝绸之路研究》辑刊是由华侨大学海上丝绸之路研究院主办的"一带一路"研究专业性学术书刊。宗旨是：瞄准"一带一路"特别是21世纪海上丝绸之路建设的重大理论与现实问题，探讨推动21世纪海上丝绸之路共商、共建、共享的机制、平台和政策，着力推动21世纪海上丝绸之路的政策沟通、设施联通、贸易畅通、资金融通和民心相通。

《21世纪海上丝绸之路研究》设有"海丝经贸合作"、"海丝地缘政治"、"海丝文化交流"、"海上互联互通"、"海洋合作与安全"、"海上丝路与华侨华人"等栏目。诚挚欢迎国内外从事相关方面研究的专家学者赐稿。

《21世纪海上丝绸之路研究》每年出版2期，定于每年6月和12月正式出版。每年度第1期于3月1日截止收稿，第2期于9月1日截止收稿。

投稿者务请注意以下事项：

一、来稿请提供电子版。所投稿件应严格遵守学术规范，引用的文献、观点和主要事实应注明来源，网上资料的引用也请注明出处以便核实。具体注释体例请参见"皮书手册：写作、编辑出版与评价指南"（http://www.pishu.cn/xzzq/psgf/）第67-75页"4.2引文、注释和参考文献"。

二、论文字数每篇以1万~2万字为宜；书评及学术动态一般在5000字以内。

三、来稿请提供文章的中英文的题名、作者姓名、工作单位、内容提要（250~300字）、关键词（3~5个）。并请同时提供作者简介、详细通信地址、邮编、电话号码、电子邮件地址等以便联系。

四、来稿审理期限一般为3个月。通过初审的稿件，本刊将在此期限内通过电话或电子邮件等形式通知作者。逾期未接获通知者，可将稿件另行处理。

五、本刊有权对来稿做文字表述或其他技术性修改，不同意者请在来稿中申明。

六、来稿须未经其他途径公开发表，且无知识产权争议，一经录用，并按新闻出版总局规定的标准给予稿酬（含信息网络传播和数字发行稿酬），并赠送当期样刊两本。

七、《21世纪海上丝绸之路研究》辑刊编辑部联系方式：电邮：msri@hqu.edu.cn；联系人：周老师、刘老师；电话：0592 - 6167650；传真：0592 - 6167650；地址：福建省厦门市集美区集美大道668号华侨大学海上丝绸之路研究院；邮编：361021。

华侨大学海上丝绸之路研究院
2017年10月1日

图书在版编目(CIP)数据

21世纪海上丝绸之路研究.2017年.第一辑／贾益民主编.－－北京：社会科学文献出版社，2017.12
 ISBN 978－7－5201－1700－5

Ⅰ.①2… Ⅱ.①贾… Ⅲ.①发展战略－研究－中国 ②海上运输－丝绸之路－国际合作－研究 Ⅳ.①D60 ②F125

中国版本图书馆CIP数据核字(2017)第268125号

21世纪海上丝绸之路研究（2017年第一辑）

主　　编／贾益民
副 主 编／许培源

出 版 人／谢寿光
项目统筹／王　绯
责任编辑／黄金平　汪　涛

出	版／社会科学文献出版社·社会政法分社(010)59367156
	地址：北京市北三环中路甲29号院华龙大厦　邮编：100029
	网址：www.ssap.com.cn
发	行／市场营销中心（010）59367081　59367018
印	装／三河市尚艺印装有限公司
规	格／开本：787mm×1092mm　1/16
	印 张：14.75　字 数：232千字
版	次／2017年12月第1版　2017年12月第1次印刷
书	号／ISBN 978－7－5201－1700－5
定	价／68.00元

本书如有印装质量问题，请与读者服务中心（010－59367028）联系

▲ 版权所有 翻印必究